卫生民事法

主　编 石　悦
副主编 阚　凯　李晓堰　唐义红

浙江工商大學出版社
ZHEJIANG GONGSHANG UNIVERSITY PRESS

图书在版编目(CIP)数据

卫生民事法 / 石悦主编. —杭州 ：浙江工商大学出版社，2016.7

（卫生法学系列丛书）

ISBN 978-7-5178-1143-5

Ⅰ. ①卫… Ⅱ. ①石… Ⅲ. ①卫生法－民法－研究－中国 Ⅳ. ①D922.164

中国版本图书馆 CIP 数据核字(2015)第 139113 号

卫生民事法

石 悦 主编

责任编辑 梁春晓 郑 建
封面设计 王妤驰
责任印制 包建辉
出版发行 浙江工商大学出版社
（杭州市教工路 198 号 邮政编码 310012）
（E-mail：zjgsupress@163.com）
（网址：http://www.zjgsupress.com）
电话：0571－88904980，88831806（传真）
排 版 杭州朝曦图文设计有限公司
印 刷 杭州五象印务有限公司
开 本 710mm×1000mm 1/16
印 张 19.25
字 数 356 千
版 印 次 2016 年 7 月第 1 版 2016 年 7 月第 1 次印刷
书 号 ISBN 978-7-5178-1143-5
定 价 39.00 元

浙江工商大学出版社营销部邮购电话 0571－88904970

“卫生法学系列丛书”总主编

吴崇其

“卫生法学系列丛书”副总主编

徐勤耕	张以善	刘　群	王　毅	蒲　川
张　静	张际文	田　侃	石俊华	罗　刚
王　萍	赵　敏	李冀宁	邓　虹	郑雪倩
陈志华	王梅红	仇永贵	石　悦	杨淑娟
丁朝刚	冯正骏	戴金增	解　放	胡晓翔
崔高明	古津贤	王国平		

“卫生法学系列丛书”编纂委员会

本书作者分工

主　编　石　悦

副主编　阚　凯　李晓堰　唐义红

作　者　（以姓氏笔画为序）

王静宜（云南师范大学）	第三篇（第十一章）
石　悦（大连医科大学）	第一篇（第一、二、三、四、五、六章）
司　丹（哈尔滨医科大学）	第六篇（第十七、十八章）
李晓堰（昆明医科大学）	第三篇（第十章）
	第五篇（第十五、十六章）
唐义红（四川医科大学）	第四篇（第十二、十三、十四章）
阚　凯（大连医科大学）	第二篇（第七、八、九章）

前　言

从人类出现的那一天起，疾病就是人类生活的常客。在中国古代的神话中，神农尝百草，以医民恙；三皇五帝起，人民始有医。而从法律科学对法律自身的定义来看，法律是人类社会发展到一定阶段的历史产物，所以三皇五帝时，人民尚不知"法律"为何物。同时，按照"有法律斯有社会，有社会斯有法律"的逻辑也可证明疾病是先于法律而存在的。当法律作为人类社会一种治理方式出现以后，作为人类生产生活重要组成部分的医药关系立刻上升成为法律调整的社会关系之一。逐本溯源，罗马法是人类社会最早的法律体系之一，民法源于罗马法，也拥有了2000多年的历史。所以即使是拥有2000多年历史的"民法"在"古老的疾病"面前仍是年轻的，但无可置疑的是民法从一出现就对调整平等主体之间的医药法律关系发挥着巨大的作用。

在我国的传统语境中，卫生和医药经常联系在一起使用，有的时候甚至是一个互换的概念。"卫生"一词最早出现于《庄子·庚桑楚》。晋代李颐在《庄子集解》中将"卫生"一词理解为"防卫其生、令合其道也"。到现代，我们仍是赋予"卫生"一词大致相同的含义，都与保护生命健康有关。无独有偶，古希腊神话中医学之神的女儿的名字——许癸厄亚也演化成法语单词"卫生"——Hygiénique。

作为一种社会关系，卫生法律关系可以由不同的部门来进行调整，但平等主体之间的卫生法律关系都是由民法来进行调整的。未来如果卫生法学能成为一门独立的部门法时这种传统有望改变，但至少目前平等主体之间的卫生法律关系仍属于民法的范畴。所以本书的编写一方面源起于丛书的编写需要，一方面也是学科发展的需要。据不完全统计，全国共有30余所高等院校开设了以"医法"或者"卫生法"命名的本科专业，然而，遍寻所能找到的所有教材，我们发现没有一本是以"卫生民事法"命名的。这显然与平等主体之间的卫生法律关系在民事法律关系中的地位是不相符合的。所以，编写一本专门的卫生民事法教材就显得尤为迫切。因此，本书的编写既是理论上发展的要求，也是实践发展的需要。鉴于此，本教材的编写具有以下几个方面的特点。

(一)本教材的出版可以填补医事法学或卫生法学专业缺乏卫生民事法教材的空白。目前，已出版的教材都是民法学教材或者是以卫生行政法律关系为主的卫生法教材，尚没有一本专门的卫生民法教材，本书的出版将填补此空白。

（二）本教材的体例完整，覆盖面广。在编写的过程中，考虑到卫生民事法律关系覆盖的范围较广，并且本教材的使用对象主要为学生和相关的法律工作者，所以体例上涵盖基本的卫生民事法律关系，作为一种基础性的教材，力求达到大而全的编写目的，以区别于理论专著的体例上少而精的编写方式。

（三）本教材内容新颖，编排合理。本教材涵盖了最新的关于卫生民法的理论研究成果和最新的立法阐释，还兼顾关于卫生民法前沿问题的探讨。本书包括卫生民法的基础知识、卫生民法的基本理论和典型案例。理论观点鲜明、案例典型，适合各级各类医疗卫生机构从业人员和各级各类法学院校学生使用。

（四）本教材的编写体例规范，行文简洁明了，格式编排合理规范，体现了思想性、学术性、科学性、规范性和指导性的特点。

本书由石悦担任主编，阚凯、李晓堰、唐义红担任副主编。编委会所有作者的编写分工如下：石悦承担第一篇的编写工作，阚凯承担第二篇的编写工作，李晓堰、王静宜承担第三篇的编写工作，唐义红承担第四篇的编写工作，李晓堰承担第五篇的编写工作，司丹承担第六篇的编写工作。

由于编者水平有限，并且作为一次探索性的工作，本书难免存在不足之处、疏漏之处，敬请读者批评指正。但我们仍然期望本教材的编写能对卫生民事法的发展有所推动，如此也是编者继续开展相关研究的动力所在。

石　悦

2015年12月

序

《卫生民事法》是"卫生法学系列丛书"中十分重要的一本书，也是我既为之期盼又为之担忧能否写好、何时才能完成的一本书。大连医科大学石悦教授自告奋勇领了"军令状"，我是在忐忑的心情下答应了她，但我始终没有催逼她。没想到，2015 年 3 月底，她居然交稿了，真是言而有信。我不顾辛劳和疲倦、不分昼夜，用五天时间，一口气把她这本《卫生民事法》读完了。与以往数本书相比，唯这本书是我最开心、最爱读、最省心的一本书。18 章 30 多万字的书稿，只做了稍许的改动，没有看出有多大原则性问题。石悦没有和我探讨过这本书的详细架构，但完全符合我的希望。读完之后，除了向她和她的团队致敬，我还提出了一个新的想法：要以这本书的框架为内容，在 2015 年暑假办一期"卫生法学骨干教师培训班"，这个意见获得了领导批准。

"卫生法学系列丛书"的编写是中国卫生法学学科建设发展中具有里程碑意义的一件盛事，毫不夸大地说，它不亚于盖尤斯《法学阶梯》在古罗马私法体系建设中的作用。

法制在我国由来已久。先秦时期，管子认为，法律的作用就是"兴功惧暴""定分止争""令人知事"(《管子·七臣七主》)；商鞅也曾曰："民众而奸邪生，故立法制、为度量以禁之。"传统意义上的法制是统治阶级为了以法律化、制度化的方式管理国家事务，按照自己的意志通过权力机关制定法律和制度，用以维护本阶级专政。中国的现代法学起源于西学东渐，改革开放以来，进入法制建设新时代，十八届四中全会进入了依法治国的新纪元。现代法学已经不仅仅是"定分止争"，而是一件事关人民幸福安康、事关党和国家长治久安的大事。

卫生法学这一新兴的复合型法学学科，是围绕人的生命健康权益保障，开展学术研究的部门法。其法律关系是客观存在且不以人的意志为转移的，是以实践宪法精神为主要内容的一部不可缺少的部门法律。随着社会生产力的发展，它或迟或早，最终会成为一门真正围绕人的生命健康权益保障而独立存在的部门法。

卫生民事法是卫生法学中一门重要的分支，它以平等、等价、有偿的民法理念和保障人的生命健康权益为中心，调整平等主体之间的卫生法律关系。

民法历史源远流长，在古巴比伦的《乌尔纳姆法典》和《汉谟拉比法典》中已经有了“罚款”“赔偿”等“民事法律”概念，其本质是以规范私权关系、保护私人利益，促进社会繁荣、人民幸福为特征的私法。那么，卫生民事法就是在促进社会繁荣、人民幸福的基础上，更强调人的身体健康等和生命存在相关诸多的法律关系。人的生命健康如果得不到保障，那么，家庭幸福、社会和谐就无从谈起。所以，卫生民事法和人的生老病死息息相关，是真正意义上的民生之法。

进入21世纪以来，卫生法学事业得到蓬勃发展，学术氛围空前活跃，卫生法学专业从“零”发展至今，有40多家高等院校开设了相关专业，争先恐后地培养卫生法学人才。我深知卫生法学科建设发展任务任重道远，一个人的力量极其有限，需要许许多多仁人志士共同为之奋斗。眼下，当务之急便是培养卫生法学学科人才，而培养人才的首要任务就是编订教材。我国近代教育家早就提出“国立根本，在乎教育，教育根本，实在教科书”的革命口号。教材是老师授课、学子求学的根本所在，没有教材，一切无从谈起。然而遗憾的是，迄今卫生法学还没有被列入教育行政部门设置的学科，也没有卫生民事法的教材，《民法通则》《物权法》《侵权责任法》已出台许久，但卫生法学却还尚未提上学科日程。如何从正面开导我们的学子去调整人的生命健康权益等社会法律关系，又怎样身体力行地去保障、维护人的生命健康权益，让宪法精神真正得以全面落实？还好，今天我们已经看到有许许多多青年学者锐意进取，搭借中国卫生法学会这个平台，编撰了这部“卫生法学系列丛书”。当我拜读《卫生民事法》之后，更感到无比欣慰。卫生法学路在前方，路上已挤满了专家、学者，而且更多的是青年学者，他们都在奋勇前进。希望的果子，年轻一代一定能摘到，让我们大家共同努力，潜心学术，向年轻一代传承薪火，早日实现卫生法学学科成功建设的梦想。

是为序。

吴崇其

2015年12月9日

目　录

第一篇　卫生民事法总论

第二篇　卫生人身权篇

第三篇　卫生物权篇

第四篇　卫生债权篇

第五篇　卫生侵权责任篇

第六篇　卫生亲属篇

第一篇

卫生民事法总论

第一章　卫生民事法概述

学习目标

本章主要阐述卫生民事法的基本内容。通过本章的学习，了解卫生民事法的概念，掌握卫生民事法关系的调整对象，熟悉卫生民事法的渊源、适用范围和解释方法。

第一节　卫生民事法的调整对象

卫生民事法是调整自然人、法人、其他组织等平等主体之间的卫生领域的人身关系和财产关系的卫生法律规范的总和。

一、卫生民事法调整的人身关系

（一）概念与种类

人身关系是与人身不可分离、以人身利益为内容、不直接体现财产利益的社会关系。人身关系包括人格关系和身份关系。[①] 人格关系是基于人格利益而产生的社会关系，在卫生民事法律关系中，人格利益包括生命、健康、姓名、肖像、名誉、隐私、知情同意、人格尊严以及平等医疗等方面的利益。身份关系是以特定的身份利益为内容的社会关系，在卫生法律关系中，身份利益包括亲属、配偶、监护、荣誉等方面的利益。如患者到医疗机构就诊，可能涉及患者的生命权、健康权，对患者病情的保密又涉及患者的隐私权等。

（二）特征

1. 主体地位平等。

卫生民事法调整的人身关系的主体具有平等的法律地位，相互之间没有隶属关系。不同类型的人身关系有不同的内容，每个具体的人身关系的当事人的权利义务各有不同，但主体地位都是平等的。

---

① 魏振瀛：《民法》，北京大学出版社 2006 年版，第 10 页。

2.与人身不可分离。

卫生民事法的人身关系与人身不可分离,离开了人身就不会发生人身关系。例如,自然人死亡,即没有主体资格,便不存在法律关系。

3.不直接体现财产利益。

人身关系体现的是人格利益或者身份利益,是精神上的利益,不直接体现财产利益。卫生民事法调整的人身关系与财产关系有关联,但又有别于财产关系,是一种具有独立意义的社会关系。例如,患者的生命权、健康权是专属于患者本人的,其他任何亲属都不能享有患者本人的生命权、健康权。

二、卫生民事法调整的财产关系

(一)财产的概念

民法上的"财产"有广义和狭义之分。狭义上的财产是指具有金钱价值的有体物,包括金钱、物资、房屋、土地等物质财产。广义上的财产是指具有经济价值的权利和义务的总和,包括物权、知识产权、债权和债务。①

卫生民事法作为民法的一部分,其调整的财产关系是指在特定的卫生民事法律关系中,国家机关、企事业单位、医疗机构、公民之间产生的财产关系,包括金钱等物质财产及因签订医疗服务合同而产生的合同之债务关系等。

(二)卫生民事法调整以平等、自愿为基础的财产关系

根据财产主体之间法律地位的不同,民法上的财产关系可分为平等主体之间的财产关系和不平等主体之间的财产关系,而卫生民事法调整的是平等主体之间的财产关系。换言之,在卫生民事法律关系中,医患双方当事人的主体地位是平等的。

卫生民事法主体地位的平等性,决定了双方当事人之间发生的财产关系必须坚持自愿原则,即患方自主选择就诊机构,自愿订立医疗服务合同以及就诊后患方自主选择治疗方案等。

第二节　卫生民事法的渊源

一、宪法

《中华人民共和国宪法》(以下简称《宪法》)是我国的根本大法,是国家最高权力机关通过法定程序制定的具有最高法律效力的规范性法律文件。《宪法》第

① 魏振瀛:《民法》,北京大学出版社2006年版,第9页。

21条规定，国家发展医疗卫生事业，发展现代医药和我国传统医药，鼓励和支持农村集体经济组织、国家企业事业组织和街道组织举办各种医疗卫生设施，开展群众性的卫生活动，保护人民健康。第33条规定，国家尊重和保障人权。第45条规定，中华人民共和国公民在年老、疾病或者丧失劳动能力的情况下，有从国家和社会获得物质帮助的权利。国家发展为公民享受这些权利所需要的社会保险、社会救济和医疗卫生事业。

二、法律

法律，是指由全国人民代表大会及其常务委员会制定的法律文件。它又可以分为两类，一是由全国人民代表大会制定的法律，称为“基本法律”；二是由全国人大常委会制定的基本法律以外的法律，成为“一般法律”。目前，我国卫生民事基本法还未制定，卫生类的法律规范主要由全国人大常委会制定，主要包括《中华人民共和国侵权责任法》《中华人民共和国执业医师法》《中华人民共和国药品管理法》《中华人民共和国母婴保健法》《中华人民共和国传染病防治法》《中华人民共和国职业病防治法》《中华人民共和国献血法》《中华人民共和国精神卫生法》《中华人民共和国人口与计划生育法》《中华人民共和国食品安全法》《中华人民共和国国境卫生检疫法》以及《中华人民共和国红十字会法》等。另外，与卫生民事法律关系相关的法律条文，也分散规定在《中华人民共和国民法通则》《中华人民共和国产品质量法》《中华人民共和国消费者权益保障法》及《中华人民共和国刑法》当中。

三、行政法规

行政法规，专指国家最高行政机关即国务院依照法定权限和法定程序，制定和修改的规范性法律文件的总称，其法律地位仅次于宪法和法律。“行政法规”一词是因规范文件的制定机关的性质而得名的，其内容不限于行政性质的规范，也包括卫生民事规范。如《医疗机构管理条例》《血液制品管理条例》《中华人民共和国母婴保健法实施办法》《中华人民共和国传染病防治法实施办法》《药品管理法实施条例》《医疗器械监督管理条例》《护士条例》《中医药条例》《乡村医师从业管理条例》及《医疗事故处理条例》等。

四、地方性法规

地方性法规，是指省、自治区、直辖市的人民代表大会及其常务委员会，在不与宪法、法律、行政法规相抵触的前提下，所制定的地方性规范法律文件。根据《地方组织法》的规定，省、自治区的人民政府所在地的市和经国务院批准的“较大的市”的人民代表大会及其常务委员会，在不与宪法、法律、行政法规和本省、自治区地方性法规相抵触的前提下，可以制定地方性法规，报省、自治区人大常委会批准后施行，报全国人大常委会和国务院备案。此外，经全国人大和全国人大常委会的特别授权，经济特区市（汕头、珠海、深圳、厦门）的人民代表大会及其常委会，可以根据经济特区的具体情况和实际需要，遵循宪法的规定以及法律和行政法规的基本原则，制定地方性法规，报全国人大常委会、国务院和省级人大常委会备案。例如：《北京市发展中医条例》《广州市社会急救医疗管理条例》及《辽宁省高危妊娠管理规定》等。

五、部门规章

部门规章，是指原卫生部单独或者联合国务院有关部门制定发布的规范性文件。部门规章在全国范围内有效，其效力低于法律、法规。例如：《医疗机构管理条例实施细则》《全国医院工作条例》《医院工作人员职责》《医疗机构病历管理规定》《电子病历基本规范》《血站管理办法（暂行）》《医疗机构临床用血管理办法（试行）》《中华人民共和国护士管理办法》及《医疗美容服务管理办法》等。

第三节　卫生民事法的适用范围

卫生民事法的适用范围，是指卫生民事法发生效力的范围，即卫生民事法对什么人、在什么地方、在什么时间发生效力。

一、对人的适用范围

“人”作为民法用语，若无特别说明，兼指自然人、法人和非法人组织。卫生民事法对人的适用范围，是指卫生民事法的效力适用于哪些人。在卫生民事法律关系中，作为主体的人呈现出特殊性。

（一）自然人

自然人包括三种人，即本国人、外国人和无国籍人，在卫生民事法领域里指向的多是患者和医务人员。医务人员是指依法取得执业医师资格或者执业助理医师资格，经注册在医疗、预防、保健机构中执业的专业医务人员和尚未取得执业医师资格或者执业助理医师资格，经注册在村医疗卫生机构从事预防、保健和一般医疗服务的乡村医生，以及取得护士执业证书并经注册的护理专业技术人员。

（二）法人

法人包括本国法人和外国法人。在卫生民事法领域，法人更多指向的是医疗机构，医疗机构是指依据我国医疗卫生相关法律法规设立的，具有法人资格的从事疾病诊断、治疗活动的医院、卫生院、疗养院、门诊部、诊所、卫生所(室)以及急救站等。

二、对空间的适用范围

卫生民事法对空间的适用范围，指卫生民事法在空间上的效力范围，即卫生民事法在哪些地方发生法律效力。由于卫生民事法律规范制定的机关不同，其适用的领域也不同，大体有以下几种情形：

(一)适用于中华人民共和国全境的卫生民事法律、法规

全国人民代表大会及其常务委员会制定的卫生民事法律以及国务院制定的卫生民事法规，适用于中华人民共和国全境，但法律、法规中明确规定仅适用于某一地区的除外。

(二)适用于局部地区的地方性卫生民事法规

地方性卫生民事法规适用于制定者所管辖的区域之内。例如，《辽宁省高危妊娠管理规定》只适用于辽宁省内。

(三)适用于特别行政区的法律

香港特别行政区和澳门特别行政区法规中的卫生民事规范，只适用于各自的特别行政区领域内。

三、对时间的适用范围

卫生民事法对时间的适用范围，指卫生民事法在时间上的效力范围，即卫生民事法的生效时间和失效时间，以及卫生民事法律规范对其生效前发生的法律关系有无溯及力的问题。

(一)卫生民事法生效的时间

卫生民事法生效的时间，一般根据卫生民事法律规范的性质和实际需要而定，主要有以下两种类型：

1. 自卫生民事法律规范公布之日起开始生效。

有些卫生民事法律规范的施行不需要准备工作，自公布之日起生效。如2003年5月9日国务院发布的《突发公共卫生事件应急条例》第54条规定“本条例自发布之日起施行”。

2. 卫生民事法律规范公布后经过一段时间后生效。

有些卫生民事法律涉及面广，情况比较复杂，需要经过一定准备时间才便于实施的，法律明文规定颁布后经过一定时间才生效。例如，《中华人民共和国执业医师法》于1998年6月26日颁布，于1999年5月1日起施行。

(二)卫生民事法失效的时间

卫生民事法失效的时间,也就是卫生民事法律规范效力终止或者被废止的时间。卫生民事法律规范失效的时间主要有以下几种类型:

1.新法律法规直接规定废止旧法律法规。例如,《病历书写基本规范》第38条规定:"本规范自2010年3月1日起施行。我部于2002年颁布的《病历书写基本规范(试行)》(卫医发〔2002〕190号)同时废止。"

2.旧法律法规规定与新法律法规相抵触的部分失效。例如,1982年施行的《医院工作制度》中规定:"急诊会诊,被邀请人员必须随请随到。"而2010年《病历书写规范》中规定:"急诊会诊时,会诊医师应当在会诊申请发出后10分钟内到场。"因此,1982年的规定失效。

3.由国家机关颁布专门的决议规定,宣布某些法律法规失效。

如果新法与旧法规定相冲突,则应适用"新法优于旧法""后法优于前法"的原则,以新法、后法为准,这在学理上已然成为"默示废止"的例行做法。

(三)溯及力问题

法的溯及力问题是法的时间效力的重要组成部分。所谓法的溯及力,是指新法颁布后对在此以前的行为和事件是否适用的问题,即是否溯及既往的问题,如果适用,则该法有溯及力,反之则没有溯及力。① 我国的卫生民事法律规范,贯彻法不溯及既往的原则,一般没有溯及力,但也有例外。卫生民事法的溯及力,体现为有利追溯原则,②是指如果卫生民事法具有溯及力,更有利于保护卫生民事法律关系中的民事权益,则该卫生民事法具有追溯力。例如,《医疗机构管理条例》第52条规定,"本条例实施前已经执业的医疗机构,应当在条例实施后的6个月内,按照本条例第三章的规定,补办登记手续,领取《医疗机构执业许可证》"。

第四节 卫生民事法的解释

一、卫生民事法解释的概念

卫生民事法解释,是对卫生民事法应有的含义所做的理解和说明,卫生民事法在作用于具体的法律关系时都需要经过必要的解释。之所以如此,主要是因为以下两点原因:

第一,卫生民事法具有抽象性和概括性的特征。它在具体适用过程中必然

---

① 张文显:《法理学》,高等教育出版社、北京大学出版社2011年版,第61页。

② 魏振瀛:《民法》,北京大学出版社2006年版,第21页。

需要进行一定的加工，把一般性的行为模式转化为具体的行为模式，把抽象的规则转化为具体法律关系的具体规则。例如，“尽到合理诊疗义务”“限于当时医疗水平”等术语，必须结合具体情况做出解释。

第二，卫生民事法体系是不完整的，存在缺陷和漏洞，需要进行解释。造成体系不完整的原因是多重的，概括而言主要包括以下几点：人类对社会客观规律的认识能力有限，立法过程中各种现实利益的博弈与协调，立法技术等原因造成的立法质量不高，语言自身所具有的一定程度的不确定性，社会发展和急剧变化带来的新问题和新挑战。正是由于这些原因，造成了体系的不完整性，这就使得解释在卫生民事法实施过程中的作用尤为重要。

二、卫生民事法解释的分类

根据卫生民事法解释的效力不同，可以将其分为有权解释和无权解释两类。有权解释，也称“法定解释”或“正式解释”，它是指由特定的国家机关、公职人员或其他授权的机构和人员对卫生民事法做出的具有法律约束力的解释。根据解释的国家机关的不同，有权解释又可以进一步分为“立法解释”和“司法解释”。无权解释，也称“自行解释”或“非正式解释”，它一般是指个人、组织和学者根据理解的解释对卫生民事法所做出的解释。这种解释不具有法律上的约束力，可以作为参考但不能作为卫生民事法适用的依据。

立法解释和司法解释是有权解释的进一步分类，它是根据解释主体和解释权限的不同所做的划分。

从狭义上说，立法解释专指国家立法机关做出的解释。在我国，同时包括全国人民代表大会常委会对卫生民事法的解释以及省、自治区、直辖市和其他有权制定地方性卫生民事法规的人民代表大会常委会对其制定的地方性卫生民事法规的解释。

司法解释分为狭义和广义两种。狭义的司法解释是指国家最高司法机关在适用法律、法规的过程中，对如何具体应用法律、法规的问题所做的解释。例如，《最高人民法院关于民事诉讼证据的若干规定》。广义的司法解释还包括其他各级人民法院在处理具体案件中做出的解释。例如，《湖南省高级人民法院关于规范医疗纠纷鉴定工作的通知》。

三、卫生民事法解释的原则

（一）合法性原则

卫生民事法的解释应当符合法律的规定和基本精神。合法性的要义包括以下四个方面：其一，应当按照法定权限进行解释，不得越权解释。例如，不能在卫生民事法没有规定的情况下，运用法律解释创制新的卫生民事法律规范；如果卫生民事法律规范之间出现冲突，不得运用司法解释权来解决此类矛盾，而应当按照立法法的规定上报给有关机构进行解释。其二，应当遵循法定程序。其三，遵循法律位阶的要求，对下位法的解释不得与上位法相冲突。其四，卫生民事法的解释作为对于卫生民事法律规范的补充性说明，应与法律基本原则和法律的立法宗旨相一致，不得突破法律基本原则以及立法宗旨的限制。

（二）统一性原则

法制统一是法律体系的基本要求。这就要求我们做到以下几个方面：其一，在整体把握卫生民事法律体系的基础上对具体条文进行解释；其二，所做的解释要与卫生民事法律体系的其他部分和整体相匹配；其三，法律解释的程序和技术要统一。

（三）合理性原则

卫生民事法的解释不仅要合法，而且要合理。合理是指合乎情理、公道和道理。合理性原则要求卫生民事法的法律解释应当做到：其一，符合社会现实和公平正义的理念；其二，符合公众的道德观念和良好风俗；其三，符合客观规律和社会发展趋势；其四，符合国家当时的政策。

（四）连续性原则

卫生民事法的解释应针对具有历史、现实和未来发展的多向度综合考量，并结合卫生民事法立法时的历史背景，深入了解立法意图，把握立法原意和立法精神，还要分析需要解释的条文与社会现实的关系，也要对未来社会医疗发展的趋势做出正确的判断，推动社会医疗环境良性发展。

四、卫生民事法解释的方法

（一）文理解释

文理解释，又称为“语法解释”或“文义解释”，即依照卫生民事文法规则分析语法结构、文字排列和标点符号等，以便准确理解法律条文的基本含义。这种解释以规则为中心，有利于防止恣意解释等现象，但在某些情况下可能会脱离卫生民事法的精神实质而陷于形式主义。

（二）系统解释

系统解释是从卫生民事法律规范与其他法律规范的联系，以及它在整个法律体系或某一法律部门中的地位与作用，同时联系其他规范来说明卫生民事法律规范的内容和含义。

（三）目的解释

目的解释是指联系卫生民事法律的目的对卫生民事法所做的解释。这里的目的，不限于当初立法时要达到的目的，还包括卫生民事法在现时条件下所要实现的目的。

课后习题

1. 试述卫生民事法的调整对象。
2. 试述卫生民事法的适用范围。
3. 试述卫生民事法的解释原则。

第二章　卫生民事法的基本原则

学习目标

本章主要阐述卫生民事法的基本原则。通过本章的学习，了解卫生民事法的各项原则，掌握自愿原则、诚实信用原则、禁止权利滥用原则的内涵和在卫生民事领域中的特殊性，熟悉平等原则、公平原则、公序良俗原则的内涵及在卫生民事领域中的特殊性。

案例分析

案例1：孕妇李某因感冒在同居男友陪同下到首都医科大学附属北京朝阳医院就诊，院方建议做剖腹产手术，其男友坚持认为产妇是来看感冒，不是来生孩子的，拒绝在手术同意书上签字。医院由于其家属不签字无法进行剖腹产手术，最终产妇经抢救无效死亡，胎儿也死于腹中，导致一尸两命。

案例2：岳阳市第二人民医院收治了一名被刀捅伤的男性患者，但该患者后因抢救无效死亡，死者家属为此挟持接诊医生，欲扭送其至死者遗体前下跪，更打砸办公室，封堵急诊科和门诊部大楼，主治医生被打住院，严重扰乱了医院的诊疗秩序，院方只得叫来当地特警维护秩序。

思考：上述两个案例体现了卫生民事法应遵循哪些重要原则？

"原则"一词来自拉丁语，其语义是"开始、起源、基础"。在卫生民事法中，基本原则贯穿于整个立法过程，是对各项卫生民事法律制度和规范起统率作用的基本准则。同时，也是卫生民事立法、卫生民事行为和卫生民事司法的基本准则。它不预先设定任何确定的、具体的事实状态，没有规定具体的权利和义务，更没有规定确定的法律后果。但是，它指导和协调医疗卫生活动中的整体法律机制。特别是遇到疑难杂案，需要平衡医患之间相互冲突的利益时，原则更是十分重要。

第一节　自愿原则

民法上的自愿原则是指民事主体在从事民事活动时，应当充分表达其真实意志，根据自己的意愿设立、变更和终止民事法律关系。当事人有权根据自己的意志和利益，决定是否参加某种民事法律关系，决定是否变更或者终止民事法律关系。民事权利可以由当事人在法定的范围内依自身意志取得，也可以依法自主转移和抛弃。当然，当事人根据自己的意志从事某种活动，不得违反法律的规定，不得损害国家利益和社会公共利益。

一、卫生民事法上的意思自治

卫生民事法上的意思自治原则，是指允许卫生民事法律关系的当事人通过法律行为调整他们之间的关系，允许卫生民事法律关系当事人，通过自己的意志产生、变更和解除卫生民事法律关系。如，患者可以根据自己的意愿选择就诊的医疗机构，对需要实施手术、特殊检查、特殊治疗及相关的医疗风险、替代医疗方案等情况有自主选择的权利。

二、医疗知情同意权的设置

卫生民事法上保护意思自治主要体现在对患者的知情同意权的保护上。知情同意，是指患者在取得医师提供其医疗决定所必需的足够信息的基础上做出的医疗同意及授权的过程，包括知情权和同意权。[①]

（一）患者的知情权

患者同意的前提是知情，即患者从医方获得有关病情、可选择治疗方案以及医疗风险等方面的信息。具体包括疾病的状况，建议治疗方案和可选方案以及其相应的风险及并发症，如不采取治疗方案将会产生的后果等。进行试验性临床治疗这种特殊的治疗方案时必须向患者告知。

保护患者知情权的同时，还涉及对特殊患者实施保护性医疗措施的情况，此时如果不宜向患者本人说明的，应当将患者的病情、相应的治疗方案及风险告知患者家属。

（二）患者的同意权

患者在对自己病情有所了解的基础上做出的决定，是患者决定权的重要体

---

① 《侵权责任法》第 55 条规定，医务人员在诊疗活动中应当向患者说明病情和医疗措施。需要实施手术、特殊检查、特殊治疗的，医务人员应当及时向患者说明医疗风险、替代医疗方案等情况，并取得其书面同意；不宜向患者说明的，应当向患者的近亲属说明，并取得其书面同意。《执业医师法》第 26 条规定，医师应当如实向患者或家属介绍病情，但应注意避免对患者产生不利后果，医师进行试验性临床治疗，应当经医院批准并征得患者本人或其家属同意。《医疗机构管理条例实施细则》第 62 条规定，医疗机构应尊重患者对自己的病情、诊断、治疗的知情权，在实施手术、特殊检查、特殊治疗时应当向患者做出必要的解释；因实施保护性医疗措施不宜向患者说明情况的，应当将有关情况通知家属。《医疗事故处理条例》第 11 条规定，在医疗活动中，医疗机构及医务人员应当将病人的病情、医疗措施、医疗风险等如实告知患者，及时解答其咨询，但是应当避免对患者产生不利后果。

现。同意是医方获得合法授权的合意结果。在法律意义上,“同意”使医疗行为合法化,没有患者的同意授权,医疗行为不是合法的;另一方面,患者的同意,意味着在治疗上能够积极配合治疗,使治疗得到更好的效果。

1.同意的有效要件。

患者的同意权,需具备以下条件才视为有效:(1)患者具有同意的行为能力,限制行为能力人或者无民事行为能力人不能独立行使同意权;(2)理解知情同意的内容,如果患者不能理解被告知的内容则视为同意无效;(3)自愿做出同意的意思表示,即在法律允许的范围内,患者采取何种治疗方式等应该根据自己的意愿做出,不受任何人或者组织的干涉。①

2.同意的替代。

当患者没有做出同意的能力,即患者为限制民事行为能力人或者无民事行为能力人时,法律规定由患者的法定监护人替代他做出同意。《侵权责任法》第56条规定,因抢救生命垂危的患者等紧急情况,不能取得患者或者其近亲属意见的,经医疗机构负责人或者授权的负责人批准,可以立即实施相应的医疗措施。这是法律上的特殊规定,即在特殊情况下,为抢救垂危患者所给予医疗机构的特殊同意权。

但有时患者可能会选择对自己治疗不利的方案。例如,危及患者生命需要截肢来保护患者生命时,患者宁愿选择死亡也不愿意截肢;又如,孕妇为了保护胎儿,拒绝结束分娩而危及生命等,在此种情况下,即使在医生看来患者的选择是不明智的,但是未经患者同意授权,也不能对患者进行截肢或者结束分娩等治疗。

三、自愿原则的限制——强制医疗

强制医疗,是指国家为避免公共健康危机,通过对患者疾病的治疗,以治愈疾病、防止疾病传播、维护公众健康及人身安全利益所采取的医疗措施。

(一)强制医疗的特点

1.个人权利让位于公众利益。

患者在患病后,享有自主决定就医的权利,这是法律赋予每个人的自由。对他人而言,应当对此种自由保持足够的尊重。但是如果患者所患疾病危害到公众健康时,情况将有所不同。为了保护大多数人和社会公共利益,必须对某些患者的医疗自主权加以限制,即强制患者进行治疗,患者不得拒绝。

---

① 王岳:《医事法》,对外经济贸易出版社2013年版,第98页。

2.患者其他人身权利不受侵犯。

对于强制医疗关系中的患者(例如预防接种的受种者、强制戒毒者、患法定传染病及严重精神病),均须依法接受隔离治疗、强制检查、强制治疗与强制鉴定或强制住院,甚至可以拘禁患者,限制其人身自由。强制医疗措施涉及对患者人身自由的限制,为了避免发生公共健康危机,维护公众健康及人身安全利益,在此类情况下,患者的同意权应当受到合理的限制。自愿原则对实行强制医疗的患者无法实现,并不意味着,实行强制医疗的患者,在接受诊治过程中不享有任何权利;相反,其生命权、健康权、姓名权、肖像权、名誉权、隐私权同样受到法律的保护。虽然同意权被剥夺,但是对患者实施治疗措施,应当向患者或者其监护人告知医疗风险、替代医疗方案等情况。

3.强制医疗措施必须有法可依。

首先,对需要采取强制医疗措施的对象,必须有法律法规的明确规定,否则,任何单位及个人都没有限制他人人身自由的权力;其次,采取强制医疗的措施,必须按照法律法规的规定进行。例如,对强制戒毒人员使用麻醉药品和精神药品,必须依照有关法律、行政法规的规定执行,不得滥用药品,伤害被强制戒毒人员的健康。

4.对施行强制医疗措施的人员做好相关保护措施。

采取强制医疗措施,有治愈疾病、防止疾病传播、避免公共健康危机和维护公众健康的目的。因为需要被采取强制医疗措施的人员很可能会做出伤害自身、危害他人安全的行为,所以在对此类人员采取强制医疗措施的同时,要注意保护好其人身安全,防止发生伤亡事件。

(二)强制医疗的分类

在强制医疗关系中,对某些疾病的患者要施以接受强制诊疗的义务,而对于医疗机构则课以相应地提供强制治疗服务的义务。以受强制的对象作为划分标准,强制医疗可以做出如下分类。

1.对预防接种者的强制医疗。

为了预防、控制传染病的发生和流行,保障公民健康和公共卫生,我国实行预防接种制度。根据《疫苗流通和预防接种管理条例》第2条的规定,第一类疫苗,是指政府免费向公民提供,公民应当依照政府的规定受种的疫苗。第27条规定,儿童入托、入学时,托幼机构、学校应当查验预防接种证,发现未依照国家免疫规划受种的儿童,应当向所在地的县级疾病预防控制机构或者儿童居住地承担预防接种工作的接种单位报告,并配合疾病预防控制机构或者接种单位督促其监护人在儿童入托、入学后及时到接种单位补种。

2. 对吸毒者的强制戒毒。

《强制戒毒办法》第 2 条和第 11 条规定，强制戒毒是指对吸食、注射毒品成瘾人员，在一定时期内通过行政措施对其强制进行药物治疗、心理治疗和法制教育、道德教育，使其戒除毒瘾。强制戒毒所除对戒毒人员采取药物治疗措施外，应当建立治疗档案。使用麻醉药品和精神药品，必须依照有关法律、行政法规的规定执行。

3. 对严重精神障碍患者的强制医疗。

《精神卫生法》第 28 条规定，疑似精神障碍患者发生伤害自身、危害他人安全的行为，或者有伤害自身、危害他人安全的危险的，其近亲属、所在单位、当地公安机关应当立即采取措施予以制止，并将其送往医疗机构进行精神障碍诊断。

精神障碍的住院治疗原则上实行自愿原则。但是根据诊断结论和病情评估结果，就诊者显示为严重精神障碍患者并有伤害自身的行为，或者有伤害自身的危险的；或者已经发生危害他人安全的行为，或者有危害他人安全的危险的，应当对其实施住院治疗。精神障碍患者实施过危害他人安全的行为，或者有危害他人安全之危险的，其监护人应当同意对患者实施住院治疗。监护人阻碍实施住院治疗或者患者擅自脱离住院治疗的，可以由公安机关协助医疗机构采取措施对患者实施住院治疗。

4. 对甲类传染病病人的强制医疗。

《传染病防治法》第 20 条规定，在中华人民共和国领域内的一切单位和个人，必须接受疾病预防控制机构、医疗机构有关传染病的调查、检验、采集样本、隔离治疗等预防、控制措施，如实提供有关情况。同时，医疗机构发现甲类传染病时，应当及时采取下列措施：对病人、病原携带者予以隔离治疗，隔离期限根据医学检查结果而定；对疑似病人，确诊前在指定场所单独隔离治疗；对医疗机构内的病人、病原携带者、疑似病人的密切接触者，在指定场所进行医学观察和采取其他必要的预防措施。拒绝隔离治疗或者隔离期未满擅自脱离隔离治疗的，可以由公安机关协助医疗机构采取强制隔离治疗措施。

根据《传染病防治法》的相关规定，甲类传染病包括鼠疫和霍乱。医疗机构发现甲类传染病病人或者病原携带者时，应当及时对其采取隔离治疗，拒绝隔离治疗或者隔离期未满擅自脱离隔离治疗的，可以由公安机关协助医疗机构采取强制隔离治疗措施。

另外，对三种暴发流行时可能对人群生命健康和社会稳定发生较为严重影响的乙类传染病，《传染病防治法》在防控措施方面还做出了特殊规定，即按照甲类传染病的防控措施进行防控。这三种乙类传染病是传染性非典型肺炎、人感染高致病性禽流感、炭疽中的肺炭疽。

第二节　平等原则

平等原则，是指在民事活动中当事人的法律地位平等，任何一方不得把自己的意志强加给对方。平等原则是其他基本原则的基础。没有平等原则，自愿原则、公平原则、诚实信用原则、公序良俗原则、禁止权利滥用原则等就失去了存在的根基。

一、平等原则在卫生民事法中的贯彻

平等原则指的是在卫生民事法律关系中，医患双方的主体地位是平等的，每位患者对医疗资源（医疗机构及医生）及产品所享有的权利，不受性别、年龄、职位、贫贱的影响，应当一律平等。每位患者都具有平等地享有合理质量之医疗资源的权利。该原则具体表现在以下三个方面。

（一）权利能力平等

我国《宪法》第 33 条第 3 款规定，中华人民共和国公民在法律面前一律平等。在卫生民事法律关系中，权利能力平等是指各方享有卫生民事法律权利和承担卫生民事法律义务的资格平等，不因民族、种族、宗教、性别、年龄、职业、职务、家庭出身、政治地位、教育程度、健康状况、劳动能力、自由状况和财产状况等区别而有所不同。

（二）主体地位平等

在卫生民事法律关系中，没有领导和被领导的关系。无论自然人还是法人，不论经济实力强弱，不论社会地位高低，在卫生民事法律关系中的任何一方都没有凌驾于另一方之上的特权。在医疗活动中，虽说医方和患方的主体地位平等，但由于双方掌握的医学知识水平不同，在对疾病诊治的决策和理解接受能力方面也存在明显的差异，医方占有主动的优势，而患方则往往处于被动接受的地位。医方对患者的健康状况掌握主动权，但患者并不因此丧失其平等的主体地位，医方应当为解除患者病痛做出最佳的选择。医方在对患者诊治过程中应尊重患者的意愿，并在不影响治疗的前提下，将病情、诊疗措施以及有可能存在的医疗风险如实告知患者，以使患者行使对疾病诊治的相应权利。

（三）权益平等地受到法律保护

卫生民事法律关系中的当事人，不管是患方还是医方，不管是自然人、法人或者其他组织，其合法权益都平等地受到法律保护，任何组织和个人都不得侵犯。

二、残障人士平等民事权利的缺失

残障人士，是指在心理、生理、人体结构上，某种组织、功能丧失或者不正常，全部或者部分丧失以正常方式从事某种活动能力的人。残障人士包括患有视力残疾、听力残疾、言语残疾、肢体残疾、智力残疾、精神残疾、多重残疾和其他残疾的人。

（一）残障人士享有平等的民事权利

《中华人民共和国残疾人保障法》第3条规定，“残疾人在政治、经济、文化、社会和家庭生活等方面享有同其他公民平等的权利”。残障人士享有平等的民事权利和尊严，这是由我国《宪法》和《残疾人保障法》所赋予的。法律还规定，政府和包括私营部门在内的其他社会各界在帮扶残疾人方面都负有责任和义务。

（二）残障人士平等民事权利缺失的表现

随着经济社会的发展，国家对残障人士方面的投入和政策扶持的力度逐步加强，但是还有很多方面未顾及残障人士等特殊群体的合理需求和特点，有些只是注重形式，并没有实际意义。许多对于健全人理所当然的事情，比如挂号、就诊、医患沟通等，对于残障人士却障碍重重，有形无形的障碍使残障人士得不到公平的机会和待遇，形成了事实上的不平等，残障人士的医疗、知情同意等相关权利的平等性无法得到实现。

（三）对残障人士平等民事权利的保护

对残障人士平等民事权利的保护，除了政府加大资金投入和政策扶持力度之外，各医疗机构在确保残障人士享有与健全患者平等权利的同时，应充分考虑各类残障人士的需求，尽可能地提供便捷的人性化服务。

1. 建立残障人士个人就诊卡。

残障人士个人就诊卡存储了个人信息、就诊信息、既往病史、住院情况等，虽然残障人士可能存在沟通障碍，但是通过档案卡信息，就诊医生就可以更直观地了解患者的相关病情和既往病史，为疾病的诊断和治疗提供更大帮助。另外，该就诊卡可以集挂号、就诊、划价、交费、检查、治疗、取药、信息查询等多项就诊流程于一体，这不但可以缓解残障人士的就诊不便，减少现金交易，还可以将以往分散的划价、交费等程序集中起来，优化看病流程，减少排队现象，缩短看病时间，为残障人士提供更大的便捷服务。

2. 建立残障人士无障碍就诊通道。

院内建造无障碍坡道、摆放无障碍标识、提供叫号显示屏等设施，确保残障人士可享受到无障碍设施所带来的便利。

3. 建立个性化就诊引导。

各医疗机构的就诊引导站，要加强对残障人士的导引服务，应尊重、关心残障人士，针对不同类型的残障患者，要竭力提供人性化和个性化的服务，有条件的医疗机构应当具备手语翻译，以方便医患双方进行沟通。

三、传染病患者平等民事权利的减损

在我国，人们对传染病的传染性和危害性存有片面、不科学的认知，这往往直接导致了治疗传染病以及携带某种传染病病毒而治疗其他疾病的患者在医疗机构就诊时的相应权利得不到平等的保障。

（一）传染病歧视

所谓传染病歧视，是指由于某人被确诊或怀疑携带传染病病毒或患有传染病，在相同情况下给予其有别于其他患者不公平的区分对待。[①] 传染病歧视是社会、医学发展的产物，目前主要包括艾滋病歧视、乙肝歧视以及性病歧视等。

医务人员在日常工作中对传染病患者的确存在歧视现象，这主要是由于医务人员在接触传染病患者时，因工作方法欠妥而产生了对职业暴露的恐惧，因为医务人员深知某些传染病是难以治愈的，比如艾滋病。并且，有些传染病患者染上疾病还可能与其道德缺陷有关，这也是医务人员对传染病患者产生歧视的原因之一。

（二）合法权益无法平等实现

《传染病防治法》规定，医疗机构应该对传染病病人或者疑似传染病病人提供医疗救护、现场救援和接诊治疗。“给予所有人同等的治疗机会”对医疗机构而言是一种法定的义务，以任何借口或者不科学的依据拒收传染病病人都是违法的。

医疗机构在保护传染病患者的合法权益上扮演着重要而又特殊的角色。医疗机构是发现、诊断以及治疗传染病的地点。但是在实际生活中，医疗机构对传染病患者或者病毒携带者往往存在拒绝提供治疗、采取不同治疗以及就医限制等情况。《对艾滋病病毒感染者和艾滋病病人的管理意见》中规定，各级卫生行政部门应指定医疗机构为 HIV 感染者和 AIDS 患者提供医疗服务。这一规定中“医疗服务”的概念很模糊，使得一些医疗机构以此为由，拒绝为 HIV 感染者提供正常的医疗服务。

（三）对传染病患者平等权利的保护

保护传染病患者的合法权益必须引起全社会的重视，消除传染病歧视需要有政府的支持以及社会的关注。医务人员在诊疗活动中直接接触传染病患者，他们的歧视往往对传染病患者的影响很大。消除对传染病患者的歧视，要加强对医务人员的培训，加深他们对传染病的认识，解除对传染病的误解，以便更好地为传染病患者提供医疗服务。

---

① 王亚晟：《医疗机构如何保护传染病病人的合法权益》，《医学与哲学》2010 年第 5 期，第 31 页。

在规定对传染病病人采取必要的隔离治疗、医学观察、医学干预和控制传播措施的同时，应该规定国家对患有特定传染病的困难人群实行医疗救助，减免医疗费用；在规定对甲类传染病发病场所或者特定区域的人员采取隔离措施的同时，规定实施隔离措施的当地政府应当对被隔离人员提供生活保障，被隔离人员的工作单位不得拒绝支付隔离期间的工作报酬等。

四、“一床难求”背后的医疗平等缺失

医疗平等权是患者基本人权的要求，也是患者基本宪法权利的反映。所有患者就诊时一律平等，既不允许特权患者优先占用医疗资源，也不允许歧视某些患者。然而，“一床难求”的问题在中国已经是不争的事实。在有些医院，患者住院需要等上好几年的时间，相对于已住院的患者来说，这些无法及时住院、未得到治疗的患者的平等医疗权便无法得到保障。

（一）“一床难求”的原因

1.“三甲”医院患者“扎堆”现象严重，专家资源浪费。

病床稀缺的背后，隐藏着的是优质医疗资源的稀缺，无法满足庞大的病人需求。另一方面，在中国看病，患者可以不受限制地选择医生，没有规范的转诊制度，不管得什么病，患者都往“三甲”医院跑，导致擅长疑难杂症的专家也不得不应付普通疾病，专家资源被滥用，而真正需要专家治疗的疑难杂症患者的医疗权利往往得不到实现。

2.医疗资源分配不均。

医疗资源是社会资源，也是国家资源。每位公民都有平等地享受相同医疗资源的权利。在医疗资源有限的条件下，国家必须公平地分配医疗资源，不能仅仅将医疗资源集中投入在几个较大的城市，应当进行合理分配，以逐步缩小各地区人民所享有医疗资源的差距，使广大群众的医疗平等权得到保障。

（二）解决“一床难求”的对策

1.患者分流，医疗资源合理利用。

患者喜欢往“三甲”医院“扎堆”，是因为知名专家都集中在“三甲”医院，作为患者，当然希望自己能够得到更好的治疗，但是有些常见病真的没有必要浪费专家资源，然而，又不能要求患者必须到哪个医院就诊。所以可以成立多个医联体，旨在加强区域公共卫生服务资源整合，逐步实现基层首诊、分级诊疗、双向转诊、专家下乡，并可以更加深入地落实双方转诊制度，实现“大医院手术，小医院康复”，以此缓解“一床难求”的局面。

2.政府加大投入，缩小医疗资源分配差距。

政府要加大对基层医疗机构的投入，一要扩大医院规模，二要扩大专业队

伍。要想缩小医疗资源的分配差距，提高医疗机构的整体水平，政府必须让患者对基层医疗水平有一定的信任。另一方面，要结合医疗保险相关制度，实现小病、常见病到基层医院就诊时，医疗保险可以按照相应比例给予更多结算。这样也可以分流一批患者到基层医院就诊，缓解“一床难求”的压力。

第三节　公平原则

随着社会主义市场经济的建立与完善，民主与法制建设不断深化，人们对自身合法权益的公平维护越来越重视，对社会公平的要求也越来越强烈。公平是正义的基本体现，是法制与道德的有机结合，是社会稳定发展的基础。

一、公平原则在有偿医疗服务中的体现

公平原则是民法的一项基本原则，它要求当事人在卫生民事法律关系中应以正义、公平的观念指导自己的行为，平衡各方的利益，享受公平合理的法律权利和义务，即不享有任何特权，权利与义务相一致。

（一）医患双方的地位平等，任何一方没有额外的特权

医疗机构对于任何就诊患者，不因民族、种族、宗教、性别、年龄、职业、职务、家庭出身、政治地位、教育程度、健康状况、劳动能力、自由状况和财产状况等差异而有所不同，都应该予以公平的对待。患者就医，不论是挂号、门诊看病，还是进行相关的检查以及领药，一切顺序都按照排队秩序办理，除了遇有病情危急或者严重伤者的情形外，皆遵循先来先受原则，不允许存在特权，也不得存在歧视。

（二）权利与义务相统一

凡是在法律上享有权利的，都必须履行相应的义务，不得一味地享有权利而不承担义务，或者一直承担义务而不享有任何权利。《执业医师法》规定，医师在执业活动中享有七项权利，①相对应地，也规定了医师在执业活动必须履行五项义务②，体现了权利与义务的相互统一、相互联系。

---

① 《执业医师法》第21条规定，医师在执业活动中享有下列权利：（一）在注册的执业范围内，进行医学诊查、疾病调查、医学处置、出具相应的医学证明文件，选择合理的医疗、预防、保健方案；（二）按照国务院卫生行政部门规定的标准，获得与本人执业活动相当的医疗设备基本条件；（三）从事医学研究、学术交流，参加专业学术团体；（四）参加专业培训，接受继续医学教育；（五）在执业活动中，人格尊严、人身安全不受侵犯；（六）获取工资报酬和津贴，享受国家规定的福利待遇；（七）对所在机构的医疗、预防、保健工作和卫生行政部门的工作提出意见和建议，依法参与所在机构的民主管理。

② 《执业医师法》第22条规定，医师在执业活动中履行下列义务：（一）遵守法律、法规，遵守技术操作规范；（二）树立敬业精神，遵守职业道德，履行医师职责，尽职尽责为患者服务；（三）关心、爱护、尊重患者，保护患者的隐私；（四）努力钻研业务，更新知识，提高专业技术水平；（五）宣传卫生保健知识，对患者进行健康教育。

二、显失公平时的民事责任

显失公平是指一方当事人利用优势或对方缺乏经验，在订立合同时致使双方的权利和义务明显违反公平、等价有偿原则。显失公平往往使当事人双方的权利和义务极不对等，因而违反了公平原则。最高人民法院《关于贯彻执行〈民法通则〉若干问题的意见》（以下简称《民通意见》）对显失公平的认定做了司法解释，即“一方当事人利用优势或者对方没有经验，致使双方的权利与义务明显违反等价有偿原则的，可以认定为显失公平”。

（一）显失公平的构成要件

1.显失公平一般发生在有偿行为的情况下。

无偿的民事法律行为往往意味着一方当事人纯享权利，而另一方当事人纯负义务，并不存在权利义务的互享问题。在此种情况下，很难发生双方权利的滥用与义务的违反问题。在卫生民事法律关系中，医患双方当事人的权利义务是相对的，医疗服务合同是一种有偿合同、双务合同。

2.双方权利的享有与义务的履行违背了公平原则。

在卫生民事法律关系中，医患双方的权利、义务与责任的承担，体现公平原则，兼顾各方当事人的利益。如果医患双方之间的约定致使一方当事人多负担了本不该负担的义务，而另一方当事人多享有了本不该享有的权利，便与公平的含义相违背，有悖于公平原则的规定。

3.一方当事人利用优势或者利用对方没有经验。

在卫生民事法律关系中，医方对于医学知识的掌握是处于优势地位的，而医学知识匮乏的患者是处于弱势地位的。例如，在选择治疗方式的问题上，本可以保守治疗的疾病，医方为了经济利益，要患者选择手术治疗，此时必然是显失公平的。

（二）显失公平的法律后果

1.医疗服务合同变更或者撤销。

《民法通则》第59条规定，行为人对行为内容有重大误解，或者显失公平的，一方有权请求人民法院或者仲裁机构予以变更或撤销。《合同法》第54条规定，订立合同时显失公平的，当事人一方有权请求人民法院或者仲裁机构变更或者撤销合同。这是我国现行法律对有关显失公平问题的规定。在卫生民事法律关系中，对于显失公平的医疗服务合同，患者一方有权请求人民法院予以变更或者撤销。至于是请求变更还是请求撤销合同，当事人有选择的权利。

由于卫生民事法律关系的特殊性，有些已经实施的医疗行为是无法撤销的，比如，已经实施的检查、手术以及治疗等。如果在施行之前，患者一方认为显失公平，则可以请求撤销或者变更。

2. 赔偿患方相应的损失。

因显失公平而受到损失的患方，有权提出变更或者撤销医疗服务合同，有过错的医方应该在合理的赔偿范围内赔偿患方因此所受到的损失。这个损失既可能是精神上的，也可能是物质上的，包括医疗费、误工费等产生的费用。如果造成患者伤残的，医方还应当赔偿精神损害抚慰金。

第四节 诚实信用原则

诚实信用原则简称诚信原则。通常说的诚实信用属于道德规范。诚实信用原则要求在卫生民事法律关系设立时，医患双方当事人要诚实，患方就诊时要如实提供相应的病史，医方应针对患方的病情提供必要的诊疗信息。在疾病的诊治过程中，患方要尽力配合医方的诊疗方案，医方履行相应的诊疗义务，以保障患者的健康权益。

一、医疗信息的告知义务

患者到医疗机构就诊，医方需将有关疾病的病情、可选择治疗方案以及每种治疗方案的利弊和风险告知患者。

（一）医疗信息的内容

患者到医疗机构就诊，需知情的医疗信息应当包括以下内容：

1. 医院执业资质信息。

医院执业资质信息主要包括以下三类：第一，医院的名称、执业地点、诊疗科目、业务科室、职能科室设置、开放床位数；第二，主要负责人的姓名、医院的所有制形式，方便患者及家属联系或咨询的电话号码、网址或电子邮件的地址；第三，主要卫生技术人员执业注册及资质信息、卫生行政部门对医院开展的重大医疗技术的批复。

2. 医疗服务信息。

医疗服务信息包括医疗服务规定与流程，在门诊显要位置公布的门诊就诊流程，公布的门诊医师姓名、职称、专业特长、出诊时间以及急诊患者的就诊流程等。另外，医院还须制作平面指示图，标明门诊部和住院部各功能单元的设置、位置及抵达路径，在门诊及住院部显要位置摆放，供患者及家属查询，军人、老年人、残障人员、急危重患者优先就诊措施及流程也须明确标识。

3. 疾病的名称、病情及预后情况。

医方应当如实告知患者所患病情的基本情况，包括发病率、治愈率、死亡率等，以及所患疾病应注意的相关事项，例如饮食、活动等。

4.疾病的治疗方案及风险。

治疗有多种治疗方案，如手术治疗或者保守治疗，及相关治疗方案的治愈率，医方都应当如实告知患者。如果采取手术治疗，还应当告知患者手术成功率、所能产生的风险及预后情况。例如，患者接受子宫切除手术，医方需详细说明该疾病的进展、改善的可能和手术的有效性及相关的手术及麻醉风险，如麻醉意外、邻近组织器官、神经损伤等。

5.用药说明。

患者有权要求说明用药的方法和有关药物的疗效、副作用、不良反应、用药禁忌，以及在产生副作用时应当如何应对等。

6.特殊检查、特殊治疗的告知。

由于医学科学的进步，有些疾病的诊断及治疗除了常规方法以外，还有一些特殊的诊断和治疗方法。例如，胃炎通常可以通过彩超诊断，胃镜可以更加直观地观察患者胃部情况，但是胃镜是有创性和非必要的检查手段，想采取此种检查就需要将该检查的优劣势及可能产生的风险告知患者，至于是否采取该种检查方式，应当由患者自行决定。

另外，根据《执业医师法》的相关规定，医师进行实验性临床医疗，应当经医院批准并征得患者本人或者家属同意。临床实验开始前，研究者必须向受试者提供有关临床实验的详细情况，包括实验性质、实验目的、可能的受益和风险性、可供选用的其他治疗方法以及受试者的权利和义务等，同时让患者知道他们有权随时退出本研究。在受试者充分了解上述情况时，做出同意的意思表示并签署知情同意书以后，方能开始相关的临床实验。

(二)告知义务的履行

因为医疗行为都具有侵害性，所以医疗行为取得合法性基础的前提要件便是病人的知情同意。根据《侵权责任法》及《执业医师法》等相关法律法规的规定，患者对自己的病情有知情同意的权利，医方需要履行相应的告知义务。患者知情同意权的实现是通过医疗机构及其医务人员告知义务的履行来实现的。在疾病诊治的过程中，由于医患双方所掌握医疗信息的水平不同，患者往往处于被动接受的地位。因此，医务人员必须认真履行告知义务，患者的知情同意权才可能实现。医方告知义务的具体要求如下：

1.全面。

医方应当尽可能地将诊疗措施的必要性、关键步骤、条件、利弊、已知并发症风险，及其对应医疗措施、其他替代治疗方案及其预后对比等，充分告知患者，以使患者做出谨慎的抉择。

2. 客观。

医方告知的信息应当符合医学原理和专业要求，做到实事求是地告知，既不能对于病情和风险进行刻意隐瞒或者过分地轻描淡写，也不能夸大风险。

3. 准确。

医方的告知用语应当达到准确、无歧义的要求，语义上严谨完整，以使患者能够正确地了解相关信息。

4. 易懂。

医方应当用患者可以理解的语言和文字进行告知。告知不一定非要采取书面的形式或者长篇累牍地陈述很深的理论知识，但至少应当将治疗的风险、选择的原则以及利弊以通俗易懂的语言表达出来，并尽可能不使用简写、缩略语，对必须使用的较为生僻的专业术语应当进行适当的解释。

二、医疗费用的明示义务

卫生民事法律关系，是一种特殊的合同关系，即医疗服务合同关系。所谓的医疗服务合同，是指双方当事人约定的由一方当事人提供医疗服务，另一方接受医疗服务并支付医疗费用。患者医疗费用的支付，是医方完成相应医疗服务、履行相应医疗义务的保障。

(一)医疗费用明示是医疗服务关系实现的基础

医疗服务合同中的当事人双方都负担对待给付的义务，医方主要的义务是提供医疗服务，患方主要义务是支付医疗费用。患者只有在支付医疗服务费用以后，才有权享有医疗机构提供的医疗服务。

患者到医疗机构就诊时有权知道医药收费标准的明细，以根据自己的经济情况判断是否交费，来订立医疗服务关系。

(二)医疗费用明示是诚实信用原则的体现

患者因为疾病到医疗机构就诊，此时难免就诊心切，医疗机构不得因此存在弄虚作假、欺诈患者以及乱收费的行为。医疗费用必须按照国家的有关标准实行，我国实行药品统一定价制度，而药品价格的公开公示是判断医疗费用是否合理的依据，也是卫生法律关系中之诚实信用原则的具体体现，故医疗机构收取医疗费用应当明示，医疗服务项目的价格、医院的药品销售价格、特殊卫生消耗材料的价格等信息必须公开，同时还须向住院患者提供“一日清单”和费用详单，并应当备置相关的收费标准文件以供患者查阅。

(三)医疗费用明示应当依据国家标准

我国的医疗费用实行国家定价的原则，按照《全国医疗服务价格项目规范》执行。医疗服务价格项目，为各级各类非营利性医疗卫生机构提供医疗服务收取费用的终极项目，各地的医疗卫生机构不得以任何形式分解收费。

三、职业道德与法律原则的共同要求

诚实信用原则是一项道德原则，也是一项法律原则。《希波克拉底誓言》中记载："我愿在我的判断力所及的范围内，尽我的能力，遵守为病人谋利益的道德原则，并杜绝一切堕落及害人的行为。我不得将有害的药品给予他人，也不指导他人服用有害药品，更不答应他人使用有害药品的请求，尤其不实施给妇女堕胎的手术。我志愿以纯洁与神圣的精神终身行医。"这部誓言是从医人员职业道德的圣典，它表述了其职业道德的取向，即服务于病人；确定了医生的岗位，即"在病人的床边"。这种关于职业的最早的道德标准，也就是后来人们所说的职业道德。

（一）医师执业规范价值的体现

《希波克拉底誓言》是每个医生的必修课，他指导着每名医务人员都要以"救死扶伤""时刻为患者着想""千方百计为患者解除病痛"为宗旨，不隐瞒病情，不为谋取私利而弄虚作假，时时刻刻以患者的健康利益为出发点，体现着医师执业规范价值。

诚实信用原则在民法中被誉为"帝王条款"，其重要性是不言而喻的。诚实信用原则在卫生民事法律关系中主要体现在卫生民事法律关系的主体在从事卫生民事活动时，应当本着诚实守信的理念，以善意的方式行使权利、履行义务。该原则要求卫生民事主体在民事活动中诚实不欺、恪守信用，并在获取利益的同时充分尊重他人和社会的利益。

（二）指导医患双方当事人行使权力、履行义务

在卫生民事法律关系中，诚实信用原则主要针对医患双方当事人的主观心理状态，它要求医患双方当事人必须以善意的心理状态作为活动的出发点，并应以公平作为一切行为的追求目的。善意的心理状态要求行为人在进行卫生民事法律活动时，不进行欺诈行为、恪守信用、尊重交易习惯、不得规避法律、尊重社会公共利益和他人利益等。这就为医患双方在行使权利和履行义务时提供了一个可以借鉴的标准和尺度，从而更有效地维护正常的医疗秩序，维护医患双方的合法权益。

（三）解释和补充卫生民事法律法规

正如有学者所言："一般而言，法律条文均极为抽象，适用于具体案件时，必须加以解释。进行法律解释时，必须受诚实信用原则的支配，始终维持公平正义。"尤其是当法律的含义存在多种解释时，诚实信用原则应当成为我们在多种解释中进行取舍的主要依据之一。诚实信用原则将道德规范与法律规范合为一体，兼具了法律调节和道德调节的双重功能，并且契合于法律根本目的的公正观念，有效地发挥了填补法律漏洞的功能。

四、病历更改的民事责任

病历是指医务人员在医疗活动过程中形成的文字、符号、图表、影像、切片等资料的总和，包括门（急）诊病历和住院病历。病历应当客观、真实、准确、完整、规范以及实事求是。病历的形成是医务人员通过问诊、查体、辅助检查、诊断、治疗、护理等医疗活动获得有关资料，并进行归纳、分析、整理而形成的医疗活动记录，是患者病情及对患者诊治过程的真实记录以及处理医疗纠纷的重要依据。

在实践中，作为记载患者病情和诊治过程的病历往往由医疗机构保管。当发生医疗纠纷时，容易发生医方更改病历的情况，以达到保全自身利益的目的。然而，病历的更改改变了病历的客观真实性。作为鉴定的依据，病历的内容会严重影响医疗纠纷案件的判断，从而得出不公正的结论。

（一）病历的证据效力

病历是民事诉讼证据的一种。所谓民事诉讼证据，是指能够证明民事案件真实情况的客观事实材料。根据《民事诉讼法》的相关规定，我国民事诉讼证据的表现形式可以分为书证、物证、视听资料、证人证言、当事人陈述、鉴定结论、勘验笔录等七种。书证是指以文字、符号、图形等所记载的内容或表达的思想来证明案件事实的证据。病历客观真实地记载了患者病情以及患者诊治的过程，所以，病历是书证的一种形式，它具有以下证据效力：

1. 证据能力。

证据能力也叫证据资格，是指病历资料在法律上可以作为证据的资格。病历证据能力的认定主要从其真实性、关联性和合法性角度进行。

所谓真实性，是指病历记载的必须是客观存在的事实，不能是想象、虚构和捏造的内容。真实性是病历的本质属性，也是病历作为证据资料使用时的必备特征。病史、体格检查、各种辅助检查结果都必须客观真实。

所谓关联性，是指病历必须与待证明的事实有内在联系。在医疗侵权诉讼中，病历作为证据资料使用，其与待证事实存有必然的内在联系是毋庸置疑的。如果病历的内容和待证事实无关，就出现了“张冠李戴”的现象，病历与患者的病情之间就失去了关联性，病历就失去了作为民事诉讼证据的意义。

所谓合法性，是指病历应当按照法定要求和法定程序取得。病历书写应当按照《病历书写基本规范》的相关要求完成。《侵权责任法》第61条规定：“医疗机构及其医务人员应当按照规定填写并妥善保管住院志、医嘱单、检验报告、手术及麻醉记录、病理资料、护理记录、医疗费用等病历资料。患者要求查阅、复制前款规定的病历资料的，医疗机构应当提供。”由此可知，病历应当具备法定的要件才能具有证据能力。

2.证明力。

所谓证明力，即证据力，是指证据对查明案件事实所具有的效力，它是证据在证明待证事实上体现其价值大小与强弱的状态或程度。证据的证明力决定于证据与案件事实的客观内在联系。考察病历证据的证明力，就是要认定病历证据本身或者病历证据与案件中其他证据一起能否证明待证事实，以及在多大程度上能够证明待证事实。原始证据、直接证据的证明力就较强，例如，相关辅助检查、血尿常规检验报告等。而传来证据和间接证据的证明力则相对较弱，如主观病历需要有客观病历资料做辅证，才能作为定案证据。不同的证据种类有不同的审查判断标准。因此，病历证据在证据上的不同分类对证据资格与证明力的判断会产生不同的法律效果。

（二）病历更改的界定

病历更改，是指对客观真实的病历资料进行修改、隐匿以及伪造、偷换和加塞虚假病历资料等，从而改变病历资料真实原貌。

1.病历更改的四种情况。

第一种情况是修改病历书写过程中出现的错字；第二种情况是医方在日常诊疗过程中完善、补充病历，如上级医务人员对下级、实习、试用期医务人员书写病历的审查修改，在诊疗过程中发现需要补充患者相关信息，急（会）诊记录以及因抢救急危患者需要下达口头医嘱等；第三种情况是患者为了获得更大的利益而修改病历；第四种情况是医方为了隐瞒、减少自身在医疗活动中的过失而更改病历。其中第一、二种情况应按照《病历书写基本规范》的规定在规定时限内按相关规定完成相应更改，而第三、四种情况则违反了《病历书写基本规范》的规定。

2.病历更改的方式。

病历更改的方式主要有修改已有的病历资料、伪造本来不存在的资料、隐匿和销毁原有的病历资料等。

按照当前的病历管理制度，一般门（急）诊手册在患方手里保存，而住院患者的病历资料在医疗机构保存，患方保存的病历资料一般都是由医方书写完成，而对医方保管的病历资料，医方在进行修改时，患者却不一定在场。由此可知，这种病历资料支配不对等的状态，导致了我国常见的更改病历资料的情形多为医方的行为。

（三）更改病历的法律后果

在医疗纠纷争议中，病历资料作为对患者疾病治疗经过及其治疗效果的原始记录，是判断医方在医疗活动中是否有医疗过错及该医疗过错在医疗事故损害后果中之责任程度的最主要依据。由于患者的住院病历是由医疗机构保管的，医疗机构对病历的更改更方便，而正常出院的患者通常不会想到去病案室复印自己的病历资料，一般都是在发现自己受到损害后才去医疗机构调取病历资料，而此时病历的更改就具有不确定性。因为病历资料没有固定，患方即使是发现病历资料有更改，往往也很难举证。

《侵权责任法》第58条规定："患者有损害，因下列原因之一的，推定医疗机构有过错：违反法律、行政法规、规章以及其他有关诊疗规范的规定，隐匿或者拒绝提供与纠纷有关的病历资料，伪造、篡改或者销毁病历资料。"显然，我国现行法律对病历更改采取过错推定的原则。过错推定是过错原则适用的一种特殊情况，即患方若能证明所受损害是由医方的医疗行为所造成的，而医方不能证明自己对患者所造成损害没有过错，则法律就推定医方具有过错，并且应当就此损害承担侵权责任。

在司法实务中，病历更改会依据不同的情况而区别对待。如果病历更改存在缺陷，但不影响整个病历的真实性时，可以据此进行鉴定，根据鉴定结果判定损害赔偿问题；如果病历更改致使病历存在违法性，则其丧失证据能力，病历会被推定为不具有真实性，无法据此进行鉴定，医方将承担"举证不能"的不利后果，承担相应的法律责任；如果将更改病历的缺陷部分剔除，其他病历内容的真实性可以确定的，该份病历是否影响鉴定则有待鉴定专家进行认定。

第五节　公序良俗原则

公序良俗是公共秩序与善良风俗的简称，公序良俗原则要求民事行为不得违反公共秩序和善良风俗。

一、医疗管理制度与公共秩序

公共秩序，是指社会的存在及其发展所必要的一般秩序。[①] 在通常情况下，违反强制性规定的即为违反公共秩序。

(一)医疗公共秩序为医疗管理制度做补充

医疗管理法律法规难以将医疗强制性规定列举周全，公共秩序比法律法规的外延更宽，除了包括涉及公共秩序的现行医疗管理法律法规的情况之外，还包括现行医疗管理法律法规没有规定的某些情况。另外，公共秩序作为基本原则，还可以协调医疗法律法规中出现的适用冲突。

---

① 史尚宽：《民法总论》，中国政法大学出版社2000年版，第334页。

(二)医疗管理制度为维护医疗公共秩序的强制手段

医疗管理法律法规是维护医疗公共秩序的重要手段。法律是由国家制定的重要行为准则,它以国家强制力来保证实施。医疗公共秩序规范的是一般的医疗行业秩序,但是如果没有强制力的保证实施,医疗行业秩序就会混乱,得不到良性发展。医疗管理法律法规,对那些危害医疗公共秩序的行为进行强制性的限制和处罚,警诫人们遵守医疗公共秩序。

二、医师职业道德与善良风俗

医者仁术,贵在医德。医务人员的职业道德即医德,它是医务人员应具备的思想品质,是医务人员行为规范的总和,是指导医务人员从事医疗活动的行为准则。善良风俗,是指社会的存在及其发展所必要的一般道德。①

1. 医师职业道德是善良风俗的具体体现。

《执业医师法》开宗明义地提出了"医师应当具备良好的职业道德和医疗执业水平,发扬人道主义精神,履行防病治病、救死扶伤、保护人民健康的神圣职责"。医务人员以精湛的医疗技术、高尚的职业道德和全心全意为人民服务的精神,努力提高人民群众的健康水平,保障人民群众的生命健康利益,这些都是善良风俗的具体体现。

2. 医师职业道德是善良风俗的更高要求。

《公民道德建设实施纲要》要求,公民要把中华民族的传统美德与新时代的道德观念相融合,遵循"爱国守法、明礼诚信、团结友善、勤俭自强、敬业奉献"的基本道德规范,提高自身素质,做一个有理想、有道德、有文化、有纪律的社会主义公民,这也是善良风俗的基本要求。医疗行业以患者为服务对象,服务目的是保障人民群众的生命安全和健康利益。由于医疗信息的不对等,患者处于相对弱势地位。因此,医师职业道德的标准应当高于其他行业。医务人员在具备良好的业务素质的同时,还应树立良好的医德医风,恪守职业道德,这样才能更好地履行职责,为患者解除病痛。

第六节　禁止权利滥用原则

《宪法》第 51 条规定,中华人民共和国公民在行使权利的时候,不得损害国家的、社会的、集体的利益和其他公民的合法的权利。《民法通则》第 7 条规定,民事活动应当尊重社会公德,不得损害社会公共利益,破坏国家经济计划,扰乱

① 史尚宽:《民法总论》,中国政法大学出版社 2000 年版,第 335 页。

社会经济秩序。可见，禁止权利滥用原则既有充分的宪法依据，也是我国民事法律的一项基础性的法律原则，即“法无禁止即可为”“法无授权不可为”。

一、权利滥用行为所产生的法律及道德风险

每个人的权利都是由法律赋予的，但是权利的行使都有一定的界限，没有不受任何限制的权利。行使权利，超出了一定界限而损害他人权益或者公共利益的，即属于权利滥用。

(一)构成权利滥用的条件

1. 医患双方当事人享有相应的权利。

在卫生民事法律关系中，根据法律法规的规定，医患双方当事人都享有各自的权利，例如，患者享有生命健康权、人格尊严权、平等医疗权、知情同意权以及隐私权等。医方享有诊疗权、特殊干涉权以及人格尊严权等。如果没有权利存在，就谈不上权利滥用。

2. 医患双方当事人滥用权利的行为具有违法性。

权利虽然是法律赋予的，但是权利的行使应以不妨碍他人权益或者社会公共利益为前提。权利的行使，不得侵害国家的、社会的、集体的利益和他人的合法自由和权利，否则，权利内在的秩序体系就会遭到破坏。

(二)权利滥用行为的后果及风险

1. 扰乱正常的医疗秩序。

患方的权利滥用破坏医疗机构的正常工作秩序，危害医务人员的人身安全，使所有的就诊者都受到不同程度的影响，导致医疗质量的隐性或显性的降低。医疗机构投入了许多的人力、财力、物力用于防范医患纠纷以及由此衍生的一系列问题，而疏忽了医疗质量的投入。如在“医闹”事件中，患者行使权利的行为显然构成权利的滥用，医疗机构花钱买平安的主动迁就和被迫的高额赔偿等，换得了具体医患双方之间局部利益的暂时平衡，医方保全了“名誉”，暂时得到了安宁，患方保护了“权益”，得到了赔偿和安慰，但是对正常的医疗秩序和医疗事业的发展却产生了很大的负面影响。

2. 医疗纠纷隐患加大。

患方因疾病而致贫困，因失去亲人或身体残疾而痛苦万分，这比医务人员遭到围攻、殴打更易于获得人们的同情。而社会的误解和患方的过激行为常使后续进行的专业性审查难以正常开展，有时甚至是放宽审查尺度，导致一些错误的诊疗行为不了了之。而在医疗纠纷中，很多医疗机构也都抱有息事宁人的想法，想“花钱买平安”，觉得经不起折腾，但这种想法进一步助长了患方权利滥用以及医方对自己医疗行为的过度保护。

在这种恶性循环下，患方本应抱着希望医院能给“治好病”或者“病痛可以得到缓解”的心理去就诊，但现在变成了“医院必须得治好病，否则就采取过激行为”的心理，该种现象甚至催生了以“医闹”谋生的“职业”。另一方面，医方的全部精力也不是放在如何救死扶伤、提高医疗质量上，而是放在如何进行自卫、应对患方的过激行为上，长此以往，医患矛盾隐患可能愈演愈烈。

3. 医患双方的合法权益得不到合理保障。

患方到医疗机构就诊，享有生命健康权、人格尊严权、平等医疗权、知情同意权以及隐私权等权利。医方虽然是提供医疗服务的主体，但也平等地享有诊疗权、特殊干涉权以及人格尊严权等权利。权利滥用行为不仅对医方权利产生了侵害，而且还使得医务人员产生不安全的心理状态，从事任何诊疗活动都从自我保护的角度出发，不能对疾病诊断和治疗做出客观分析，所有流程都机械地“按照规范执行”，以自我保护为先，阻碍其发挥对疾病诊断和治疗的自主性，使得患者的相关权利得不到合理的保障。

二、“拒签”的责任承担与责任豁免

（一）“拒签”的前提

1. 医方已尽到充分告知的义务。

《侵权责任法》第 55 条及《医疗机构管理条例》第 33 条规定，医疗机构在进行特殊检查及特殊治疗时，应当向患者或者患者家属说明病情、医疗措施、医疗风险及替代方案。医方应当针对告知书上的每一个条款，用通俗易懂的语言向患者进行详细的解释，使患者及其家属充分理解所采取的措施，或者不采取此种措施所产生的风险，其知情权的实现是同意权的前提。

2. “拒签”主体的合法性。

患者及其家属是“拒签”的主体，但是这个主体必须具有法律上的意义。对于患者本人来说，其必须是民法上的完全民事行为能力人，如果他是限制民事行为能力人或者无民事行为能力人，要征得其监护人的同意。这个监护人就是我们通俗意义上所说的患者家属，一般包括配偶、父母、子女、成年兄弟姐妹及其他亲属。另外，在患者意识清醒的情况下，经过患者授权的人，也具有法律上的主体资格。

但是在实践中，经常会发生这样的情形：陪患者一起就诊的人自称是患者的家属，在签署了相关的知情同意书后被经证实是肇事司机、劳动单位的同事或者其他不具有法律意义的主体。这种情况应当予以区分：如果在患者清醒时有授权，那么授权人有权利代表患者行使各项权利；如果患者意识丧失，由于医院以治病救人为主，不可能有时间或者有能力去调查患者家属的真实身份，此时应当要求家属在授权书上签字，并说明其与患者的关系，行为人如存在虚假捏造的行为，需要承担相应的法律责任。

3.“拒签”权的行使不得损害他人的合法权益或者社会的公共利益。

患者对自己的生命、健康利益具有一定的支配权，但是权利的行使不能损害他人的合法权益或者社会的公共利益。患者家属行使权利的时候，要充分考虑患者的利益，不能恶意“拒签”，例如，为了争夺遗产或者获取其他不良的利益而拒不签字治疗，故意造成患者生命、健康利益受损的后果。

（二）“拒签”的例外情况

“拒签”为患方拒绝签署同意书，即患方拒绝授权给医方从事相应的医疗救治行为。但“拒签”还有一种例外情况，即患者就诊时无家属陪同且意识丧失，从而无法进行授权的情况。《侵权责任法》第56条规定，在抢救垂危患者又不能征得患者及其近亲属的意见时，经医疗机构负责人或者授权的负责人批准，可以立即实施相应的医疗措施，笔者称之为“医方救治自主权”。医方行使救治自主权必须满足下列条件：(1)必须情况特别紧急，患者不能表达真实的意思，而且生命危在旦夕；(2)医疗机构及其医务人员没有其他的选择，如果不采取相应的措施，便会危及患者生命，且采取的紧急措施具有唯一性及有效性；(3)实施紧急措施不能超过必要的限度；(4)程序严格法定，即必须经医疗机构负责人或者授权的负责人批准。

（三）“拒签”的责任承担

1.患者及家属放弃治疗。

《侵权责任法》第60条第1项规定，因患者或者近亲属不配合医疗机构进行符合诊疗规范的诊疗，造成患者损害的，医疗机构不承担赔偿责任。现实生活中，“拒签”的原因是多方面的，还可能存在因为患者病情已无治疗的意义，或者因为经济原因而导致患者及其家属放弃治疗的情况。由于患者及家属放弃治疗而造成的损害，没有其他医疗过错的医疗机构不承担赔偿责任。

2.恶意拒签的法律后果。

患者家属恶意“拒签”，放弃治疗或者拖延治疗，给患者的生命、健康利益造成损害的，行为人应该承担相应的法律责任。

3.超出必要限度的医疗救治。

医疗机构及其医务人员在抢救垂危患者等的紧急情况下，要尽到合理的诊疗义务，不能超过必要的限度，如果在抢救患者的过程中，超过必要的限度造成患者损害的，也需要承担相应的赔偿责任。

4.未尽到充分告知义务而导致患者“拒签”。

因为医疗机构及其医务人员未尽到充分的告知义务，使患者及其家属未充分了解拒绝治疗的风险而“拒签”，延误治疗，造成患者损害的，医疗机构也应当承担相应的赔偿责任。

三、医闹的成因与后果

（一）医闹的定义

所谓医闹，就是当患者因救治无效而死亡或出现医疗事故、医疗纠纷后，患者家属或家属之外的行为人，采用在医院搭建灵棚、设置灵堂、哭闹喊冤、燃放鞭炮、焚烧纸钱、甚至殴打、杀害医务人员等非正常的方式和手段，来达到让医院“掏钱了事”的目的。原卫生部新闻发言人曾经对参与医闹的人员有过如下界定：借医疗纠纷或医疗事故的名义到医院通过闹事获得经济好处，也就是一些专门充当患者家属和医院进行交涉的人。这里需要区分“非职业性医闹”与“职业医闹”。“非职业性医闹”指发生医疗纠纷之后，患者及患者家属不愿意通过现有的合法途径维权，而以扰乱医院正常医疗秩序的方法要求赔偿的现象。这种形式的医闹参与人员相对单一，局限于患者本人及其亲属，对医院的冲击力和影响力相对有限。而“职业医闹”的参与成员主要为社会闲散人员，这些人员平日分布在各个医院之中探听医疗纠纷信息。在出现医疗纠纷时往往与患者及患者家属达成协议，由患者及患者家属支付其约定的“雇佣报酬”，由其以聚众或集团的方式对正常的医疗秩序进行冲击，以达到让医院“掏钱了事”的目的。

（二）医闹的成因

无论是过去还是现在，医闹事件的爆发都不是偶然的，而是社会矛盾积累的结果。

首先，在经济利益面前，医疗机构忽视了患者的心理需求，漠视患者对病情及治疗的知情权，导致“看病难、看病贵”成为医患矛盾的焦点。

其次，医疗纠纷解决渠道不畅，导致患者维权成本过高。医疗事故纠纷在诉诸法院后，法院往往要求做医疗损害鉴定，来判断损害后果，进而决定是否赔偿。然而，我国现行的医疗损害鉴定制度还不是很完善，昂贵的鉴定费用、较长的鉴定周期、较长的审判时限，加之医患双方在医疗方面知识的不平等现状，都促使患者在权衡利弊之后，不愿意选择法律途径进行维权。

再次，医疗机构“息事宁人”的心态使患者越来越倾向于选择成本较低的医闹，形成了“小闹小赔、大闹大赔、不闹不赔”的恶性循环。由于院方未设置有效的投诉部门，当医患纠纷发生后，患者不知找谁解决问题。当矛盾不断积累，最后上升到医闹阶段的时候，医院在诊疗过程中有无过错的问题已经不再重要，此时问题已然演变为患者“一闹到底”的决心与院方抗压能力之间的一场博弈。医院首先想到的就是“平息闹剧”“掏钱买平安”，再加上政府、媒体及公众对于医闹事件总是站在同情患者的立场上，这些因素都导致挑起医闹的一方更加肆无忌惮、无所顾忌。

（三）解决医闹的法律对策

1.政府加大投入，解决看病难、看病贵的问题。

医疗卫生事业社会福利性的特征要求政府给予足够的财政投入。只有大力加强公共卫生服务体系建设，真正保障广大人民群众能够享受基本的医疗卫生服务，完善医疗救助，发展医疗保险和医疗风险保险，为广大医务工作者和人民群众提供保障，才能有效解决看病难、看病贵的问题，进而减少医闹事件的发生。

2.加强医患沟通，建立有效的纠纷解决机制。

医闹现象反映出医患之间出现了信任危机，当医患信任危机和患者利益受损同时出现时，患者就会寻求一种解决办法，而当社会裁决机制出现信任危机时，患者及其家属就倾向以简单的报复行为解决问题。如果医院方能及时向患者及其家属介绍其病情，告诉他们采取了哪些抢救和治疗措施，并对这些措施的目的和效果进行解释，及时通报患者所承担的医疗费用，就能使患者了解更多的情况，打消他们的忧虑。除此之外，医院可以设立专门的医患协调办公室，并安排专人负责接待病人及其家属的投诉，进行解释和说服工作。另一方面，根据《人民调解法》的有关规定，各地的医疗纠纷调解委员会也应该积极筹备和建立起来，争取把问题消灭在萌芽状态，也可有效地减少医闹事件的发生。

3.树立正确的法律意识。

对于医闹行为，医院要坚定立场，对医闹中的违法、犯罪行为不能妥协让步，进行“无原则地迁就”。医方要坚决拿起法律武器，采取多种法律手段进行维权。如果行为人有涉嫌故意伤害、故意毁坏公私财物、扰乱社会秩序的犯罪行为，医务人员作为被害人，有权对正在进行的不法侵害采取制止行为，这属于正当防卫。医院应当配置安全保卫人员，以对医闹中的暴力性不法行为进行制止，坚决保护医护人员的人身安全。

四、其他权利滥用行为

在卫生民事法律关系中，除了患者在医疗过程中存在权利滥用的情况外，医务人员权利滥用的现象也屡见不鲜。例如，利用手中职权，开具虚假的医学出生证明、医学死亡证明、医学诊断书；未按照规定使用麻醉药品、医疗用毒性药品、精神药品和放射性药品；利用职务之便，索取、非法收受患者财物或者牟取其他不正当利益。对于上述权利滥用行为，行为人除了要承担相应的民事责任外，根据《执业医师法》的规定，卫生行政部门可以给予其警告或者责令暂停六个月以上一年以下执业活动的行政处罚；情节严重的，行为人还应承担被吊销其执业证书等行政责任；构成犯罪的，还应当依法追究其刑事责任。

课后习题

1. 试述卫生民事法的基本原则。
2. 如何看待“一床难求”的现象？
3. 如何理解医闹现象？

第三章　卫生民事法律关系

学习目标

本章主要阐述卫生民事法律关系的基本内容。通过本章的学习，了解卫生民事法律关系的概念、特征和构成要素，掌握卫生民事法律关系的事实和分类，并明确其在我国卫生民事法中的重要地位和意义。

案例分析

2014 年 7 月 5 日，市民黄某因身体不适到甲医院就诊，被医生诊断为非淋菌性尿道炎。此后黄某在甲医院接受治疗一个多月。治疗期间，医院多次应用氟康唑和胸腺肽两种药，药价共计 2016.30 元。同年 8 月，黄某到北京某大医院就诊，被确诊为患有前列腺炎。黄某认为甲医院存在误诊，耽误了自己的治疗，并让自己多支付了医药费用，应当赔偿经济损失和精神抚慰金，于是将甲医院告上法庭。

思考：本案存在哪些卫生民事法律事实？引起了哪些卫生民事法律关系？

第一节　卫生民事法律关系概述

一、卫生民事法律关系的概念和特征

法律关系的概念最早由“德国私法之父”萨维尼提出。萨维尼认为，各种法律关系是由法律规定的人与人之间的关系。[①] 民事法律关系作为法律关系的一种，是指民事法律调整的具有民事权利义务内容的社会关系。而卫生民事法律关系，则是指卫生法律规范调整的，人们在特定的医疗卫生活动领域中所形成的具有民事权利义务内容的关系。在这个特定领域中，有医疗卫生组织、企事业单位、国际组织及个人等，它们之间或在它们内部因为预防和治疗疾病，改善人们劳动、学习和生活环境及卫生状况，保护和增进人们身心健康等卫生活动而形成

① 龙卫球：《民法总论》，中国法制出版社 2001 年版，第 120 页。

的各种民事法律关系，被现有的卫生法律规范所调整，即形成卫生民事法律关系。

卫生民事法律关系除了具有一般民事法律关系的特征之外，还具有其自身的特点：

第一，卫生民事法律关系是由卫生法调整和确认的具有特定范围的民事法律关系。卫生民事法律关系必须以相应的卫生法律规范的存在为前提。国家为了保障卫生安全和公民健康，通过卫生立法，对那些直接关系人体健康的卫生关系加以具体规定，保护其不受非法行为的侵害。在实践中，当这些卫生领域的民事法律关系为卫生法所确认和保护时，就上升为卫生民事法律关系。

第二，卫生民事法律关系是平等的卫生民事主体之间的法律关系。卫生民事法律关系作为民事法律关系中的一种，直接体现后者的平等性，主要表现在以下几个方面：当事人在产生、变更、终止卫生民事法律关系的活动中法律地位平等，公民的卫生民事权利能力平等，卫生民事主体在卫生民事法律关系中享有的权利和承担的义务对等。

第三，卫生民事法律关系体现的利益是个人和社会的健康利益。尽管卫生民事法律关系的主体不同，卫生民事法律关系的内容所体现的利益也有所不同，但它们的内容都是卫生法所确认和保护的卫生权利和卫生义务。虽然其表面形式为一定的物质利益和人身利益，但都是以健康问题为法律前提的，没有健康问题就没有卫生民事法律关系。因此，卫生民事法律关系所体现的是个人和社会的健康利益。

第四，卫生民事法律关系是横向平等的卫生领域所调整的法律关系。不同于具有纵横交错和内外交叉特征的卫生法律关系，卫生民事法律关系是卫生法律关系中的横向部分，即包括典型的医疗机构及其医务人员与就医者之间结成的医患法律关系，从事药品、食品、保健品等的生产经营企业和提供公共卫生服务的单位，以及卫生服务质量和药品疗效与被服务者之间所结成的医学服务法律关系等。

第五，卫生民事法律关系具有一定程度的任意性。卫生民事主体参与的各种社会关系大都体现其私人利益，所以法律赋予卫生民事主体较大的意思自治空间，因此卫生民事法律关系具有较强的任意性。它主要表现为卫生民事法律关系发生上的任意性、变更上的任意性、消灭上的任意性以及内容上的任意性等。针对此特点，卫生立法过程中理应更多地运用任意性的调整方法，赋予卫生民事主体更多的自治权。

二、卫生民事法律关系在卫生民事法体系构建中的意义

（一）卫生民事法律关系是整个卫生民事法逻辑体系展开与构建的基础

具体来说，卫生民事法在总则中根据卫生民事法律关系的要素确立了主体、

行为、客体制度，在分则中确立卫生民事法律关系的内容。该内容主要是民事权利，包括债权、物权等。当总则中确立的主体、行为、客体与分则的具体制度结合在一起，就构成了完整的卫生民事法律关系。①

（二）卫生民事法律关系理论对整个卫生民事法学的建立和发展具有重要意义

"法书万卷，法典千条，头绪纷繁，莫可究诘，然一言以蔽之，其所研究和所规定者，不外法律关系而已。"②卫生民事法学作为以卫生民事法为研究对象的学科，不是孤立地研究个别的卫生民事法规范，而是从整体着眼将卫生民事法体系作为研究对象，而卫生民事法律关系正是贯穿始终的一根红线。

（三）卫生民事法律关系是指导理论研究人员与司法实务工作者解决问题的基本思维模式与思考方法

这是卫生民事法律关系在方法论上的意义。司法实务人员在处理卫生民事纠纷时，需要将当事人放在具体的卫生民事法律关系中，分析该具体法律关系的主体、客体以及当事人的权利义务关系，把握权利的产生、变更、消灭，这样才能公正裁判，正确解决各种卫生民事纠纷。

第二节　卫生民事法律关系的要素

卫生民事法律关系的要素是指构成卫生民事法律关系的必要因素。任何卫生民事法律关系都由几项要素构成，要素发生变化，具体的卫生民事法律关系就随之变化。具体来看，卫生民事法律关系由主体、客体和内容三个要素构成，缺少任何一个构成要素，卫生民事法律关系都将无法产生和继续存在。

一、卫生民事法律关系的主体

卫生民事法律关系的主体，是指参加卫生民事法律关系，享受卫生民事权利并承担卫生民事义务的人。其中，享有权利的人是权利主体，承担义务的人是义务主体。我国卫生民事法律关系的主体主要包括公民、法人和合伙组织。

（一）企事业单位

这里的企事业单位，一是指卫生企事业单位，包括各种医疗机构、药品生产及经营单位、医疗器械的生产及经营单位、卫生科研机构和各类医药院校，它们直接参与医疗卫生活动，其行为直接关系到人民的身体健康，尤其是各级各类医疗机构，它们是卫生民事法律关系中非常重要的主体；二是指一般的企事业单

① 王利明：《民法总论》，中国人民大学出版社 2009 年版，第 83 页。

② 郑玉波：《民法总论》，三民书局 1979 年版，第 63 页。

位，如食品厂、食品商店、化妆品生产单位等，它们的生产、经营活动也可能影响到人民的身体健康。[①]

（二）社会团体

这里的社会团体也可以分为卫生社会团体和一般社会团体，前者包括中国红十字会、中华医学会、中国卫生法学会、中国医师协会、中国农村卫生协会等团体。当这些社会团体的民事活动由卫生法律法规来规范时，它就成为卫生民事法律关系的主体。一般社会团体也是如此。

（三）公民

公民是卫生民事法律关系中最重要的主体，能够参与多种卫生民事法律关系。这里的公民既包括医疗保健机构中提供医疗保健服务的专业技术人员、个体执业的医师，以及从事食品，药品生产、经营或从事其他与人民健康有密切关系的个体生产、经营者，又包括病人、消费者等一般卫生民事主体。

（四）在我国的外国人和无国籍人

我国法律的效力范围覆盖我国境内的所有人，包括外国人和无国籍人，他们在我国国内的医药卫生民事活动也受我国卫生民事法的调整。因此，他们也可以成为我国卫生民事法律关系的主体。

二、卫生民事法律关系的客体

卫生民事法律关系的客体是指卫生民事法律关系主体的权利和义务所指向的对象。如果没有客体，卫生民事权利和卫生民事义务就无法确定，更不能在当事人之间分配权利、义务。卫生民事法律关系的客体主要表现为以下几种。

（一）物

物是指现实存在的，能够被人所支配、利用，具有一定价值和使用价值的物质财富。以物的形式出现的客体有食品、药品、化妆品、保健用品、医疗器械、生物制品、生活饮用水、中药材等。上述物品是卫生民事法律关系主体在进行各种医疗和卫生民事活动时需要的生产资料和生活资料。[②]

（二）行为

行为是指卫生民事法律关系中的主体行使卫生民事权利和履行卫生民事义务的活动。只有那些受卫生民事法调整的医药卫生行为才能构成卫生民事法律关系的客体。以行为的形式出现的客体有医药保健服务、疾病防治、健康相关产品的生产和经营等。上述行为可以分为合法行为和违法行为两个方面，合法行为依法受到法律保护，违法行为将引起法律责任。

---

① 覃凯、丁捍旗：《卫生法学概论》，军事医学科学出版社 2007 年版，第 16 页。

② 张静、王萍：《卫生法学》，西南师范大学出版社 2008 年版，第 23 页。

（三）智力成果

智力成果是指卫生民事法律关系主体通过脑力劳动所创造的医药卫生科学技术成果，属于精神财富，包括各种科学发明、设计、作品等。精神财富可以转化为一定形式的物质财富。保护精神财富是保护和发展生产力的要求，也是卫生民事法的一项基本任务。①

（四）人身利益

人身利益主要指人的生命健康权、隐私权、身份权、器官与尸体的归属权、求偿权等。以人身利益形式出现的人的生命健康权是卫生民事法律关系中最重要的客体，因为保护人的生命健康权是我国卫生立法的宗旨之一。

三、卫生民事法律关系的内容

卫生民事法律关系的内容，是指卫生民事法律关系当事人依法享有的权利和需要承担的义务。任何个人和组织作为卫生民事主体，参与卫生民事法律关系，必然要享有卫生民事权利和承担卫生民事义务。

卫生民事法律关系主体的权利，是指由国家强制力予以保障的类型化的卫生民事主体所享有的利益。这种法律强制力和特定利益的结合即构成权利，它具体体现以下特征：第一，卫生民事权利人依法直接享有某种利益，这种利益既体现为权利人在权利内容中享有的利益，也包括在权利行使中最终实现的利益；第二，卫生民事权利人可以请求义务人为一定行为或不为一定行为；第三，卫生民事权利受到国家强制力保护的利益。权利的确认、行使和保护，都由国家公权力做保障。

卫生民事法律关系主体的义务，是指义务人为满足权利人的要求而为一定行为或不为一定行为的法律负担。它具体体现为以下几个特征：第一，卫生民事义务人必须依据卫生民事法律的规定或合同的约定，为一定的行为或不为一定的行为，以满足权利人的要求；第二，义务体现为一种负担，义务通常以满足卫生民事权利人的需要为目的，而并非以满足义务人自身为目的；第三，义务具有强制性。卫生民事义务是一种受到国家强制力约束的法律义务，如果义务人不履行其义务，将依法承担法律责任。卫生民事义务和卫生民事权利一样，也是由国家卫生法律确认的，它规定了义务主体的行为范围，即义务人必须这样做或那样做，违反义务将承担法律上的责任。

在卫生民事法律关系中，权利和义务是相互对立、相互联系在一起的。在通常情况下，离开了卫生民事义务，卫生民事权利也将不复存在。权利和义务都是

---

① 覃凯、丁捍旗：《卫生法学概论》，军事医学科学出版社2007年版，第17页。

对应的，权利的内容要通过相应的义务表现，而义务的内容则由相应的权利限定。当事人一方享有权利，必然有另一方负有相应的义务，并且权利和义务往往是同时产生、变更和消灭的。因此，卫生民事权利和卫生民事义务是从不同的角度来表现卫生民事法律关系的内容的。[①]

第三节 卫生民事法律事实

一、卫生民事法律事实的概念和特点

法律可以根据统治阶级利益的需要，将一定的事实条件法定化，规定这些事实的发生将引起民事法律关系产生、变更和消灭的法律效力。这些由法律规定的、能够产生一定法律后果的事实，就是法律事实。法律事实是法律现象产生的原因，是依法能够引起民事法律关系产生、变更和消灭的客观现象。因此，所谓卫生民事法律事实，就是指卫生民事法律规范所规定的，能够引起卫生民事法律关系产生、变更和消灭的那些事实。卫生民事法律事实的特点在于：

第一，它是社会生活中一种客观存在的事实，而不是当事人主观的内心意思。法律事实必须都是外在于主观意思而存在的客观事实，如自然现象等。就行为而言，也必须是表露于外的事实，单纯的内心意思无法产生法律效果。

第二，它必须能够引起一定的法律后果。社会生活中出现的事实，并非都与卫生法律规定有关，并非都能产生一定的法律效果。只有那些能够引起卫生民事法律关系产生、变更或者消灭的事实，才属于卫生民事法律事实。当然，法律事实与法律后果之间，可能具有一定的因果联系，也可能不具有直接的因果联系，而某个法律后果的发生，也可能是多种法律事实相互作用的结果。所以，法律事实与法律后果之间的联系是复杂的。

第三，卫生民事法律事实能否引起一定的法律后果或者引起何种特定的法律后果，最终都取决于卫生民事法律的规定。社会生活中的各种事实，有的是由法律规范的，有的是由道德、宗教等社会调整手段规范的，只有为法律规范支配的事实才是法律事实。

二、卫生民事法律事实的分类

根据客观事实是否与人的意志有关，可以将卫生民事法律事实分为事件和行为两大类。

---

① 王利明：《民法总论》，中国人民大学出版社 2009 年版，第 86 页。

（一）事件

事件是指与人的意志无关，能够引起卫生民事法律后果的客观现象。这类卫生民事法律事实并不多见，它也分为两类：一类是自然事件，如病人因非医疗因素死亡而终止了医患法律关系，医疗机构或药品生产厂家因为洪水、地震、台风等自然灾害而被迫改变服务或停业等；另一类是社会事件，如"非典"的突然袭击导致国家政策的重大调整、法律的重大修改等，进而致使卫生民事法律关系的变更或消灭。

（二）行为

行为是指人的有意识的活动。行为可以分为两种类型：一类是民事行为，它是指行为人旨在确立、变更、终止卫生民事权利义务关系的行为；另一类是事实行为，它是指行为人于实施一定的行为时在主观上并没有产生、变更或消灭某一卫生民事法律关系的意识，但由于法律的规定，同样引起了一定的卫生民事法律后果的行为。行为与事件最大的不同是，前者与当事人的主观意志无关，而对于后者，当事人的主观因素恰恰是卫生民事法律关系产生、变更和消灭的主要原因。

第四节　卫生民事法律关系的分类

卫生民事法律关系具有多样性的特点，为正确理解和把握卫生民事法律关系的性质和特点，根据不同的标准可以对卫生民事法律关系进行不同的分类。

一、人身卫生法律关系与财产卫生法律关系

根据卫生民事法律关系的内容是否直接具有财产利益，可以把法律关系分为人身卫生法律关系与财产卫生法律关系。

人身卫生法律关系，是指与主体的人身不可分离的、不直接具有财产内容的卫生民事法律关系。人身卫生法律关系是卫生民事法调整人身关系的法律形式，是在卫生领域基于人身利益而形成的法律关系。卫生领域中的健康权关系、隐私权关系等，均属于人身卫生法律关系。

财产卫生法律关系，是指直接与财产有关的、具有财产内容的卫生民事法律关系。财产卫生法律关系是卫生民事法调整的财产关系的法律形式，是关于卫生领域财产归属和流转而形成的法律关系。卫生物权关系、卫生债权关系等，均属于财产卫生法律关系。

区分人身卫生法律关系与财产卫生法律关系的方法主要表现在以下两个方面：第一，人身法律关系的内容一般不具有可让与性，主体享有的权利在人身存

续期间与人身是不可分离、不能转让的;而财产法律关系的内容一般具有可让与性,主体可以转让自己的权利义务。第二,人身法律关系在受到破坏时,主要适用非财产救济方法,以非财产责任加以保障;而财产法律关系在受到破坏时,适用财产救济方法,用财产责任加以保障。

二、绝对卫生法律关系与相对卫生法律关系

根据主体范围和权利行使的特点,卫生民事法律关系可以分为绝对卫生法律关系与相对卫生法律关系。

任何法律关系的权利主体都是特定的,但是义务主体既可以是特定的,也可以是不特定的——权利主体以外的一切人都是义务主体。义务主体不特定的法律关系是绝对法律关系,例如,物权关系、人身权关系、知识产权关系等。义务主体特定的法律关系则是相对法律关系,例如,债权关系。

在绝对法律关系中,义务主体是不特定的,权利人以外的所有其他人均负有消极的不作为义务,权利人实现权利不需要义务人的积极协助。在相对法律关系中,义务人是特定的,权利人只能向特定的义务人主张权利,需借助义务人的积极协助才能实现权利。

区分绝对卫生法律关系与相对卫生法律关系,不仅有利于确定法律关系的义务主体及其承担义务的范围,而且还有利于确定权利主体所享有的权利及其权利的实现方式,从而准确地适用法律规范。

三、单一卫生法律关系与复合卫生法律关系

根据卫生民事法律关系内容的复杂程度,卫生民事法律关系可以区分为单一卫生法律关系与复合卫生法律关系。

卫生民事法律关系的内容为卫生民事权利义务,权利与义务是相对应的。有的卫生民事法律关系仅有一组相对应的权利义务,有的卫生民事法律关系有两组或者两组以上相对应的权利义务。仅有一组对应权利义务内容的卫生民事法律关系为单一卫生法律关系,有两组或者两组以上对应权利义务内容的卫生民事法律关系为复合卫生法律关系。复合卫生法律关系是典型的卫生民事法律关系。

区分单一卫生法律关系与复合卫生法律关系,有利于确定当事人的权利义务。在单一卫生法律关系中,双方的权利义务简单、单一,一方仅享有权利,另一方仅承担义务;在复合卫生法律关系中,双方均享有权利并承担义务,双方的权利义务关系比较复杂。

四、权利性卫生法律关系与保护性卫生法律关系

根据卫生民事法律关系的形成和实现的特点，卫生民事法律关系可以分为权利性卫生法律关系与保护性卫生法律关系。

权利性卫生法律关系，又称为正常实现的卫生法律关系，它是指权利主体依据卫生民事法律规范的要求建立和实现的法律关系，这种法律关系的形成和实现都是符合法律规定的，是基于当事人的意愿进行的。权利性卫生法律关系是实现主体权利、自由的正常形式。权利性卫生法律关系是典型的卫生民事法律关系。

保护性卫生法律关系，又称为卫生民事责任法律关系，是指因不法行为而发生的法律关系。保护性卫生法律关系不是基于当事人的自愿而形成的，而是法律为保护权利、维护社会利益而在当事人之间确立的。

区分权利性卫生法律关系与保护性卫生法律关系，有利于认识卫生民事法律关系的作用。权利性卫生法律关系是设定权利的，是当事人自愿形成的，是法律鼓励和保护的。保护性卫生法律关系的作用是保护一方当事人的合法权利，它不是根据当事人的意愿形成的。①

课后习题

1. 试述卫生民事法律关系的特点。
2. 试析卫生民事法律关系的要素。
3. 试述卫生民事法律事实的分类。
4. 试述卫生民事法律关系的分类及意义。

---

① 郑云瑞：《民法总论》，北京大学出版社2009年版，第91页。

第四章 卫生民事法中的自然人

学习目标

本章主要阐述卫生民事法中自然人的基本知识。通过本章的学习，了解卫生民事法中自然人的能力以及监护情况，掌握卫生民事法中与自然人的出生和死亡有关的法律问题，理解卫生民事法中自然人住所的意义。

案例分析

李甲是北京手表厂退休职工，其妻早逝。其独子李乙36岁，患精神病已20年，未婚，一直由李甲抚养。2014年8月，李甲突发心脏病去世。李甲没有其他近亲属，其他亲属和关系密切的朋友不愿做李乙的监护人。李甲的原所在单位北京手表厂和住所地居委会均称"放弃监护权利"。

思考：李乙应当由谁负责抚养和治疗？谁应是他的监护人？

第一节 卫生民事法中自然人的能力

自然人是指具有权利主体资格的生物学意义上的人。① 自然人和生物学意义上的人存在一定的差异。自然人原来是一个生物学上的概念，即生物学意义上的人或者自然状态中的人。但是，法律上的自然人概念是建立在生物学意义基础上的，生物学意义上的人不具有任何社会属性，因法律的承认而成为法律上的权利主体，享有权利，承担义务。自然人是一个抽象的概念，这个概念在卫生民事法中蕴涵了平等原则，即每个自然人在卫生民事法律上均享有平等的主体资格。②

民法中自然人的能力，是指作为民事法律关系的主体所具备的地位或资格。这种资格来自法律的确认和赋予。自然人作为民事主体，必须具有民事能力。这种民事能力是自然人所处的法律地位的具体体现，自然人民事主体地位的不同也体现在其能力的区别上。在民法中，自然人的能力具体可以分为民事权利能力、民事行为能力和民事责任能力。

---

① 史尚宽：《民法总论》，中国政法大学出版社2000年版，第86页。

② 龙卫球：《民法总论》，中国法制出版社2001年版，第220页。

一、民事权利能力

民事权利能力，是指民事主体享有民事权利和承担民事义务的资格。具有民事权利能力是民事主体享有民事权利的前提，具备民事权利能力者方可享有民事权利，否则不得享有民事权利。

（一）民事权利能力的开始

自然人的民事权利能力始于出生，这是各国民法的通例。《德国民法典》第1条规定："人的权利能力自出生完成时开始。"《日本民法》第1条第三款规定："私权的享有，始自出生。"我国《民法通则》第9条也采取这一通例，规定公民的民事权利能力"从出生时"开始。因此，作为民事权利能力中的一部分，卫生民事权利能力同样始于出生。出生作为一种法律事实，不仅具有自然人民事权利能力开始的法律效果，而且还具有其他法律意义。首先，自然人的年龄计算以出生为基础，自然人的成年以及相应的民事行为能力的取得、入学年龄、均依出生的时间计算；其次，出生标志着自然人基本人格权的取得，例如，生命权、健康权、身体权，婴儿出生后即可享有；再次，出生同时意味着新生婴儿与其他人的身份关系的发生，如父母子女关系、兄弟姐妹关系；最后，自然人的出生地依据出生时的场所而定，出生地对自然人的国籍以及其他利益的取得都具有一定的法律意义。

（二）民事权利能力的终止

自然人的卫生民事权利能力终于死亡。法律意义的死亡包括自然死亡和宣告死亡。自然人之所以为卫生民事主体，在于其具有生命。丧失生命的死亡者在法律上属于法律关系的客体——"物"的范畴，而不属于主体的范畴。因此，当自然人死亡时，由于其生命归于终结，其民事主体的地位也归于消灭，因而也不再具有民事权利能力，不再享有民事权利，也无法承担民事义务。然而，自然人死亡后，其生前拥有的民事权利是否得以延续，则是法律所必须面临的一个问题。其中，财产权因不具有人身属性，可因自然人的死亡而当然归于消灭，亲属权等身份关系也因自然人的死亡而当然归于终止，客观上不发生延续问题。不过，自然人的某些人格利益，主要是名誉等，客观上并不会因死亡而当然地消失，而是在一定期间内继续产生着影响，有时其影响还是巨大且深远的。①

二、民事行为能力

民事行为能力，是指民事主体能够通过自己的行为从事民事活动，现实地取

---

① 刘经纬：《民法总论》，厦门大学出版社2008年版，第96页。

得民事权利和承担民事义务的资格。民事主体实施的民事行为能产生取得民事权利和承担民事义务的法律后果，必须以其具有相应的民事行为能力为要件，无民事行为能力人实施的行为原则上不能发生权利取得和义务承担的法律效果。

在我国，自然人的民事行为能力可以划分为完全民事行为能力、限制民事行为能力和无民事行为能力三种类型。

（一）完全民事行为能力

完全民事行为能力，是指法律赋予达到一定年龄和智力状态正常的公民通过自己的独立行为进行民事活动的能力。《民法通则》第 11 条规定："18 周岁以上的公民是成年人，具有完全民事行为能力，可以独立进行民事活动，是完全民事行为能力人。16 周岁以上不满 18 周岁的公民，以自己的劳动收入为主要生活来源的，视为完全民事行为能力人。"至于何种状况属于"以自己的劳动收入为主要生活来源"，《民通意见》第 2 条规定："16 周岁不满 18 周岁的公民，能够以自己的劳动取得收入，并能维持当地群众一般生活水平的，可以认定为以自己的劳动收入为主要生活来源的完全民事行为能力人。"赋予这部分自然人以完全民事行为能力是由于他们已经参加了各种形式的社会劳动且能够以其收入作为主要生活来源，表明他们已经具备判断自己行为的社会后果，具备了独立处理个人事务的能力，即具备自然人行为能力的基础——意思能力。

（二）限制民事行为能力

限制民事行为能力，又称为"不完全民事行为能力"或"部分民事行为能力"，它是指法律赋予那些已经达到一定年龄但尚未成年和虽已成年但精神不健全、不能完全辨认自己行为后果的公民所享有的可以从事与自己的年龄、智力和精神健康状况相适应的民事活动的能力。具有限制民事行为能力的公民称为"限制民事行为能力人"。根据《民法通则》第 12 条和第 13 条中的规定，限制民事行为能力人可分为两种：一是达到一定年龄的未成年人，即 10 周岁以上的未成年人。二是因患精神疾病或智力发育不全等而不能完全辨认自己行为后果的成年人。日本民法将这部分人称为"准禁治产人"。法律赋予上述两种人一部分的民事行为能力，目的是保护他们的利益和维护社会经济秩序。限制民事行为能力人可以独立实施与其行为能力相适应的法律行为，对于超出其行为能力范围的法律行为，须事先征得其法定代理人的同意。

（三）无民事行为能力

无民事行为能力，是指完全不具有以自己的行为从事民事活动以取得民事权利和承担民事义务的资格。无民事行为能力的公民称为"无民事行为能力人"。《民法通则》第 12 条和第 13 条中分别规定了两种无民事行为能力人：一是不满 10 周岁的未成年人；二是因患精神疾病而不能判断自己行为的精神病人。

鉴于其不具备民事行为能力，因而由他们的法定代理人代理进行民事活动。然而，值得注意的是，对于无行为能力人纯获利益的行为，法律上规定不因其无行为能力而无效。《民通意见》第 6 条规定，无行为能力人接受奖励、赠与、报酬，他人不得以行为人无民事行为能力而主张行为无效。

三、民事责任能力

民事责任能力，是指民事主体对自己的不法行为后果承担民事责任的资格。责任能力是过错认定的前提，没有责任能力就无法认定民事法中的过错，更不能承担民事法中的过错责任。

在传统民法中，每个人只对自己的过错行为承担责任，而过错的存在首先要求行为人具有识别能力，如果行为人不具备识别能力，则行为人在主观上就不可能具有过错。正是在这个意义上，责任能力也被称为“过错能力”。具体而言，一方面，责任能力制度强调加害人的可谴责性以其具有一定程度的精神或智力能力为前提，因而只有具备一定的认识自身行为及其后果能力的人才能够从事一定的过错行为，并对这种过错所致的后果负责。因此，行为人承担损害责任的前提在于行为人必须具有的“认识其责任所必需的理解力”，也即行为人具有责任能力。另一方面，如果行为人不具备责任能力，则法官可无须审查行为人在具体情况下是否尽到了应有的注意义务。如果行为人根本不具备责任能力，这意味着他根本不能理解和认识到其行为所可能产生的一般责任，这时就没有考虑行为人是否具有过错的必要。

此外，与行为能力的不同在于，责任能力虽然也以一定的客观要素（如年龄）为标准，但在认定时仍应具体判断。

第二节　卫生民事法中自然人的监护

一、监护概述

（一）监护的概念

监护，即监督和保护，它是指民事法律为无民事行为能力人和限制民事行为能力人而设立的监督和保护其合法权益的制度。限制民事行为能力人和无民事行为能力人享有民事权利能力，但却欠缺民事行为能力，不能“自主参与”民事活动。所以，为了实现民事权利能力平等，就需要对民事行为能力欠缺者实施救济。监护就是这样一种针对民事行为能力欠缺者的救济制度，无民事行为能力人和限制民事行为能力人通过监护人得以间接参加民事法律关系。

（二）监护的性质

关于监护的性质，我国学界有三种学说：权利说、义务说和职责说。权利说认为，监护是一种身份权，是基于监护人的特定身份而产生的监护权。[①] 义务说认为，监护制度并没有赋予监护人任何利益，而只是科以负担，监护实际上是法律科以监护人的片面义务。[②] 职责说认为，监护制度纯粹是为保护被监护人的利益而创设的，这是一种具有"社会公益性质的职务"，监护制度已不能以维护私益为目的的民事权利或民事义务来解释，监护的本质是一种职责。[③] 我国《民法通则》采取监护职责说。《民法通则》第18条规定，监护人应当履行监护职责，保护被监护人的人身、财产及其他合法权益，监护人履行职责受法律保护。在卫生民事法领域也是如此。

二、监护的设立

在我国民事法领域，监护的设立方式有三种：法定监护、指定监护和委托监护。

（一）法定监护

法定监护是由法律直接规定监护人范围和顺序的监护。法定监护人可以由一人或多人担任。《民法通则》第16条第1款规定，未成年人的父母是未成年人的监护人。父母对子女享有亲权，是当然的第一顺位监护人。未成年人的父母死亡或没有监护能力的，依次由祖父母和外祖父母、兄姐、关系密切的亲属或朋友、父母单位和未成年人住所地的居委会或村委会、民政部门担任监护人。成年精神病人的法定监护人的范围和顺序是配偶、父母、成年子女、其他近亲属、关系密切的亲属或朋友、精神病人所在单位或住所地的居委会、村委会、民政部门。法定监护人的顺序有"顺序在前者优先于在后者担任监护人"的效力。但法定顺序可以依监护人的协议而改变，前一顺序的监护人无监护能力或对被监护人明显不利的，人民法院有权从后一顺序中择优确定监护人。

（二）指定监护

指定监护是指有法定监护资格的人之间对担任监护人有争议时，由监护权力机关指定的监护。从《民法通则》的规定看，指定监护实际上是法定监护的延伸，仍属法定监护的范畴。指定监护只是在法定监护人有争议时才产生。所谓争议，是指在未成年人父母以外的监护范围内的人以及在成年精神病人监护范围内的任何人，争抢担任监护人或互相推诿都不愿意担任监护人的情形。《民法通则》规定的指定监护的权力机关是被监护人住所地的居民委员会或村民委员

---

① 杨立新著：《人身权论》，中国检察出版社1996年版，第870页。

② 彭万林：《民法学》，中国政法大学出版社1999年版，第88页。

③ 王利明：《民法》，中国人民大学出版社2000年版，第58页。

会。指定监护可以用口头方式，也可以用书面方式，只要指定监护的通知送到被指定人，指定即成立。被指定人不服指定的，可在接到指定通知次日起 30 日内向人民法院起诉，由人民法院裁决。指定监护的被指定人未提起诉讼时，自收到通知后满 30 日生效；在提起诉讼时，自法院裁决之日起生效。

（三）委托监护

委托监护是指由合同来设立监护人的监护类型，其属于意定监护。委托监护可以是全权委任，也可以是限权委任。前者如父母将子女委托祖父母照料或配偶将精神病人委托精神病院照料，后者如将子女委托给寄宿制学校、幼儿园等。依《民通意见》的相关解释，不论是全权委托还是限权委托的委托监护，委托人都要对被监护人的侵权行为承担民事责任，但另有约定的除外；被委托人只有在确有过错时，才负担连带赔偿责任。换言之，法定或指定监护人对被监护人应承担的民事责任，不因委托而发生移转，委托监护人只承担过错连带赔偿责任，其在尽到监护职责而无过错，被监护人之行为如依法律仍须由监护人负责时，则由法定监护人承担。

三、监护人的职责

根据《民法通则》第 18 条的规定以及《民通意见》第 10 条的解释，监护人负有下列职责：保护被监护人的身体健康、照顾被监护人的生活、管束和教育被监护人、保护和管理被监护人的财产、代理被监护人进行民事活动、代理被监护人进行诉讼以及承担监护之民事责任等。

监护人的职责既意味着义务，又意味着权利。监护人对被监护人有监护的义务，也有进行监护的权利。监护人的资格非依法律的规定不得剥夺或加以限制，监护人依法行使监护权，任何组织或个人不得干涉。如果监护人的监护资格受到非法的限制或剥夺，或其行使监护权受到干涉或侵害，监护人有权向人民法院提起诉讼，请求法律的保护。

四、监护的终止

监护因一定的法律事实而发生，也因一定的法律事实而终止。监护设立的根据不同，终止的原因也不相同。监护主要因下列原因而终止：

第一，被监护人获得完全民事行为能力。在未成年人成年取得完全民事行为能力以及在成年精神病人恢复健康状态时，监护即告终止。

第二，监护人或被监护人一方死亡。监护人或被监护人一方死亡的，监护关系不复继续，当然终止。

第三，监护人丧失民事行为能力。监护人以有完全民事行为能力为条件，丧失民事行为能力也即丧失监护能力，监护关系理当终止。

第四，监护人有正当理由辞去指定监护。监护人有正当理由的，可以辞去监护。在指定监护中，辞去监护须经协商或提起诉讼由法院判决，擅自辞去监护职责的不发生辞去效力。

第五，监护人被撤销监护资格。监护人不履行监护义务或损害被监护人利益的，经利害关系人申请，可由人民法院撤销其监护资格。

第三节 卫生民事法中自然人的出生与死亡

自然人均具有平等的权利能力，而权利能力始于出生、终于死亡，世界各国的立法例均为如此。因而，卫生民事法中自然人的出生与死亡关系重大，其所涉及的众多法律问题历来是学者们探讨与分析的重点领域。

一、有关自然人出生的法律问题

（一）医学上自然人的多元出生标准

1. 露出说。

露出说认为，胎儿从母体露出即为出生。该学说有部分露出说与全部露出说之分。部分露出说是以胎儿的一部分露出母体时为出生的时间，全部露出说是以胎儿身体的全部与母体分离时为出生的时间。露出说的缺陷在于仅说明了“出”，并没有说明“生”。因此，露出说并不完整，未能说明出生的全部含义。

2. 初声说。

初声说认为，以胎儿第一声啼哭的时间为出生时间。大多数胎儿从母体分离后会啼哭，但并非所有的胎儿均会啼哭，而且天生的哑婴根本就不会啼哭。因此，初声说具有明显的缺陷，也未能说明出生的含义。

3. 断脐说。

断脐说认为，胎儿的脐带剪断的时间为出生时间。实际上，脐带的剪断具有很大的随意性，而且时间也较晚。因此，断脐说仍然不能准确地说明胎儿的出生时间。

4. 独立呼吸说。

独立呼吸说认为，胎儿能够独立呼吸的时间为出生时间。在与母体分离之前，胎儿是依靠母体呼吸的；与母体分离之后，胎儿才开始用自己的肺独立呼吸。以独立呼吸作为出生时间的判断标准，既说明了“出”，又说明了“生”。因此，独立呼吸说为大多数学者所认同。①

① 郑云瑞：《民法总论》，北京大学出版社 2009 年版，第 139 页。

（二）法学上自然人的权利能力始点

法学上自然人的权利能力始于出生。关于自然人的出生证明，我国法律没有明文规定，但最高人民法院的司法解释填补了这个法律漏洞。根据司法解释的规定，出生的时间以户籍证明为准；没有户籍证明的，以医院出具的出生证明为准；没有医院证明的，参照其他有关证明认定。

这一规定的特点是将户籍证明作为判定自然人出生的第一根据。这种处理办法对于解决审判实践中所遇到的自然人出生时间的具体认定问题具有实际意义，但将户籍证明作为判定自然人出生时间的第一根据略欠科学，因为户籍上关于自然人的姓名、出生等事项的记载是事后记载。在通常情况下，自然人出生后并非即刻办理户籍登记，而是经过一段时间后，才由父母到户籍登记机关进行登记。由于办理户籍登记与自然人实际出生之间相距一段时间，容易引起所记载的自然人出生时间与实际出生时间不一致。出生是一种自然事件，出生时间的认定是一个事实认定。关于自然人出生时间的确定，在医院出生的应以医院出具的出生证明为准；不在医院出生的，出生时间应以接生人员的证明为准。①

（三）胎儿权益保护的权利需求

胎儿是指已经受孕但尚未出生的生命体。从生命的发生与延续来看，自然人的生命源于受孕。按照自然规律，如非人工或自然终止妊娠或出现死胎，胎儿将来必定出生而取得自然人的法律地位。因此，胎儿的利益事关自然人的利益，保护胎儿的利益，对于自然人权益的保护来说是必不可少的内容。世界各国及地区对胎儿权利能力，主要有如下三种立法例。

1. 列举主义。

列举主义的立法例采取以列举的方式规定胎儿所具有的权利能力。例如，规定“损害赔偿请求权、继承权以及接受遗赠权等视为已出生”就是这种立法例的常见表达方式。德国和日本是采取该立法例的典型国家。

2. 概括主义。

概括主义的立法例将胎儿视为权利主体，规定胎儿依据法律的概括性规定具有权利能力。瑞士以及我国台湾地区即采取这种立法例。

3. 绝对主义。

绝对主义的立法例认为，自然人的权利能力绝对始于出生，在出生之前没有任何权利能力，不具备权利主体的资格。我国《民法通则》就采取绝对主义立法例的做法。《继承法》也是在不承认胎儿权利能力的前提下，对胎儿的利益给予特殊的保护。

---

① 佟柔：《中国民法学·民法总则》（陶希晋总编），中国公安大学出版社 1990 年版，第 95 页。

我国关于胎儿利益的保护有待进一步完善，不应仅仅局限于继承权，还有其他权利的保护问题，如抚养费请求权、损害赔偿请求权等。

二、有关自然人死亡的法律问题

（一）医学上自然人的多元死亡标准

1. 脉搏停止说。

脉搏停止说认为，自然人脉搏停止的时间为自然人的死亡时间。在脉搏停止之前，该自然人不得被认定为死亡。

2. 心脏搏动停止说。

心脏搏动停止说以自然人心脏搏动停止作为自然人死亡的判断标准。在心脏搏动停止之前，该自然人不得被认定为死亡。

3. 呼吸停止说。

呼吸停止说以自然人呼吸停止作为自然人死亡的判断标准。在呼吸停止之前，该自然人不得被认定为死亡。

4. 脑死亡说。

脑死亡说认为，自然人脑电波消失的时间为自然人死亡的时间。在脑电波消失之前，该自然人不得被认定为死亡。

（二）法学上自然人的权利能力终点

法学上自然人的权利能力终于死亡。死亡是自然人的权利能力消灭的唯一原因，自然人死亡之后，权利能力消灭，享有权利或者承担义务的主体资格也宣告终止。法学上自然人的死亡分为生理死亡和宣告死亡两种。由于自然人的死亡涉及权利主体资格是否存在、原有的权利义务关系是否发生变更以及继承关系是否发生等问题。因此，正确认定自然人的死亡时间在法学上具有重大意义。

自然人死亡以后应当由医院和有关部门开具死亡证明书，自然死亡的时间一般应以死亡证明书上记载的时间为准。然而，死亡毕竟是一个事实问题，因此，如果死亡证明书中记载的时间与公民死亡的真实时间有出入，则应以公民死亡的真实时间为准。

自然人死亡以后，不应当作为卫生民事主体享受权利并承担义务，但是法律在例外情况下需要对公民死亡后的某些利益进行保护。民事权利以利益为内容，这种利益是社会利益和个人利益的结合，一个人死亡后，他已不可能再享有实际权利中包含的个人利益，但权利中包含了社会利益的因素。因此在自然人死亡后，仍需要对这种利益进行保护。①

---

① 王利明：《民法总论》，中国人民大学出版社 2009 年版，第 139 页。

（三）脑死亡标准的法学意义

"脑死亡"是现今许多国家认定自然人死亡的新型标准。最有代表性的脑死亡标准是 1986 年美国哈佛大学医学院一个专门委员会首次提出的脑死亡临床诊断标准，即"哈佛标准"，共有 4 条内容：(1)没有感受性和反应性；(2)没有运动和呼吸；(3)没有反射；(4)脑电图平坦。原则上，对以上 4 条的内容在 24 小时内反复多次测试而结果无变化的，即构成脑死亡，但以下两种情况例外：(1)体温过低；(2)刚服过巴比妥药物等中枢神经系统抑制剂的病例。目前世界各国提出的脑死亡标准不下数十种。综合各种标准来看，一般都分为三部分：一是自主呼吸不可逆转地停止；二是脑死亡引起的临床表现；三是利用药品和器械对脑死亡的验证。

在我国民法体系中，死亡是公民民事法律关系产生、变更、终止的原因之一。在刑法实践中，对死亡状态及死亡时间的准确认定直接影响定罪。我国当前的死亡标准立法已经滞后于医疗科技的发展、公民的公益意识和对医疗服务的需求，而且这一矛盾愈发突出。为脑死亡标准"立法正名"不仅可以为器官移植创造条件，更重要的是它保障了法律的公平性，这蕴含着更大的社会价值。当然，在进行脑死亡立法时，我们必须建立科学完整的脑死亡管理制度，详细规定哪些医生有权做出脑死亡诊断，应按什么程序进行，使用哪些检测手段等，以防止医生进行草率诊断或者虚假诊断。与此同时，脑死亡立法应当明确规定违反脑死亡法律法规的法律责任，以进一步对其进行法律规制。

（四）"安乐死"立法的比较考察与现实启示

"安乐死"一词的提法源于希腊语"Euthanasia"，在英文中的表述为"Euthanasia"。其中，"eu"前缀是"好"的意思，而后缀源自死神"塔那托斯(thanatos)"的名字。从语源结构上来看，该词义为"好的死亡"，后被衍生为"无痛之死"的意思，它是一种给予患有不治之症的人以无痛楚，或更严谨而言"尽其量减小痛楚地"致死的行为或措施，一般用于在个别患者出现了无法医治的长期显性病症时。因其病情到了晚期或不治时期，对病人造成极大的负担，其不愿再受病痛折磨而采取的了结生命的措施，经过医生和病人双方同意后进行，为减轻痛苦而进行的提前死亡。

从世界范围内来看，从 20 世纪 30 年代起，在部分西方国家就已经出现了"安乐死"合法化的要求，并由此持续引发了对于"安乐死"的关注，进而形成了"安乐死"合法化的运动。1935 年世界上第一个自愿"安乐死"协会在英国成立。美国、法国、丹麦、挪威等国相继成立了旨在推动"安乐死"合法化的组织。但随着"安乐死"被法西斯组织所利用，其沦为种族屠杀、残害生命的工具，"安乐死"合法化运动也随之跌入谷底。此后，伴随着人类社会的发展进程以及医学技术的进步,“安乐死”合法化运动又在20世纪60年代重新进入人们的视野。1976年在日本召开了国际“安乐死”研讨会,日本、澳大利亚、荷兰、英国、美国等国家的代表签署了关于“安乐死”的《东京宣言》,强调应当尊重“人生的意义”和“庄严的死”,主张在特殊情况下,人应当有选择死亡的权利。伴随着无休止的争论,“安乐死”合法化运动在世界各地蓬勃发展起来,越来越多的国家和地区已经通过各种方式对“安乐死”进行了合法化的尝试。其中有的以立法形式体现,有的以判例形式体现。

美国加利福尼亚州于1976年颁布了《死亡权利法》,这是一部消极“安乐死”法,这部法律通常被认为是人类历史上第一个有关“安乐死”的法案。1994年11月,美国俄勒冈州通过了《尊严死亡法》,允许医生在有限制的条件下帮助临终患者自杀。到目前为止,俄勒冈州是美国唯一使医生帮助自杀合法化的州。1995年5月25日,澳大利亚北部领土议会通过了一部《晚期病人权利法》,这是世界上第一部积极“安乐死”法。但这部法律的通过,引起澳大利亚各界的激烈争论,并于同年12月终止该法案,其实际实施时间不到半年。2001年4月10日,荷兰议会两院通过“安乐死”法案,使荷兰最终成为全球首个正式在法律上将“安乐死”合法化的国家。在荷兰的影响下,比利时议会于2002年5月通过了“安乐死”法案,成为继荷兰之后第二个正式将“安乐死”合法化的国家。比利时的“安乐死”法案基本沿袭了荷兰规定的“安乐死”条件,但又有进一步的发展。日本是亚洲第一个在法律上有条件地承认“安乐死”的国家。1962年12月22日,名古屋高等法院通过审判一起“安乐死”案件,提出合法“安乐死”的六大要件,更加明确地承认了有条件的“安乐死”的合法性。截至2012年,实现“安乐死”合法化的有荷兰、比利时、卢森堡、瑞士、印度等国家以及我国的台湾和美国的俄勒冈州、华盛顿州和蒙大拿州等地区。①

我国不承认“安乐死”的合法性,实施者将构成刑法上的故意杀人罪。目前对于我国已经发生的有“安乐死”性质的案件,一般有这样几种处理方法:一种是认定行为情节显著轻微,危害不大,不以犯罪来论处,如“陕西汉中蒲连升‘安乐死’故意杀人”一案;另一种则是认为“安乐死”属于故意杀人行为,但对于“安乐死”的特殊情节给予从轻处罚,如2001年的“上海梁万山故意杀母”一案。而在周某“安乐死”一案中,司法机关没有启动诉讼程序,则是对“安乐死”行为不构成

---

① 2011年1月,中国台湾地区通过《安宁缓和医疗条例》修正案,“安乐死”立法迈出制度化的一步。依照该修正案,有意愿施行“安乐死”的病人,必须先由两名医生诊断为不可治愈的晚期病人,并且病人须自愿预先签署意愿书;若病人已处于昏迷状态,则在不违背病人意愿的前提下,由最近亲属出具同意书,还必须获得医学伦理委员会的审查,通过审查后,医院可中止或撤出心肺复苏术,即可拔管,停止救治。材料来自网络:http://baike.haosou.com/doc/5378352.html,访问日期:2015年1月28日。

犯罪的默认和表态。仔细分析，可以看出这几种处理态度都没有对“安乐死”行为的价值进行明确彻底的判断，即没有做出完整的是或否的结论。而且在司法实践中，司法机关对于“安乐死”案件大多没有主动去干预，很类似于不告不理的处理方法。

从立法来看，1989 年初，全国人大常委会办公厅在向七届人大常委会第六次会议提交的《七届全国人大一次会议代表建议的办理情况报告》中说，有 11 位人大代表曾建议制定《“安乐死”法》。原卫生部经反复研究后认为，“安乐死”是一种具有特殊意义的死亡类型，它既是一个复杂的医学、法学问题，又是一个极为敏感的社会、伦理问题，因此制定“安乐死”法规目前条件尚不成熟，但要抓紧为“安乐死”立法做准备，大力开展死亡教育。1995 年，八届全国人大三次会议收到了 4 份有关“安乐死”立法问题的议案，成为大会的热门话题之一。由于荷兰、比利时先后为“安乐死”立法，让不少人士再一次看到“安乐死”在我国立法的希望，但是依然有部分法律界人士认为，我国在医疗技术、医生的职业道德等各方面都不具备条件。这种态度在目前具有代表性。尽管如此，我们还是听到要求“安乐死”合法化的呼声，而且有了许多具体的立法建议。

“安乐死”所涉及的权利属于生命权的理论范畴。依据卫生人身权理论，权利主体对于自己的生命享有生命利益的有限支配权，这里的“限制”主要就是“禁止‘安乐死’”。由此可知，“生命权人是否可以处分自己的生命”是“安乐死”在理论上的最大障碍。有学者指出，从生命权的权利内涵来看，对于“生命利益的有限支配权”应当囊括“安乐死”的权利。“安乐死”的权利体现了法律对于个人意愿的尊重和保障，减少了患者及其亲属的痛苦，节约了医药卫生资源且我国宪法对于人格尊严的规定也为人们实际享有“安乐死”的权利提供了较为可行的立法空间。① “当今意义上的生命权的要求不仅仅是生命的安全与延续，还应当包含生命的内容和质量，包含生命的尊严与结束。这就在法律上提出了新的权利要求，生命权还应当包括对生命利益的处分权，这种处分权包括：第一，生命安全的处分——自愿承受生命危险，如人体器官的捐献与转让；第二，生命本身的处分——自愿放弃生命，如‘安乐死’、舍己救人等”。②

总体来看，国内外有关“安乐死”的卫生法学研究的基调还是人性化的，在“遵循严格实体要件和程序要件的前提下，实现‘安乐死’之合法化”是其总的研究方向，同时这也是各国生命权法律制度的发展趋势。鉴于“安乐死”的权利是一项伦理色彩浓重且具有非诉属性的权利，为了防止由此引发的道德风险，有学者指出，该权利应当包括两个方面：一是选择死亡时间的权利，二是选择理想的

---

① 石悦主编：《医事法律问题研究》，辽宁科技出版社 2014 年版，第 22 页。

② 李惠：《试论生命权与“安乐死”权》，《上海大学学报（社会科学版）》2008 年第 15 卷第 6 期，第 134 页。

死亡状态的权利。有关“安乐死”权的权利主体问题，以下三点应予明确：第一，从根本上说，“安乐死”的权利属于“安乐死”的适用对象；第二，“安乐死”权利的行使必须出自适用对象的自愿；第三，“安乐死”的适用对象选择“安乐死”是一种权利而并不是一种义务，不选择“安乐死”不是什么不道德的行为。①

第四节　卫生民事法中自然人的住所

一、民法中自然人住所的确定

民法中自然人的住所是指自然人长期居住生活的地点。住所可以分为如下几类：一是原始住所，即自然人出生时所取得的住所，世界各国公认以自然人的父和母之住所为原始住所；二是选择住所，即自然人出生后依久住意思和居住事实而选择取得的住所；三是法定住所，即自然人依法律规定而取得的住所。

各国法律对住所的规定是不相同的。虽然各国一般规定一个人只能有一处住所，但也有少数国家的法律承认一个人可以有两个或两个以上的住所。例如，英国关于住所的一般原则如下：(1)任何人都有一个住所；(2)一个人不得为了相同的目的同时有一个以上的住所；(3)一个人既有的住所被推定持续到证明其新的住所已经获得为止；(4)英国冲突法中的住所意味着英国法意义上的住所。我国《民法通则》第 15 条规定：“公民以他的户籍所在地的居住地为住所，经常居住地与住所不一致的，经常居住地视为住所。”《民通意见》第 9 条规定，经常居住地是指自然人离开住所后连续居住一年以上的地方，但住医院治病的除外。另外，自然人由户籍所在地迁出后至迁入另一地点前，无经常居住地的，仍以其原户籍所在地为住所。

二、卫生民事法中确定自然人住所的意义

(一)确定自然人的民事主体状态

自然人的民事主体状态是卫生民事法律关系的要素之一。自然人的住所在自然人的民事主体状态认定方面具有重要的意义，如宣告失踪、宣告死亡，都是以自然人离开住所地下落不明作为前提的。

(二)决定债务的清偿地

《合同法》第 62 条规定，“当事人履行地点约定不明确，依照本法第 61 条的规定仍不能确定的，适用下列规定：给付货币的，在接受货币一方所在地履行；交

---

① 李惠：《试论生命权与“安乐死”权》，《上海大学学报(社会科学版)》2008 年第 15 卷第 6 期，第 134—135 页。

付不动产的，在不动产所在地履行；其他标的，在履行义务一方所在地履行。”在涉及自然人时，该条款所称的“所在地”即为住所。

（三）决定诉讼管辖法院和司法文书送达地点

根据《民事诉讼法》的规定，对自然人提起的民事诉讼，由被告住所地人民法院管辖。由此可见，自然人的住所是确定司法地域管辖最重要的因素。例如，人民法院在留置送达时，其送达地即为当事人的住所。

课后习题

1. 试述卫生民事法中自然人的能力。
2. 试析民事行为能力的划分。
3. 试述监护的性质。
4. 试述卫生民事法中自然人的出生与死亡。

第五章 卫生民事法中的法人

学习目标

本章主要阐述卫生民事法中法人的基本情况。通过本章的学习，了解卫生民事法中法人的地位和能力，理解民法中法人分类的意义，从而更好地掌握卫生民事主体制度的相关内容。

案例分析

2014年9月12日，甲市药品监督管理局执法人员对乙医疗器械经营企业进行监督检查时，发现其有经营三类物理治疗及康复设备的行为。经调查核实，该医疗器械经营企业的经营范围只包括两类物理治疗及康复设备和外科手术器械，而且企业没有变更经营范围的记录。甲市药品监督管理局执法人员按照《医疗器械经营企业许可证管理办法》第38条第2款的规定，责令其限期改正，并给予警告。后该医疗器械经营企业及时改正。但部分执法人员提出应按照《医疗器械经营企业许可证管理办法》第35条进行处罚。

《医疗器械经营企业许可证管理办法》第35条规定：医疗器械经营企业擅自扩大经营范围、降低经营条件的，由（食品）药品监督管理部门责令限期改正，予以通报批评，并处1万元以上2万元以下罚款。第38条规定：医疗器械经营企业有下列行为之一的，（食品）药品监督管理部门应当责令限期改正，并给予警告；逾期拒不改正的，处以1万元以上2万元以下罚款：（一）涂改、倒卖、出租、出借《医疗器械经营企业许可证》或者以其他形式非法转让《医疗器械经营企业许可证》的；（二）超越《医疗器械经营企业许可证》列明的经营范围开展经营活动的；（三）在监督检查中隐瞒有关情况、提供虚假材料或者拒绝提供反映其经营情况的真实材料的。

思考：该案中企业超范围经营涉及哪些法律问题？应该如何处理？

第一节　卫生民事法中法人的地位

一、法人的概念

“法人”作为一个法学概念，是在12—13世纪之间由意大利注释法学派学者创造的。不过当时还仅仅用来说明团体的法律地位，称“法人是以团体名义的多数人的集合”，而尚未达到在团体成员之外，承认独立存在的抽象人格那样的地步。法人概念的“发明”应当归功于教会法学者，正是他们在解释教会拥有世俗财产的合理性时，想象在团体成员的多数人之外，还有抽象的人格存在，该人格即法人。它与自然人一样，能够享有财产所有权。教会法学者把人的外延拓宽，推广到自然人之外，认为法人也是人，不是人类之外的人。

法人作为制定法上的概念，据史尚宽先生的考证，首先在1794年《普鲁士邦普通法典》中出现，为1896年《德国民法典》所采用，之后这一概念的影响即扩大到全世界。通俗意义上讲，我国普遍能够接受的含义是，法人是具有民事权利能力和民事行为能力，依法独立享有民事权利和承担民事义务的组织。由此推知，卫生民事法中的法人，即指在卫生领域中，具有民事权利能力和民事行为能力，依卫生民事法能够独立享有卫生民事权利和承担卫生民事义务的组织。

二、法人的本质

法人取得权利主体资格的基础，即为法人的本质问题，它在法人的形成过程中存在较大的争议。有关法人的本质主要有以下三种学说。①

（一）法人拟制说

法人拟制说在罗马法时期即已出现。至12—13世纪，罗马法在欧洲复兴，早期的注释法学家提出“法人是以团体名义的多数人的集合”，法人是独立存在的“抽象人”。后来的寺院法也提出法人是“拟制的人”和“观念人”，“法人的人格是基于法之拟制，法人纯为观念的存在”。14世纪以后，后期的注释法学派完全根据寺院法学者的理论建立了法人“拟制说”，认为自然人是实在的人类，而法人则为无肉体、无精神的观念上的存在，仅为法律所拟制的产物。根据法人拟制说，除了自然人之外，没有独立人格的存在，法律对于“拟制的人”应采取限制的态度，具体表现为法人应当经过国王或政府的特许才能成立，法人的民事权利能力和民事行为能力都是国家赋予的。同时，法律应当区分法人与其成员的财产、

① 郑云瑞：《民法总论》，北京大学出版社2009年版，第167页。

区分法人与其成员的人格、区分法人与其成员的责任。上述思想对于现代法人制度的建立有重要意义。法人拟制说是特定历史背景的产物,折射出19世纪的个人主义和个人本位法律思想的影响,但现代很多国家和地区的立法不再采纳此说。

(二)法人否认说

“法人否认说”又称“法人否定说”,也就是不承认法人存在的各种学说的统称。该说否定法人人格的必要性,认为如果说法人有人格,也应归属于一定的自然人或者无主财产,而无须再拟制出一个想象中的人格。法人否认说虽然与法人拟制说具有相同的出发点,但却更致力于对法人实体进行本质上的剖析。法人否定说可划分为三派,包括目的财产说、受益人主体说和管理人主体说。

1.目的财产说。

目的财产说又称无主财产说,其为德国学者布林茨所倡导。此学说认为,法人无非是奉行一定目的的无主财产。财产可属于特定的人,属于特定的目的,前者是有主体资格的,后者是无主体资格的。为达到特定的目的而由多数人的财产集合而成的财产,已经不属于单个的个人,而聚合形成为一个法律拟制的人格。法人不过是为了一定的目的而存在的无主财产,法人本身不是独立的人格,而是为了一定目的而存在的财产。

2.受益人主体说。

受益人主体说为德国学者耶林所倡导。该说主张,法人财产的受益人才是法人的真正人格者。在社团法人的情境下,法人的人格归属于社员;而在财团法人的情境下,法人的人格则归属于不特定的多数人。受益人主体说认为,拟制的团体是不存在的。因为意思是个人的意思,集合体的意思并不存在,至少是无从证实的。被集合目的所决定的个人的意思仍旧是个人的意思。既然集合体并没拥有和他们的组织分子所有的意思不同的另一意思,那么他们就不能成为法律主体。因此,法人仅仅是形式上的权利义务的主体,而实际上的权利义务的归属者,只是享有法人财产利益的多数个人。

3.管理人主体说。

管理人主体说为德国学者赫尔德等人所倡导。该说认为,法人的人格者,无非是充任法人财产管理者的自然人,法人的财产并不是属于法人本身所有,而属于管理其财产的自然人所有。

无论是哪种形式的法人否认说,都否认法人作为独立主体的存在,这一观点难以适应社会经济生活发展的需要,所以一直没有成为通说。

(三)法人实在说

法人实在说认为,法人并非法律凭其技术拟制的抽象人格,而是在性质上宜于作为权利能力者的社会实在。即法人并不是法律虚构的，也并非没有团体意思和利益，而是一种客观存在的主体。至于该社会实在的性质如何，该说又分为有机体说和组织体说。

1. 有机体说。

有机体说，又称“团体人格说”或“具体实在说”。此说为德国日耳曼法大家奥托·基尔科所倡导。基尔科对日尔曼法所固有的共同体极力推崇，力主民法的团体本位。他主张团体是社会的有机体，如同自然人是自然的有机体一样，有固有的生命和意义。法人享有法律人格是理所当然的。法律主体是与意思能力联系在一起的，自然人有意思能力，成为自然的有机体，而法人有团体意思，在社团法人中有社员的集合意思，在财团法人中有捐助行为意思，因此应当成为社会有机体。有机体说产生于 19 世纪末期，此时正是所谓的“从个人本位向团体本位演化”的时期，有机体说强调团体的价值及其重要性，正适合于这个时期民商立法的需要。

2. 组织体说。

组织体说为法国学者米舒和萨莱耶所倡导。该说认为，法人具有团体意思和代表机关，从而宜于作为权利能力者的组织体。即法人是一种具有区别于其成员的个体意志和利益的组织体。法人的本质不在于其作为社会的有机体，而在于其具有适合为权利主体的组织，这种组织就是具有一定目的的社团或财团。法人是一种抽象的实在，它具有区别于其成员个人利益的团体利益，即法人具有自己的组织，法人组织的意志是由法人的机关实现的。组织体说说明了法人的组织特征，以及法人与其机关以及其成员之间的关系，这些都奠定了大陆法系关于法人制度的基本理论。组织体说不仅为大多数大陆法系民法学者所接受，而且也为 20 世纪以来的民商立法所普遍采用。我国《民法通则》关于法人的本质即采用了组织体说。

三、法人的地位

（一）法人是依法成立的一种社会组织

存在样态的不同是民法中法人与作为生物有机体的自然人之间的最大区别。法人是社会组织，但不是任何组织都能取得法人资格，只有那些具备法定的条件，并得到国家认可或批准的社会组织，才能取得法人资格。

（二）法人拥有独立的财产或者经费

民法中的法人拥有独立的财产或者经费，这是法人作为独立主体存在的基础和前提条件，也是法人独立地享有民事权利和承担卫生民事义务的物质基础。

（三）独立承担民事责任

法人能够独立承担民事责任，是它拥有独立财产的必然反映和结果。正因为法人有独立的财产，所以它理所当然地要独立负担由自身民事活动所产生的债务的财产责任。既然法人的财产与法人成员的其他财产以及创立人的其他财产是分开的，那么除法律另有规定外，国家、法人成员个人对法人的债务不承担责任，而应由法人以自己所有或经营管理的财产承担民事责任。

（四）法人能够以自己的名义参加民事活动

财产和人格上的独立是法人能够独立于其组成人员的最重要的两个因素，两者互为联系、互相保障。能够以自己的名义参加民事活动是法人有自己独立财产的必然结果，同时也是法人的人格独立于其成员人格的明证。

第二节　卫生民事法中法人的能力

一、法人的权利能力

民法中法人的权利能力，是指法人依法享有民事权利、承担民事义务的资格。法人的权利能力始于设立登记，终于注销登记之时。法人的成立应以法人执照或者法人登记证为标准，机关法人和事业单位法人的成立应以行政主管机关批准设立日为准。

关于法人权利能力范围的立法，世界各国大致有两种立法例：①一种是日本式，即规定法人仅在其目的范围内享有权利能力；另一种是瑞士式，即规定法人的权利能力与自然人相同，但是法人不享有自然人所专有的权利能力。从《民法通则》第42条和第49条的规定看，我国的立法基本上采纳了日本式的立法例。

法人的权利能力，主要受到以下三个方面的限制：

（一）性质上的限制

以自然人属性为前提的权利，法人不能享有。生命权、身体权和健康权等与自然人属性密切相关的一些权利，法人不能享有；以自然人的身份利益为内容的亲权、亲属权、配偶权以及以身份关系为前提的继承权，法人也不能享有。

（二）法律上的限制

法人的权利能力受到法律、行政法规的限制。法人只能在法律或行政命令的范围内，具有享有权利和承担义务的能力。各种法人享有的权利能力也不相同。

（三）目的上的限制

法人的目的决定了法人权利能力的范围，法人的权利能力由法人的经营范

① 梁慧星：《民法总论》，法律出版社1996年版，第126页。

围决定。不过，后来的立法和司法实践逐渐对此放宽，法人超越法人目的和权利范围导致法人行为必然无效的做法已经成为历史。

二、法人的行为能力

法人的行为能力，是指法人以自己的意思独立进行民事活动，取得民事权利并承担民事义务的能力或资格。法人作为民事主体之一，除了具有民事权利能力之外，还必须有民事行为能力。国家赋予法人以民事行为能力，就是为了保证法人实现其民事权利能力。《民法通则》第 36 条肯定了法人具有民事行为能力。

和自然人的民事行为能力相比，法人的民事行为能力主要具有以下特点：

（一）法人的行为能力和权利能力在发生和消灭的时间上具有一致性

是否具有行为能力，直接取决于主体是否具有意思能力。法人的意思由法人的机关做出，它不像自然人那样受年龄和智力因素的影响，法人在成立时即享有民事权利能力，具有民事行为能力。而自然人虽然一出生就有一般的民事权利能力，但其民事行为能力却受到年龄和智力的影响，具有民事权利能力的自然人不一定具有民事行为能力。

（二）法人民事行为能力的范围不一致

民事主体只能在其民事权利能力范围内活动，即民事行为能力范围受民事权利能力范围的限制。由于不同类型的法人的民事权利能力范围各不相同，因此，法人的民事行为能力范围也不尽一致。与之形成鲜明对比的是，自然人的民事权利能力范围具有一致性，其民事行为能力范围也基本一致。

（三）法人民事行为能力由它的机关或工作人员来实现

法人作为组织体，其自身并不能直接从事民事活动，法人只能通过法人的机关或工作人员，如法定代表人来从事民事活动。同时，法人机关和工作人员代表法人所从事的活动就应认为是法人的行为，其法律后果由法人承担。

三、法人的责任能力

法人的责任能力，是指法人在自己权利能力的范围内，对于自己所做的违法行为，应当承担民事责任的能力或资格。法人的民事责任能力和法人的民事行为能力一样，和法人的民事权利能力同时产生、同时消灭，共存于法人的存续期间。与此同时，法人的民事责任能力和民事权利能力的范围一致，法人只对其机构和工作人员在权利能力范围内的活动承担民事责任。

我国《民法通则》第 43 条规定："企业法人对于它的代表人和其他工作人员的经营活动，承担民事责任。"这里的经营活动，当然包括经营活动中发生的侵权行为。根据上述规定，法人承担侵权民事责任须具备三个条件：

（一）须有法定代表人或工作人员加害于他人的侵权行为且造成损害结果

对于民事侵权行为的损害赔偿责任条件，民法有严格的规定。一般情况下，行为人承担民事责任必须具有过错。因此，法人是否应对其法定代表人以及工作人员的侵权行为承担民事责任，应以该种侵权行为是否构成侵权的民事责任的条件为准予以确定。因此，判定法人是否承担民事责任，应当以法人的法定代表人或工作人员的具体情况为依据。

（二）该损害结果须因法人的法定代表人或工作人员的行为而发生

在法律上，法定代表人的行为被视为法人自身的行为，因此，法定代表人在其代表权限范围内的侵权行为，就是法人自身的侵权行为，其后果当然应由法人承担。除法定代表人之外，法人的经营活动还需要由其工作人员进行，即授权工作人员以法人名义从事业务活动。虽然其他工作人员的地位与法定代表人不同，前者的行为不能视为法人自身的行为，而只能视为法人之代理人的行为。但法人的工作人员从事的经营活动是执行法人的意志，为法人谋利益。因此，对于工作人员的侵权行为，法人也应当承担民事责任。

（三）该损害结果须因法人的法定代表人或工作人员在经营活动中执行职务所实施的侵权行为而引起

只有当法人的法定代表人或其工作人员在执行与法人有关业务活动的过程中造成他人损害，其责任才能由法人承担。所谓执行职务的行为，包括职务活动本身要求法人的法定代表人或工作人员实施的行为，也包括其不正当执行职务活动的行为。但如果法人的法定代表人或工作人员因实施与其业务活动无关的行为致人损害，或者纯粹以个人名义实施的侵权行为，则法人对之不承担民事责任，其责任应由实施侵权行为的行为人承担。

第三节　卫生民事法中法人的分类

作为卫生民事主体，卫生民事法中的法人主要包括企业、事业法人和社会团体法人。例如，各类食品生产企业和经营企业、各级各类医疗机构、保健机构、疾病预防控制中心、红十字会等。详言之，民法中法人的分类主要包括如下几种。

一、《民法通则》的分类

对于法人，法律是采取分类管理的。因此，根据分类管理的需要，要对法人按一定标准进行分类。《民法通则》按法人的功能、设立方法以及财产来源的不同，把法人分为四类，即企业法人、机关法人、事业单位法人、社会团体法人。

（一）企业法人

企业是从事生产、运输、贸易等经营活动，以获取利润为目的的经济组织，企业法人就是取得法人资格的企业。在卫生领域中，并不是所有的企业都能成为法人，例如从事医疗器材生产的合伙企业、独资企业等。企业法人以营利为目的，主要从事商业性活动，虑及国家对经济活动的宏观管理和对交易安全的保护，因此，法律又对不同的企业法人分别制定了单行法，例如《全民所有制工业企业法》《乡镇企业法》《个人独资企业法》《中外合资经营企业法》《外资企业法》以及《公司法》《商业银行法》等。

（二）机关法人

机关法人是获得法人资格的国家机关。机关法人往往依据法律直接设立，如人民法院就是根据《人民法院组织法》而设立的。认定国家机关是否属于法人，应以其有无独立的财政预算经费和是否行使国家权力为标准来确认。国家机关只有在参加民事活动时，才被视作民法中的主体。若是在行使国家权力时，机关法人就不属于民法中的主体，而是公法上的主体。

（三）事业单位法人

事业单位法人是被赋予民事主体资格的事业单位。所谓事业单位，以往是指由国家财政拨款、从事公益事业的社会组织，如剧团、学校、图书馆、医院、报社、电台等单位。这些单位通常不从事商业活动，即使取得一些收益，也多带有辅助的性质。然而，经济体制的深化改革使得有些事业单位已不再享有财政拨款，改制为自负盈亏的企业，或者以企业化的模式进行经营，如有些科研院所、出版社、营利医院等，这就使得事业单位与企业的界限日益模糊。尽管如此，事业单位的目的事业主要仍是公益，这是事业单位法人区别于企业法人的一个重要特征。例如，在卫生领域中，公立医院收费是否合理并不完全以市场供需状况来认定，而首先要以其公益性作为判断标准。

（四）社会团体法人

社会团体法人是由法人或自然人组成，致力于公益事业、行业协调或者促进同道志趣的法人，如协会、学会、研究会、基金会、联谊会、促进会、商会等团体。《社会团体登记管理条例》第 2 条规定："本条例所称社会团体，是指中国公民自愿组成，为实现会员共同意愿，按照其章程开展活动的非营利性社会组织。"社会团体法人所从事的活动十分广泛，它们既可以从事事业单位所从事的某些活动，也可以从事其他群众性的社会活动。但是，社会团体所从事的各类活动不得违反法律和章程的规定。[①]

二、社团法人与财团法人

这是按照法人设立基础的不同而对法人所做的划分，是大陆法系民法对法

---

① 王利明：《民法总论》，中国人民大学出版社 2009 年版，第 167 页。

人的最基本分类。我国《民法通则》虽然未采纳该种分类方法,但其对深化法人的认识具有重要的意义。

所谓社团法人,是指以人为基础而集合成立的法人,如公司为股东之集合,工会为会员之集合,均属社团法人。社团法人之成员统称为社员,其享有的权利亦称为社员权,如股东权就属社员权。社团法人与社会团体法人,是完全不同的概念,社会团体法人中有的属于社团法人,例如工会、学会等,有的则属于财团法人,例如各种基金会。

所谓财团法人,是指以财产为基础而集合成立的法人,财团法人的主要形式就是基金。财团法人的特征,可从其与社团法人的比较中显现:第一,设立人地位不同。财团法人的设立人或出资人的出资多来自捐赠或遗赠,因此,法人成立或捐赠完成后,所赠财产即移转为法人所有,捐赠人或遗赠人并不获得社员权对价;社团法人的设立人或其成员的出资行为属于取得社员权的合同行为,根据合同成为社员或股东。第二,法人的目的事业不同。财团法人只能为公益事业的目的而设立,其本身并不得营利;而社团法人既可从事公益事业,如工会,也可从事营利事业,如公司。第三,意思机关不同。财团法人参与民事活动须按照捐赠人的意思进行,所以,财团法人属于他律法人,没有自己的意思机关。如捐赠人捐予的扶贫基金,只能用于扶贫,而不能移作他用;而社团法人由社员组成意思机关,属于自律法人,其从事的活动应当在章程范围内,由其意思机关做出决定。

三、公益法人与营利法人

依照法人事业性质的不同,法人可划分为公益法人和营利法人。所谓营利,是指法人通过商业活动获取利益,并将该利益分配给成员。仅仅营利而不能将利益分配给出资人的法人,不能称为营利法人,如公益医院虽然收取医疗费用或也从事其他营利活动,但所得利益用于补充经费不足或扩大其事业规模,“营利是为了更好的公益”,所以仍属于公益法人。

公益法人是指以公益为目的事业的法人。公益法人不得以营利为目的,《民法通则》中规定的事业单位法人,多属于公益法人,社会团体法人中的消费者协会、慈善基金会等也属于公益法人。营利法人是指以营利为目的事业的法人,《民法通则》中规定的企业法人就属于营利法人。公益法人与营利法人的主要区别在于以下几个方面:第一,设立的依据不同。营利法人的设立通常要依据特别法而设立,公益法人一般依据民法规则设立。第二,设立的原则不同。对于营利法人的设立一般采取准则主义,对于公益法人的设立一般采取许可主义。第三,设立的目的和能力不同。营利法人可以广泛从事各种营利活动,公益法人主要从事非营利活动。第四,法律形式不同。营利法人只能采取社团的形式;公益法人可以采取社团形式,也可以采取财团的形式。[①]

值得注意的是,医院在传统民法理论上属于公益法人,但在政策不断放宽的情况下,大量的私立医院以企业的形式涌现出来,甚至以公司制的形式进行管理、经营、获利、分配,广泛地实施经营和营利行为,这与营利法人已经没有实质性的区别。

课后习题

1. 试述卫生民事法中法人的本质。
2. 试析卫生民事法中法人的能力。
3. 试述卫生民事法中法人的分类及其意义。

① 江平:《法人制度论》,中国政法大学出版社1998年版,第55页。

第六章　卫生民事法的诉讼时效和期限

学习目标

本章主要阐述民法中有关诉讼时效和期限的内容。通过本章的学习，了解卫生民事法中诉讼时效的概念、适用范围，掌握诉讼时效的分类以及诉讼时效的起算、中断、中止和延长，并在此基础上明确诉讼时效届满的后果，理解民法中权利期限的意义。

案例分析

甲于2014年6月25日回家后出现发热、怕冷等症状，遂请乙卫生所医生丙到家诊治，丙以其患的是伤寒病，打针、输液共3天，并给甲口服氯霉素糖衣片。6月30日下午以及7月3日、7月7日，丙继续给患者输葡萄糖液、氯化钠加氯霉素。7月11日，丙改用"先锋"再输一次。7月12日上午，甲被送丁卫生院住院治疗，诊断为：1. 伤寒可能；2. 其他待除，并为甲使用氯霉素药物，后建议转市级医院治疗。7月15日，甲转戊医院治疗，诊断为：1. 骨髓抑制；2. 继发性感染；3. 电解质紊乱；4. 急性上消化道出血；5. 呼吸性碱中毒。经专家会诊、检查、抢救，甲因骨髓抑制、继发感染等于7月24日医治无效死亡，共计花去医疗费人民币15918.72元。经委托A市医学会进行技术鉴定，结论为本案病例属于一级甲等医疗事故。对此，本案中甲的妻子拟提起诉讼，诉请判令被告赔偿医疗费15918.72元，死亡赔偿金275065.6元，丧葬费9659元，被抚养人生活费117335元，护理费5400元，交通费2000元，住宿费1500元，误工费9204元，住院伙食补助费2160元，营养费5000元，精神抚慰金100000元，合计人民币445463.72元。

思考：甲的妻子应该在何时之前提起诉讼？甲的妻子提起诉讼后，本案的诉讼时效会发生什么变化？

第一节　卫生民事法的诉讼时效

民法中的诉讼时效，指权利人在一定期间内不行使请求权而丧失请求保护其民事权利之胜诉权的民事法律制度。权利人依诉讼程序向法院请求保护民事权利的法定有效期间,称为诉讼时效期间。超过法定的诉讼时效期间,法院对权利人的权利不予保护。

一、诉讼时效的适用范围

诉讼时效的适用范围也称诉讼时效的客体。《民法通则》尽管规定了特殊诉讼时效的适用范围,但对普通诉讼时效的适用范围规定得并不明确。《最高人民法院关于审理民事案件适用诉讼时效制度若干问题的规定》第1条规定,"当事人可以对债权请求权提出诉讼时效抗辩"。该条款实际上明确指出,诉讼时效的适用范围原则上限于债权请求权。

(一)诉讼时效主要适用于债权请求权

债权请求权是特定的债权人请求债务人为一定行为或不为一定行为的权利。从原则上说,所有类型的债权请求权都可以适用诉讼时效,包括合同之债、侵权之债、无因管理之债、不当得利之债等。① 诉讼时效之所以适用于请求权,原因有两点:一方面,请求权的实现有赖于义务人履行一定的给付义务,但这种给付义务实际上对义务人来说是一种负担,这种负担应当在一定的期限内存在,而不能无期限地持续下去。另一方面,请求权虽有赖于义务人履行义务才能实现,但如果义务人不履行义务,权利人有权请求法院保护其权利的实现。然而,这种请求保护的权利也要有时间限制,否则可能因年代久远而出现举证困难等问题,最终导致当事人的合法权益无法受到法律的保护。

物权请求权是指基于物权而产生的请求权。换言之,物权请求权是指物权人在其物被侵害或有可能遭受侵害时,有权请求恢复物权的圆满状态或防止侵害。物权请求权原则上不适用诉讼时效的规定,理由主要有以下两点:一方面,物权请求权是物权效力的具体体现,是包含在物权权能之中的,只要物权存在,物权请求权就应该存在。由于物权本身作为支配权而不适用诉讼时效的,所以作为物权之一部分的物权请求权也不应当因时效届满而消灭。另一方面,物权请求权的主要功能是保证对物的圆满支配,它是保护物权的一种特有方法,如果物权请求权因时效届满而消灭,但是物权还继续存在,这将使物权成为一种空洞的权利。②

(二)不适用诉讼时效的请求权

诉讼时效只适用于请求权,但是并非适用于所有类型的请求权。《最高人民法院关于审理民事案件适用诉讼时效制度若干问题的规定》第1条规定:"当事人可以对债权请求权提出诉讼时效抗辩,但对下列债权请求权提出诉讼时效抗

---

① 王泽鉴:《民法总则》,中国政法大学出版社2001年版,第522页。

② 史尚宽:《民法总论》,中国政法大学出版社2000年版,第569页。

辩的，人民法院不予支持：一是支付存款本金及利息请求权；二是兑付国债、金融债券以及向不特定对象发行的企业债券本息请求权；三是基于投资关系产生的缴付出资请求权；四是其他依法不适用诉讼时效规定的债权请求权。”此外，《民通意见》第170条规定：“未授权给公民、法人经营、管理的国家财产受到侵害的，不受诉讼时效期间的限制。”

从上述规定可以看出，不适用诉讼时效的请求权基本不存在于卫生领域。在卫生民事法中存在的债权请求权，都适用诉讼时效的规定。

二、诉讼时效的分类

（一）普通诉讼时效

普通诉讼时效，又称一般诉讼时效，是指在一般情况下普遍适用的诉讼时效。普通诉讼时效具有两个特征：一是适用范围广泛，它不是针对某一类民事法律关系的特殊情况规定的，而是根据整个民事活动领域中的一般民事法律关系的共同性加以规定和适用的。二是诉讼时效期间是统一的，并且相对于大多数特殊诉讼时效而言，时效期间较长。根据我国《民法通则》第135条的规定，普通诉讼时效的期间为两年。

（二）特殊诉讼时效

特殊诉讼时效是普通诉讼时效的对称，它是适用于法律规定的特定民事法律关系的诉讼时效。特殊诉讼时效的特征如下：第一，适用范围特定化，不具有普遍适用的意义。即特殊诉讼时效只在法律直接规定的情况下，适用于相应的民事法律关系。第二，特殊诉讼时效的适用效力优先于普通诉讼时效。凡是符合特殊诉讼时效适用条件的民事法律关系，均要适用特殊诉讼时效，在没有特殊诉讼时效规定的情况下，才适用普通诉讼时效。第三，特殊诉讼时效期间不同于普通诉讼时效，它不是统一的，而是针对具体民事活动之需要进行调整的。大多数特殊诉讼时效的期间都短于普通诉讼时效，故传统上又称其为“短期诉讼时效”，但也有少数的特殊诉讼时效的期间长于普通诉讼时效的。

在我国现行法律上，诉讼时效期间在两年以下的为短期诉讼时效。依《民法通则》第136条的规定，适用于以下四种情况的诉讼时效期间为一年：身体受到伤害要求赔偿的，出售质量不合格的商品未声明的，延付或拒付租金的，寄存财物被丢失或者损毁的。对之适用短期诉讼时效的原因在于，这些纠纷可以在短时间内发出，并及时予以处理。此外，我国很多单行法律、法规也规定了短期诉讼时效。还有些法律对于特定的民事活动规定了长于两年（两年以上，二十年以下）的诉讼时效期间，即为“长期诉讼时效”。

（三）最长诉讼时效

最长诉讼时效是指对于各类民事权利予以保护的最长时效期间。它不同于其他各种诉讼时效的特点表现在以下几方面：一是其适用范围广泛，涉及各类民事法律关系；二是其时效期间是二十年；三是其起算时间是从权利被侵害之时开始计算，即使权利人不知道其权利被侵害，亦只在二十年内受到法律保护。这不同于以权利人知道或应当知道权利被侵害作为起算时间的其他诉讼时效。四是其时效期间可以适用有关延长的规定，但不适用中止、中断的规定，而其他各种诉讼时效则可以适用有关中止、中断和延长的规定。

三、诉讼时效期间的计算

（一）诉讼时效的起算

诉讼时效应当从债权人能够行使请求权时起算，而债权人要能够行使请求权，原则上应当符合以下两个条件：客观上必须有受侵害的事实，主观上债权人必须知道或者应当知道债权请求权被侵害。此处的"知道或者应当知道权利被侵害"包括知道侵害人和侵害事实两个方面。因此，《民法通则》第 137 条规定，诉讼时效从知道或者应当知道权利被侵害时起开始计算。

诉讼时效起算有几种不同的情况：第一，附条件或附期限的债权请求权，从条件成就或期限届满之日起计算。第二，设有履行期限的债权请求权，从清偿期届满之日起计算。当事人约定同一债务分期履行的，诉讼时效期间从最后的履行期限届满之日起计算。第三，未设有履行期限或者履行期限不明确的债权请求权，依照《合同法》第 61、62 条的规定，可以确定履行期限的，诉讼时效期间从履行期限届满之日起计算；不能确定履行期限的，诉讼时效期间从债权人要求债务人履行义务的宽限期届满之日起计算，但债务人在债权人第一次向其主张权利之时明确表示不履行义务的，诉讼时效期间从债务人明确表示不履行义务之日起计算。第四，因侵权行为而发生的赔偿请求权，从受害人知道或者应当知道其权利被侵害或者损害时起算。人身伤害赔偿的诉讼时效期间，伤害明显的，从受伤之日起算；伤害当时未发现，后经检查确认的，从伤势确诊之日起算。对于这类因侵权行为而发生的赔偿请求权，计算诉讼时效的起算点时，必须要求侵权人知道侵害事实和加害人。第五，请求他人不作为的债权请求权，应当自义务人违反不作为义务时起算。第六，可撤销合同受除斥期间的限制，故一方当事人就撤销合同之诉主张诉讼时效抗辩的，人民法院不予支持；但合同被撤销后，返还财产、赔偿损失请求权的诉讼时效期间从合同被撤销之日起计算。

权利人不知道或者不应当知道权利被侵害的，诉讼时效期间不开始计算。但是对此如果毫无限制，则意味着对权利人的权利保护是无期限的。因此法律规定，从权利被侵害之日起超过二十年的，不再受法律的保护。

(二)诉讼时效的中止

诉讼时效的中止,是指在时效进行中,因出现了法定事由致使权利人不能行使权利,因而暂停计算诉讼时效期间,待中止事由消除后,继续计算诉讼时效期间。暂停的时间不计入诉讼时效期间之内。

《民法通则》第139条规定:“在诉讼时效期间的最后六个月内,因不可抗力或者其他障碍不能行使请求权的,诉讼时效中止。从中止时效的原因消除之日起,诉讼时效期间继续计算。”据此规定,适用时效中止应当注意以下问题:首先,诉讼时效的中止必须发生在诉讼时效期间的最后六个月内,包括障碍在最后六个月前发生延续到最后六个月时的情形,否则不发生时效中止。其次,诉讼时效的中止须有如下法定事由:一是不可抗力,指不能预见,不能避免并不能克服的客观情况;二是其他障碍,指不可抗力以外的,非由权利人的意志所决定的,足以阻碍权利人行使权利的情况。按照《民通意见》第172条的规定,其他障碍包括权利被侵害的无民事行为能力人、限制民事行为能力人没有法定代理人,或者法定代理人死亡、丧失代理权和丧失行为能力等。

(三)诉讼时效的中断

诉讼时效的中断,是指在诉讼时效期限内,因发生法定事由,而使已经经过的时效期间统归无效,待中断事由消除后,诉讼时效重新计算。诉讼时效在重新计算期间再发生中断事由,则再次中断。

能够引起诉讼时效中断的法定事由有如下几种:一是提起诉讼,即包括民事诉讼法上的一切权利主张形式,如起诉、应诉,作为第三人参加诉讼,申请支付令、申报破产债权、申请强制执行等,也包括依照其他法律规定的争议解决程序提出的权利主张,还包括权利人向人民调解委员会或有关单位提出保护民事权利的请求等。二是权利人主张权利,这是指权利人在诉讼程序外向义务人明确提出要求其履行义务的意思通知。这种意思通知在方式上没限制,只要将催告之意思传达于相对人,并于事后能证明即可。此处的“将催告之意思传达于相对人”包括权利人向债务保证人、债务人的代理人或者财产代管人提出催告。三是义务人同意履行义务,是指权利人的相对人表示知悉该权利人的权利存在的行为。至于同意履行义务的形式,法律并无特别的要求。

(四)诉讼时效的延长

诉讼时效的延长,是指在诉讼时效期间届满后,权利人基于某种正当理由,向人民法院提起诉讼时,经人民法院调查确有正当理由而将法定时效期间予以延长。我国《民法通则》第137条规定:“诉讼时效期间从知道或者应当知道权利被侵害时起计算。但是,从权利被侵害之日起超过二十年的,人民法院不予保护。有特殊情况的,人民法院可以延长诉讼时效期间。”

从上述规定可以看出，诉讼时效的延长发生在诉讼时效期间届满之后。在诉讼时效期间完成以后，如果权利人未能行使权利是由于某种特殊情况造成的，人民法院可根据具体情况酌情延长诉讼时效。诉讼时效期间的延长是对诉讼时效期间中止和中断的一种补充，是法律保护权利人正当权利的一种措施。但诉讼时效期间的延长与中止、中断存在以下不同之处：

首先，诉讼时效期间的延长发生在诉讼时效期间届满以后，而诉讼时效期间的中止、中断只能发生在诉讼时效期间进行之中。

其次，诉讼时效期间延长的原因系特殊情况，这一特殊情况是指权利人由于客观的障碍未能在法定诉讼时效期间内行使请求权，是否构成特殊情况由法院确定；而诉讼时效期间的中止、中断的原因是法律直接规定的法定理由。

再次，普通诉讼时效期间和特殊诉讼时效期间可以中止、中断与延长，但二十年的诉讼时效期间只能延长，而不能中止、中断。根据我国《民法通则》第137条的规定，诉讼时效期间的延长必须满足三个条件：1. 诉讼时效期间已经经过；2. 权利人在时效期间内未行使权利确有正当理由；3. 法院决定延长诉讼时效期间。

最后，延长期间必须适当。关于哪些情况属于人民法院可以延长诉讼时效的特殊情况，法律未做规定，也难以做出具体规定。在司法实践中，人民法院应以是否涉及重大利益或是否有重大影响为判断的基本依据。当然，为使审判人员在具体操作规程中能够宽严适度，有必要从立法上对重大利益的幅度和重大影响的范围做出相应规定。

四、诉讼时效的效力

诉讼时效的效力是指诉讼时效完成，即诉讼时效期间届满而发生的法律后果。我国民商事立法及学说均认为，诉讼时效期间届满，权利人的胜诉权消灭。关于诉讼时效的效力应注意以下几个方面：

第一，诉讼时效期间届满，权利人丧失胜诉权，但仍享有起诉权。权利人因此丧失请求人民法院以国家强制力保障自己实体权利得以实现的权利，即丧失实体意义上的胜诉权，但并不因此丧失依法向人民法院提起诉讼的权利，即程序意义上的诉权仍然存在。因此，诉讼时效期间届满，权利人向人民法院提起诉讼的，人民法院应当予以受理，经审查确认没有其他导致诉讼时效中止、中断的法定事由的，应当判决驳回其诉讼请求。

第二，诉讼时效期间届满，权利人丧失胜诉权，但不因此丧失实体请求权。法律规定的诉讼时效期间届满，人民法院对权利人的权利不再予以保护，但权利人实体权利仍然存在。根据《民法通则》规定，诉讼时效期间届满后，义务人愿意履行的，权利人有权受领。义务人履行义务后，又以诉讼时效已经届满为理由而反悔，或主张权利人受领履行属于不当得利，人民法院不予支持，权利人可以予以拒绝。

第三，主债权因诉讼时效期间届满而丧失请求人民法院予以保护的权利时，人民法院对于权利人因主债权而取得的各种从权利，也不予以保护。

第四，诉讼时效期间届满后，当事人双方就原债务履行达成新的协议或具体还款协议的，重新确认原债权债务关系的，应当认为原债权债务关系因得到重新确认而重新起算诉讼时效期间。①

第二节　卫生民事法的权利期限

民法中的权利期限是测定法律事实发生前后的尺度，是保护民法权利的时间维度。它通常分为期日和期间。期日是静态的时间，是以静态的某一具体点作为表示时间的一种方式。期日往往不可分或被视为不可分的时间。期间，指由一定日期持续至一定日期的一段时间。期间是以时间持续地经过某一阶段作为表示时间的另一种方式，是动态的时间。期间必有一定的长度，有明确的开始之时和终止之时。

一、期日、期间的区别及意义

期日和期间有着明显的区别：首先，期日是一个时间点，只规定开始的时间，不规定终止的时间；而期间有始期和终期，是一段期限。其次，期日被确定后，要求人民法院和当事人及其他诉讼参与人必须在该期日会合在一起进行某种诉讼行为；而期间自始至终则是各诉讼主体单独进行诉讼行为。再次，期日都是由人民法院指定的；而期间有的由法律规定，有的由人民法院指定。最后，期日因特殊情况的发生可以变更；而期间有的可以变更，有的不能变更。

期日和期间是民事诉讼程序运作不可缺少的要素。掌握诉讼程序中的各个环节所要花费的时间并予以合理的控制，对诉讼流程予以恰当的安排和管理，是防止诉讼拖延实现诉讼经济的需要，也是保障诉讼公正的需要。在当前司法改革的形势下，法院对案件的流程管理要根据期间和期日的要求来进行，同时也使期间和期日制度得到严格遵守。期间和期日制度对及时解决纠纷、促进法院依法组织和指挥诉讼的进程，使当事人和其他诉讼参与人在诉讼期间内积极为诉讼行为以避免发生对自己不利的诉讼后果具有重要意义。

---

① 刘经纬：《民法总论》，厦门大学出版社2008年版，第318页。

二、期日、期间的分类

（一）法定期日、期间

法定期日、期间，是指由法律直接规定的期日或期间。例如，各种诉讼时效期间、除斥期间都是由法律直接规定的，当事人不得以合同任意加以改变，当事人以约定改变规定的，该约定无效。

（二）约定期日、期间

约定期日、期间，是指由当事人自行选择或约定的期日或期间。约定期日或期间不得违反法律强制性的规定，否则对当事人不具有拘束力。

（三）指定期日、期间

指定期日、期间，是指由人民法院、仲裁机构等有关部门或机构确定的期日或期间。例如，人民法院做出的判决书、裁定书或调解书或者仲裁机关做出的裁决书中所确定的当事人必须履行义务的日期。

上述期日、期间虽然在确定方式或者确认根据上有所不同，但一经确定，即对相关当事人具有拘束力，任意一方当事人都不得随意擅自变更。①

三、期间的计算

期日因是静止的、不可分割的一个时间点，故而不发生计算的问题。期间是动态的一个时间段，其开始、结束一般有确定方式，该期间是否届满也应有相应的计算标准。诉讼是在一定的期间内进行的。期间的起止，关系到人民法院职权和职责的实现，关系到当事人、其他诉讼参与人诉讼权利的行使，关系到当事人实体权益的保护与实现。为有效地维护诉讼秩序，维护当事人及其他诉讼参与人的诉讼权利，期间的计算非常重要。

（一）计算期间的单位

期间以时、日、月、年计算。期间的计算单位是时、日、月、年，诉讼活动应以哪种计算单位为计算标准，则根据法律的规定或者人民法院指定的内容来确定。

（二）计算期间的方法

期间开始的时和日不计算在期间内。无论是法定期间还是指定期间，期间开始的时和日都不计算在期间内，而从下一个小时或者从次日起开始计算。期间以月计算的，不分大月、小月；以年计算的，不分平年、闰年。以月计算的，期间届满的日期应当是届满月份对应于开始月份的那一天；没有对应于开始月份的那一天的，应当为届满月份的最后一天。期间届满的最后一日是节假日的，以节

---

① 刘经纬：《民法总论》，厦门大学出版社2008年版，第323页。

假日后的第一日为期间届满的日期。

期间不包括在途时间，诉讼文书在期满前交邮的，不算过期。所谓在途时间，是指人民法院通过邮寄送达的诉讼文书，或者是当事人通过邮寄递交的诉讼文书，在途中所用去的时间。确定期满前是否交邮，应当以邮局的邮戳为准，只要邮戳上的时间能够证明当事人或者人民法院是在期间届满前已将需邮寄的诉讼文书交付邮局，就不算过期。

四、期间的耽误及补救

期间的耽误，是指当事人及其诉讼代理人在法律规定或者人民法院指定的期间内，没有完成应当进行的诉讼行为。

由于延误的原因不同，期间耽误的法律后果也有所不同。由于当事人或者其诉讼代理人主观上的故意或者过失，导致了期间的耽误，其直接后果便是当事人失去了在规定的期间内行使某种权利的机会。如果由于客观上不可抗拒的事由或者其他正当理由造成了期间的耽误，法律上则给予补救的机会。《民事诉讼法》规定，当事人因不可抗拒的事由或者其他正当理由耽误期限的，在障碍消除后的十日内，可以申请顺延期限。客观上不可抗拒的事由，是指在当时的条件下，当事人无法预测，也不可避免的事实和理由。如，洪水造成的交通中断，战争的爆发等，使当事人无法进行诉讼行为。其他正当理由，是指除了客观上不可抗拒的事由之外，不可归责于当事人的其他客观情况。

此处应当注意，顺延期限是指把耽误了的诉讼期间如实补上去，而不是重新开始计算。根据《民事诉讼法》的规定，当事人申请顺延期限，是否准许，由人民法院决定。

课后习题

1. 试述卫生民事法中诉讼时效的适用范围。
2. 试析卫生民事法中诉讼时效中止与中断的区别。
3. 试述卫生民事法中期间的计算。

第二篇

卫生人身权篇

第七章　卫生人身权概述

学习目标

本章主要阐述卫生人身权的概念、卫生人身权与其他卫生民事权利相区别的法律特征，以及确立卫生人身权法律制度的意义和制度发展的轨迹。通过本章的学习，了解卫生人身权与其他卫生民事权利的异同，掌握卫生人身权的独特要素，并为“卫生侵权篇”的学习打下基础。

案例分析

据《华商晨报》报道，一个匿名的举报电话，使发生在沈阳医学院奉天医院外科的一起骨髓盗取事件内幕逐渐被揭开。该院曾经收治过一名因车祸造成腿伤严重的患者。在一次手术中，患者被全身麻醉后，一名医生从患者躯体中抽取出16毫升的骨髓后离去，随后手术照常进行。这名外科医生在抽取骨髓前并没有向患者家属打过招呼。抽取出的骨髓后来被其科室运用到“骨髓干细胞体外培养”的科研实验中。抽出骨髓的髂骨移植后，遗留在上面的“针眼儿”将从此消失，进而达到“查无实据”的效果。因此，这实际上是一次有计划的盗取行为。随后，该事件几经辗转传到了患者耳中，经其多方询问，院方终于承认了盗取行为，同时表示愿意给予患者物质补偿，但条件是不得对外声张。然而，该事件最终还是随着匿名举报而被曝光在公众的视野下。①

思考：该案中，医院盗取患者骨髓的行为是否侵犯了患者的财产权？为什么？

第一节　卫生人身权的概念和特征

一、卫生人身权的概念

概念界定是学科研究的开端。卫生人身权，又称为“卫生非财产权”，它是指

① 材料来自网络：http://news.sina.com.cn/c/2006-02-25/02108296143s.shtml? from=wap.访问日期：2015年1月29日。

自然人在医药卫生领域里基于其人格与身份所享有的，与其人身相关联而且没有直接财产内容的民事权利。

民事法律调整的是平等主体之间的人身关系和财产关系。因此，人身权在通常情形下即是一个与财产权相对应的法律概念。《民法通则》在第五章“民事权利”中也并列列举了两者，于第一节至第三节分别规定了“财产所有权和与财产所有权相关的财产权”“债权”“知识产权”，而在第四节规定了“人身权”。《民法通则》共计156个条款，其中有十余条是有关人身权的。《侵权责任法》更是在开篇的第二条就列举了民事主体所享有的人身权利，足可见民事立法对于公民人身权利愈益重视的立法趋势。

人身权主要包括人格权和身份权两大类。前者是指民事主体基于其人格利益而享有的没有直接财产内容的民事权利，包括生命权、健康权、身体权、姓名或名称权、名誉权、肖像权、隐私权等。后者是指民事主体基于其身份利益而享有的没有直接财产内容的民事权利，包括荣誉权、亲权、亲属权、配偶权等。卫生人身权与传统民法上的人身权相比，主要有两点不同：第一，卫生人身权仅仅指那些存在于医药卫生领域中的人身性权利，而传统民法上的人身权可以发生于民法的诸多法律领域；第二，由于医药卫生行为作用于民事主体必须以其具有自然人的生理属性为前提，卫生人身权的主体仅限于自然人，而传统民法上的人身权既可以被自然人所享有，也可以被法人或者其他组织所享有（如名称权）。此外，卫生人身权既包括人格权也包括身份权。但本篇所述之卫生人身权主要针对人格性权利，其内容也比较广泛，包括生命权、健康权、身体权、隐私权和生育权。而身份权部分将于“卫生亲属篇”中集中阐述。概言之，卫生人身权是公民基本权利的重要部分，当其受到侵害时，民事主体可以寻求法律救助。

二、卫生人身权的特征

卫生人身权与其他卫生民事权利相比，主要有以下四方面的法律特征。

（一）卫生人身权与自然人的人身之间具有密切关联性和不可分离性

卫生人身权以自然人的生命和身体为载体，体现和维护的是自然人的生命、健康、身体、隐私等人身性利益。离开了自然人的人身，卫生人身权就成了无鱼之水、无本之木，失去了其存在的意义。某些卫生人身权甚至是民事主体资格取得的必要条件，比如说生命权。某些卫生人身权受到了严重的侵犯，比如说健康权，尽管不影响民事主体的资格取得，但对其行为能力却可以构成重大的影响。

（二）卫生人身权具有非财产性

从伦理、道德的层面来讲，卫生人身权体现和维护自然人那些无法用金钱来计算和衡量的人身利益，是一种非财产权。换言之，我们无法也不应当给卫生人身权贴上价码。然而，虽然卫生人身权没有直接的财产内容，但它与财产利益的取得又有着一定的联系，而且当其被侵害时却具有财产上的可救济性。例如，《侵权责任法》第十六条规定，侵害他人造成人身损害的，应当赔偿医疗费、护理费、交通费等为治疗和康复支出的合理费用，以及因误工减少的收入。造成残疾的，还应当赔偿残疾生活辅助费和残疾赔偿金。造成死亡的，还应当赔偿丧葬费和死亡赔偿金。第十八条第二款还规定，侵害他人生命权，侵权人应当支付被侵权人医疗费、丧葬费等合理费用的赔偿。第二十条规定，侵害他人人身权益造成财产损失的，按照被侵权人因此受到的损失赔偿；被侵权人的损失难以确定，侵权人因此获得利益的，按照其获得的利益赔偿；侵权人因此获得的利益难以确定，被侵权人和侵权人就赔偿数额协商不一致，向人民法院提起诉讼的，由人民法院根据实际情况确定赔偿数额。

（三）卫生人身权具有平等性、固有性和不可转让性

卫生人身权是民事主体基于自然人的“抽象人格”获得的，而自然人的这种抽象性的人格是按照生命机会被法律所“平均分配”的。也就是说，卫生人身权一经出生即可获得，获得卫生人身权无须申请，也无须公示，[①]而且每个自然人的该项权利都是平等的。生命权、健康权、身体权等卫生人身权因为与自然人的人身密切关联、不可分离，故而也无法进行转让或者赠与。即便某一主体假设性地认为其已经转让或赠与了自己的生命权、健康权或者身体权，“受让者”也无法取得双倍的生命权、健康权或者身体权。

（四）卫生人身权具有对世性

以民事权利的效力范围作为划分依据，可以将民事权利分为绝对权与相对权。其中，绝对权又称为对世权，是指其效力及于一切人、即义务人为不特定的任何人的权利。卫生人身权就是一种绝对权，其义务人为不特定的任何人，即任何人均负有不妨害权利人实现其权利的义务。卫生人身权的这种对世性最重要的特点在于，权利人可以向任何人主张权利，其也不须借助义务人的行为就可以实现其权利。卫生人身权的权利主体一般不必通过义务人的作为就可实现自己的权利。

---

① 有学者指出，法定性也属于人身权的本质特征，即民事主体究竟享有哪些人身权利必须有法律明确规定。因为《侵权责任法》第2条第2款规定，本法所称民事权益，包括生命权、健康权、姓名权、名誉权、荣誉权、肖像权、隐私权、婚姻自主权、监护权、所有权、用益物权、担保物权、著作权、专利权、商标专用权、发现权、股权、继承权等人身、财产权益。参见魏振瀛主编：《民法》（第四版），北京大学出版社、高等教育出版社2010年版，第622—623页。我们认为，既然承认人身权的固有性，便难免带有些许自然法的色彩。由于人身权具有先天固有性，而非后天取得的，且无须申请、无须公示，所以是否由法律所明确确认都不影响其权利的取得和享有。因此，法定性也不属于卫生人身权的本质特征。

第二节　卫生人身权法律制度的意义与发展

一、确立卫生人身权法律制度的意义

确立卫生人身权法律制度的意义主要体现在个体意义和集体意义两个方面。

（一）卫生人身权是维护民事主体基本权利和人格尊严的需要

首先，卫生人身权是维护民事主体基本权利的需要。基本权利又被称为宪法权利或者基本人权，它是指由宪法规定的公民所享有的最为基础、最为重要、必不可少且不可剥夺的权利。与基本权利相对应的概念是“一般权利”，前者具有母体性、稳定性和排他性，它与民事主体的公民资格和平等的法律地位不可分，是不证自明的固有权利，这些都是后者所不具备的。各项卫生人身权就是民事主体所共享的基本人权在卫生民事法领域的体现。财产所有权、债权、用益物权或者担保物权固然也是民事主体重要的权利，但这一切都有赖于生命权和健康权的拥有并使其得到严格的保护。其次，卫生人身权也是维护民事主体人格尊严的需要。我国《宪法》第 38 条规定，公民的人格尊严不受侵犯。《民法通则》第 101 条也规定，民事主体的人格尊严受法律保护。因此，建立完善的卫生人身权法律制度对于充分保护民事主体的人格尊严来说是十分必要的。

（二）卫生人身权是维护社会关系正常、有序发展的需要

从生物角度而言，建立、健全卫生人身权法律制度有助于预防发生在医疗卫生领域里的侵害他人生命、健康、身体的行为，维护民事主体的卫生人身权不受侵犯，为人类物种的保存和繁衍提供了制度性的保障。而且，民事主体之间彼此区分和彼此尊重是社会关系正常、有序发展的前提，这就间接指明了卫生人身权同其他法律权利一样，都是受到社会物质生活条件和他人权利之约束的。这种社会关系的法律限制和事实限制主要表现在以下三个方面：第一，基于社会资源总量的稀缺性限制卫生人身权。社会关系的发展受制于社会物质生活条件，这也是确定卫生人身权法律制度总体面貌的决定性因素。正因为社会资源总量是稀缺的，才有必要建立完善的卫生人身权法律制度，以保证每个民事主体的权利都有所收敛，不会随意“越界”，也不会肆意侵占他人的社会卫生资源。第二，基于公共卫生政策和伦理道德限制卫生人身权。比如说，禁止实施“安乐死”、禁止买卖人体器官等相应的规定直接限制了权利主体对其卫生人身权的处分。在发生突发性公共卫生安全事件时，自然人的身体权以及隐私权都可能受到相应的限制。第三，基于自然人生物属性限制卫生人身权。比如说，自然人会患病、衰

老、死亡，届时健康权、身体权、隐私权以及生命权的行使都会受到影响。因此，限制卫生人身权不仅是出于让所有人的权利可以“共存”的目的，也是基于自然人生物属性的实际考量。通过卫生人身权法律制度保护自然人的卫生人身利益，无疑会有利于正常、有序之社会关系的建立和维持，以及其受到破坏后的恢复。

二、卫生人身权法律制度的发展

（一）域外卫生人身权法律制度的发展

由于受到宗法的、家族的、身份关系的束缚，加之医药卫生资源的贫瘠，古代西方社会统治阶级的社会秩序没有为自然人的人格独立和人格权法律制度留下多少生存和发展的空间。后来在罗马法中，人格的概念得以确立，发生在卫生领域中的侵害生命健康的损害赔偿制度也有所发展，但直至漫长的中世纪结束，卫生人身权的法律保护也远没有形成独立的制度。随着近代资产阶级的兴起、医药卫生事业的长足发展以及诸多著名人权法律文件的相继问世，[①]卫生人身权法律制度的发展也逐渐奠定了基础。1804 年的《法国民法典》虽然没有对人格权的保护做出明确规定，但后来也通过司法判例对有关侵权行为的过错责任原则做了扩张解释，开启了以“请求抚慰金”的形式保护人格权的历程，继而才使侵害卫生人身权时可以请求物质损害赔偿和精神侵害抚慰金赔偿成为可能。后来，随着名誉权、姓名权、肖像权、隐私权等传统民法上的人格权理论和制度逐渐确立，以生命权、健康权、身体权、隐私权和生育权为主体的卫生人身权法律制度的面貌也逐渐呈现出来。而现代意义的卫生人身权法律制度的确立是以创立了较为完备人格权类型体系和保护制度的《德国民法典》的实施为标志。该法第 823 条规定，因故意或过失侵害他人的生命、身体、健康、自由、所有权或其他权利者，对他人因此而产生的损害负赔偿义务。第 847 条规定，不法侵害他人的身体或健康，或剥夺他人自由者，被害人所受损害虽非财产上的损失，亦得因受损害请求合理的金钱赔偿。

纵观西方社会卫生人身权法律保护制度的发展历史，基本上可以发现这样一个演变轨迹：卫生人身权的法律规定由分散到集中，法律调整的社会覆盖面越来越广泛和系统，主体范围呈现出扩张的趋势，权利的内容也逐渐丰富，救济方式越来越人性化和多元化，由仅赔偿财产损失的“单轨式”逐步发展为既赔偿财产损失又赔偿精神损失的“双轨式”，救济手段随着卫生事业的发展和经济社会的进步而不断完善。

---

① 这里主要指英国 1679 年的《人身保护法》和 1689 年的《英国民权法》，美国 1776 年的《独立宣言》以及法国 1789 年的《人权宣言》。

（二）我国卫生人身权法律制度的发展

中国古代社会施行的是一种等级制度森严且诸法合体的统治制度，并不存在独立的人身权法律制度，自然也不存在卫生人身权法律制度萌生的土壤。近代的《大清民律草案》开启了人身权立法篇章。该草案在总则编以专节的体例规定了人格权保护的一般原则，并在债权编设立“侵权行为”一章，规定了身体权等人格权的精神损害赔偿责任，为民国时期的卫生人身权立法提供了蓝本。其后，1926年北洋政府的《民国民律草案》和1930年南京国民政府的《中华民国民法》的编纂都借鉴了前者的体例，并将生命权、身体权、健康权及其救济手段明确予以规定，并在司法实务中发展出贞操权、肖像权、信用权等具体人格权。可见，随着清末民法典的起草和编纂，卫生人身权的立法也开启了现代化的进程。新中国成立以后，公民的卫生人身权可以说受到了前所未有的尊重和保护，这一点从1954年《宪法》对于人格权的文本规定中便可以得知。在尔后的“文革”十年间则出现了权利保护的逆流，直至十一届三中全会后才复位回正。

《民法通则》的颁布与实施是我国民法全面确立卫生人身权法律制度的里程碑，它在“民事权利”和“民事责任”两章中分别设有保护卫生人身权的专门条文，且对重要的卫生人身权都做了正反两方面的规定，“宣示权利”和“禁止侵权”并举，这一立法体例符合全球范围内卫生人身权法律制度的发展趋势。以《民法通则》为中心，最高人民法院又先后颁布和施行了一系列相关的司法解释，可以说我国卫生人身权法律体系已经形成，它主要包括1986年的《民法通则》，1988年的《最高人民法院关于贯彻执行〈中华人民共和国民法通则〉若干问题的意见》（以下简称《民通意见》），2001年的《最高人民法院关于确定民事侵权精神损害赔偿责任若干问题的解释》（以下简称《精神损害赔偿解释》）和《婚姻法》，2003年的《最高人民法院关于审理人身损害赔偿案件适用法律若干问题的解释》（以下简称《人身损害赔偿解释》），2009年的《侵权责任法》以及2011年的《最高人民法院关于适用〈中华人民共和国婚姻法〉若干问题的解释（三）》（以下简称《婚姻法解释（三）》）。自此，卫生人身权贯行于民法领域里的各种保护方式和救济途径都可以做到有据可依，我国的卫生人身权法律制度日趋完善。

课后习题

1. 请详细论述卫生人身权具有哪些法律特征。
2. 我国卫生人身权民事法律制度体系主要由哪些法律文件构成？
3. 请论述确立卫生人身权法律制度的意义。

第八章　卫生人身权的种类和内容

学习目标

本章主要阐述各项卫生人身权的内容，具体包括生命权、健康权、身体权、隐私权和生育权的概念、特征、内容以及与其他民事权利的冲突。通过本章的学习，明确卫生人身权法律制度的组成部分以及各部分之间的权利界限。

案例分析

2000 年 9 月 15 日，某未婚女患者到新疆石河子医院做人工流产手术。医生在未事先征得患者同意的情况下，突然叫进 20 多名见习生。这名女患者当场要求这些见习生回避，却被医生告知没有关系，并让她躺好接受检查，接下来该名医生以她为“活标本”现场讲解各部位名称、症状等，整个过程持续有五六分钟。手术后，该女患者以医院不经其同意擅自召集见习生观摩其人工流产手术为由，向人民法院起诉，要求医院赔偿其精神损失。这是我国首例有关医疗教学侵权的案件。①

思考：本案中医方侵害了患者什么权利？该权利有什么特征和内容？

第一节　生命权

一、生命权概述

（一）生命权的概念

生命权既是一项宪法权利，②也是一项民法权利。生命权在卫生人身权法律

① 付子堂、于嘉川、张永和、洪磊等：《医疗纠纷案例审理之实证分析》，人民法院出版社 2006 年版，第 253 页。

② 尽管目前我国宪法中并没有明确规定生命权制度，但宪法理论界的多数学者认为，生命权属于一项隐含权利，它从其他条文中可以推导出。例如，《宪法》第三十六条关于人身自由的保护、第三十八条关于人格尊严的保护、第四十三条关于休息的权利、第四十五条关于弱者的特殊保护等，上述条文都是以生命权为前提的，是生命权的延伸。由此可见，目前我国宪法中的生命权制度都是由其他相关一系列条款来组成的。参见谢雄伟、江伟松：《我国生命权制度的构建及其立法完善》，《武汉大学学报（哲学社会科学版）》，2011 年第 1 期，第 41—43 页。

体系中的根基性地位是由生命的价值决定的。生命是自然人至高无上的人格利益，生命权是权利主体行使一切权利的前提和基础，故而保障权利的首要任务就是保障生命权。“生命权是人类享有的最基本、最根本的权利，是人享有其他一切权利的前提和基础，它同自由平等权、财产权一起构成了当今社会的三大基本人权”。[①]

卫生人身权领域中的生命权是指公民于卫生领域对自己生命所拥有的权利，即以公民卫生领域中的生命安全利益为内容的权利。其独特性表现为这种生命安全利益是唯一的、不可逆的、无法挽回的、基础性及载体性的，而且所有公民的生命权都是平等的。

（二）生命权的特征

1. 生命权的主体是自然人，客体是生命利益。

“生命”和“权利”是生命权“顾名思义”的两个要件，后者可以由法律抽象和拟制完成，但前者必须要求生物载体的存在。而且，我们通常所讲的民事法律意义上的生命权是个体意义上的权利。尽管有学者指出，从社会学的角度来看，“生命权首先当然是指单个人的生命权，但人又是社会性的人，因此，生命权又是指群体的生命权”，[②]但这主要是公法领域中的“生存权”的代称。在民法领域，特别是在某一围观事件的法律关系中，夸大性的描述只能突显权利的模糊性而不是确定性，这对于权利的保护有弊无益。因此，生命权的主体应当界定为自然人个体，而客体为自然人的生命利益。

2. 生命权的内涵具有时代性和发展性。

法国学者费里德里克·苏德(Frederic Sudre)将生命权称为“不确定(uncertain)”的权利，[③]就是因为随着科学技术的快速发展和制度文明的不断进步，人类对“生命”和“权利”的认识与掌控能力都逐渐增强，生命权的内涵也会体现出与时俱进的动态性。“这也是生命权为什么长久以来很难有一个被理论界普遍接受的定义的重要原因”。[④] 对生命的关注和对权利的尊重贯穿了卫生人身权发展的始终，以维护人的生命利益及尊严为首要目的的生命权理论，既是法律权利适应社会需求的必然结果，也使法律权利变得更加复杂。比如说在生育控制、胚胎处置、“安乐死”等与生命权密切相关的问题上，如何界定这些具有浓烈伦理道德色彩的卫生人身权利以及协调卫生人身权与其他民事权利之间的冲突，已成为当前卫生民事法律发展需要关注的基本问题。

---

① 杨海坤：《宪法基本权利新论》，北京大学出版社 2004 年版，第 15 页。

② 爱因·兰德：《新个体主义伦理观》，上海三联书店 1996 年版，第 88 页。

③ William. A. *Schabas*, *The A Bolition of the Death in International Law*. Grotius Publication Limited, 1993. p. 8.

④ 谢雄伟、江伟松：《我国生命权制度的构建及其立法完善》，《武汉大学学报(哲学社会科学版)》，2011 年第 1 期，第 41 页。

二、生命权的内容

（一）生命安全维护权

作为生命利益的载体，生命安全维护权当然性地成为生命权首要的权能内容。鉴于生命的至高无上性和失去的不可逆性，当生命安全受到威胁时，权利主体可以采用的防卫手段和程度普遍高于其他权利或者利益受到侵犯时可以采取的防卫手段和程度，以突显出生命权的重要性。通常当生命权遭到侵犯时，侵权人不仅要承担相应的刑事责任，而且其民事责任的范围和程度也是所有私法救济中最广泛和最严重的。为了防止这一损害后果的发生，法律赋予权利主体对于其生命安全的维护享有广泛的、法定的权利。

（二）生命利益的有限支配权

在我国现有的法律体系下，权利主体对于生命利益的支配集中体现在其可否放弃自己的生命。“而这一问题又包括两方面，其一，权利人主动将自己的生命置于险境；其二，权利人主动结束自己的生命”。[①] 第一种情形显然不为法律所禁止，先不说“以身犯险”的行为在定义上本身就具有高度的可塑性，且同一行为对不同个体的危险性根本无法从法律上找到“一刀切”的衡量标准，且就对某种情形而言，如为国捐躯、见义勇为，“以身犯险”甚至可以占领道德上无法超越的制高点。加之，现代社会将个体权利推向前所未有的高度，“以身犯险”甚至逐渐作为一种生活方式和生活态度被许多青年人所推崇，难以用法律的形式禁止。而第二种情形则展示出截然相反的争议性，因为它直指自杀和“安乐死”的问题。当然，这两个命题更是交叉着复杂的伦理、道德、宗教、哲学、医学和文化因素。无论对两者持支持还是反对的立场，都有其非常个性化的、深刻甚至深远的支撑论据。尤其是在“安乐死”的问题上，即便是主张善待生命的法律理念在个案面前有时也显得很无力，对此，本书在第九章将予以专门介绍。总体而言，权利主体对于生命利益的支配必定是有限的，而非绝对的、不受控制的，但卫生民事法在此领域的发展趋势也愈发明朗，即尊重权利主体在无法逆转生命以及意识自由的情形下，有权对自己的生命利益做出支配和处分，这也是推进卫生人身权前行的一个重要步履。

三、生命权与其他民事权利的冲突

这里所指的生命权与其他民事权利的冲突，主要是指生命权与知情同意权的冲突，它起源于 2007 年 11 月在北京市一家医院发生的“肖志军拒签”事件。

---

① 魏振瀛：《民法》（第四版），北京大学出版社、高等教育出版社 2010 年版，第 624 页。

事件的前后始末为：医生在一名生命垂危的孕妇神志尚清醒时询问其是否同意做剖腹产手术，她摇头拒绝。而后孕妇情况恶化，医生向其同居者肖志军告知孕妇病情、必须手术之理由和不手术之后果，但肖志军"坚持用药治疗而不做剖腹手术"，最终导致孕妇和胎儿双亡的惨剧。该案例一经报道即在全国范围内引发了一场有关"患者生命权与患者及其家属的知情同意权发生冲突时，法律应当如何取舍"的讨论。

手术前签署同意书是惯例，其初衷是为了保障患者的知情同意权，以期更好地保障患者的生命健康权，可在该案例中却适得其反。在生死关头，显然挽救生命比尊重知情同意权更重要，而医方一味满足患者及其亲属知情同意权的结果只能是生命权的代偿。我们认为，这种为了保全知情同意权而舍弃生命权的做法与法律赋予患者知情同意权的初衷相悖，知情同意权本是为了保障生命健康权而设置的，其存在和行使不应当成为生命权的障碍。① 因此，有学者指出，在生命权与知情同意权发生冲突时应当遵循英美法系中"权利衡平"的理念与原则，它包括"基本权利优先原则"和"患者权利优先原则兼顾必要限度原则"两个方面。② 前者是说在权利冲突时，低位阶的权利应当让步于高位阶的权利，而后者是指一般情况下应当尽量尊重患者的自主权，但当发生本案中的权利冲突时，医方则享有特殊干预权，以排除知情同意权的干扰进而保护患者的生命权。

我国传统文化里就有"人命关天"的说法。可见，涉及生命权的案件自古就得到法律最高的重视。由于现代社会生命科学的快速发展，新的技术在改善和挽救生命方面取得了长足的进步，同时也给卫生人身权的发展提出了新的挑战。要想改善这些法律困境，必须加强卫生人身权的理论研究，完善立法，以实现对生命的终极关怀。

第二节　健康权

一、健康权概述

（一）健康权的概念

健康权这一概念的核心内容是对"健康"的界定，后者的范围直接影响到前者的权能和内容。众所周知，健康首先是一个卫生学上的概念，按照《现代汉语

---

① 储殷、谭馨海：《病人家属参与医疗决定之法律研究》，《法律与科学》2005 年第 4 期，第 97—102 页。

② 张雪、孙福川：《生命权、知情同意权和特殊干预权的冲突及衡平》，《中国医学伦理学》2009 年第 22 卷第 2 期，第 35 页。

词典》的解释，它是指人体机理正常、没有缺陷和疾病。① 然而，法学界对于健康的认识却不尽相同。有学者认为，健康是指身体的生理机能的正常运转以及心理的良好状态，包括生理健康和心理健康。② 还有学者认为，健康做名词时，其含义是指人体生理机能、发育、体质等综合发展状况，而且它只包括生理健康而不包括心理健康，因为“整个人体生理机能包括神经系统的机能，因而肉体的健康与精神的健康就是指人体机能的正常运作”。③ 另有学者认为，健康包括生理健康和心理健康两个方面，其中，生理健康是指自然人身体生理机能的健康，心理健康是指自然人持续、稳定、良好的心理状态。④ 由此可以看出，对健康内涵的理解不同将直接导致人们对于健康权做出不同的概念界定。如果认为健康只包括生理健康而不包括心理健康，健康权大致可以界定为“自然人以其肌体生理机能正常运作和功能完善发挥，以其维持人体生命活动的利益为内容的具体人格权”，⑤但这种片面的界定方式已不再适应国际社会对健康及健康权的认知趋势。基于世界卫生组织对健康之内涵的界定，本书认为，健康权为自然人对其健康利益所依法享有的权利，它是自然人以其身体、心理机能的完整性、良好性和持续稳定性以及保持良好的社会适应性为内容的权利。

我国《民法通则》第九十八条规定：“公民享有生命健康权”，明确了公民的这一项卫生人身权。此外，健康权还是一项宪法权利，行政法规、大量的行政规章制度以及经济立法领域中也屡屡提及健康权。⑥ 公民健康权法律保护的全面与否受到多重因素的制约和影响，其中，卫生医疗服务的质量无疑是一个重要的因

---

① 中国社会科学院语言研究所词典编辑室：《现代汉语词典》，商务印书馆 1998 年版，第 622 页。

② 王利明：《人格权法新论》，吉林人民出版社 1994 年版，第 303 页。

③ 杨立新：《人格权法专论》，高等教育出版社 2005 年版，第 154 页。

④ 龙卫球：《民法总论（第二版）》，中国法制出版社 2006 年版，第 154 页。

⑤ 杨立新：《人格权法专论》，高等教育出版社 2005 年版，第 154—156 页。

⑥ 有学者指出，我国《宪法》虽然没有明确提出“公民健康权”这一概念，但现行《宪法》第二十一条规定，“国家发展医疗卫生事业，发展现代医药和我国传统医药，鼓励和支持农村集体经济组织。国家企业事业组织和街道组织举办各种医疗卫生设施，开展群众性的卫生活动，保护人民健康。国家发展体育事业，开展群众性的体育活动，增强人民体质”。第二十六条第一款规定，“国家保护和改善生活环境和生态环境，防治污染和其他公害”。另外，我国现行各部门法已经在宪法之下对公民的健康权保护初步形成了一个较为完善的法律保障体系制度。在民事法律以外，为了保护消费者的合法权益，《消费者权益保护法》《产品质量法》中有大量的关于保障消费者健康权的条款。在行政法律中，《职业病防治法》《传染病防治法》《母婴保健法》《计划生育法》《食品卫生法》《药品管理法》《国境卫生检疫法》《献血法》等卫生法律对公民的健康权进行了比较具体的规定。除此之外，作为宪法附属法律的《残疾人保障法》《妇女权益保障法》《老年人权益保障法》《未成年人保护法》等对特殊人群的健康权也做出了专门的规定。另外，还有国务院制定的行政法规二十九部，原卫生部制定的近千件卫生规章和大量的地方卫生法规。虽然我国在公民健康权保障方面取得了很大的成就，但依然存在着很多问题。参见雷华顺、岳远雷：《论我国公民的健康权及其保障》，《中国卫生事业管理》2008 年第 2 期，第 100 页。

素。威胁人类健康的重大因素之一就是疾病，而且疾病是每一个自然人都会面临的风险，而接受卫生医疗服务不仅会带来财务风险，同时也会带来诊疗失误的健康侵害风险。因此，加强健康权的研究是完善卫生人身权民法保护的必要环节。

（二）健康权的特征

基于健康权的内在本质要求，健康权展现出如下两方面的法律特征：

1. 健康权以人体的生理、心理机能的正常运作和功能发挥为主要内容。

身体权以人体的整体构造为客体，而健康权以其身体机能、心理机能的完整性、良好性和持续稳定性以及保持良好的社会适应性为内容，这是健康权与身体权的一个重要区别。此外，“健康权以维持人体的正常生命活动为根本利益，但不是以人的生命安全和生命价值为客体，此为健康权与生命权的区别。……健康权保护的是自然人身体功能的正常发挥，使其运作和运动能够自主，但不是保护身体和意志不受外界约束，此为健康权与人身自由权的区别”。① 厘清健康权与相关概念的本质特征对于维护健康权的重要性不言而喻。

2. 健康权的主体为自然人，客体为自然人的生理和心理健康利益。

将健康权的主体限定为自然人不难理解，法人和其他组织受制于生理属性的缺失，从而无法为健康利益提供载体。对于健康权的客体范围尤其应当注意其包括心理健康的利益。心理健康包括智力正常，情绪稳定且愉快，意志健全，行为协调统一，心理能够适应一定的人际关系，行为反应度正常以及心理特征符合生理年龄等内容。② 为了保障和促进公民的心理健康，第十一届全国人民代表大会常务委员会第二十九次会议于2012年10月26日特别通过了《中华人民共和国精神卫生法》。其全文共八十五条，分为七章：“总则”“心理健康促进和精神障碍预防”“精神障碍的诊断和治疗”“精神障碍的康复”“保障措施”“法律责任”“附则”。该法在第二条就开宗明义地规定，“在中华人民共和国境内开展维护和增进公民心理健康、预防和治疗精神障碍、促进精神障碍患者康复的活动，适用本法”。综上所述，明确健康权的客体范围有利于对其进行更加全面的民法保护。

二、健康权的内容

（一）身心健康维护权

身心健康是权利主体进行日常活动的基础。《世界卫生组织宪章》规定：“健

① 黄军锋：《健康权及其民法保护》，《西藏民族学院学报（哲学社会科学版）》，2010年第31卷第2期，第93页。

② 张玉敏：《民法学》，中国人民大学出版社2003年版，第186页。

康不仅是免于疾病和衰弱，而且是保持体格方面、精神方面和社会方面的良好状态。”因此，作为卫生人身权的健康权，除了“接受医疗卫生服务，追求和保持健康之权利”的要义外，还意味着当健康权受到不法侵害时，权利主体有权获得需要的法律救济。

（二）劳动能力的保有、利用和发展权

“劳动能力是自然人从事创造物质财富和精神财富活动的脑力和体力的总和，劳动能力完全包含于健康权之中，是健康权的基本内容之一，但不是独立的人格利益。”①健康权的该项权能不仅可以在经济法领域找到有力的支撑，也有充分的宪法依据。我国《宪法》第四十二条第二款规定：“国家通过各种途径，创造劳动就业条件，加强劳动保护，改善劳动条件。”第四十五条规定：“中华人民共和国公民在年老、疾病或者丧失劳动能力的情况下，有从国家和社会获得物质帮助的权利。国家发展为公民享受这些权利所需要的社会保险、社会救济和医疗卫生事业”。由上可知，保有、利用和发展劳动能力是健康权的一项重要表现，它同时也是公民享有其他法律权利甚至是安身立命的基础要件。

（三）健康利益的有限支配权

“支配健康利益”主要是指权利主体追求、保有、放弃健康利益或者放纵其健康状况恶性发展的情形。与生命权相同，法律在原则上不主张自然人放弃健康或故意恶化健康状况，但无法对于自然人事实上无时无刻不在支配自己健康利益的行为予以有效规制。因此，法律只能对某些支配健康利益的特定行为予以禁止，如吸毒；而至于其余的支配自身健康利益的情形，法律则不予干预，如吸烟、体育竞技运动、舍己救人、见义勇为等。

三、健康权与其他民事权利的冲突

在医药卫生领域里，健康权与其他民事权利的冲突集中体现在三方面：一是健康权与身体权的冲突；二是健康权与隐私权的冲突；三是健康权与药品专利权的冲突。前两者将于本章第三节“身体权”和第四节“隐私权”予以专门性阐释，本节只介绍健康权与药品专利权的冲突。

健康权与药品专利权的冲突被国际社会广泛关注，源于“南非艾滋病药品专利诉讼”事件。2001年，代表40余家外国大制药公司利益的南非制药商协会向首都比勒陀利亚最高法院递上一纸诉状，以侵犯抗艾滋病药品专利权的诉讼请求把南非政府告到了法庭。原因是西方大制药公司成功研制了一些抗感染和治疗艾滋病的药品，但其昂贵的价格对发展中国家，特别是非洲国家的艾滋病感染

① 黄军锋：《健康权及其民法保护》，《西藏民族学院学报（哲学社会科学版）》，2010年第31卷第2期，第93页。

者来说是不可想象的。后来，印度、巴西等国结合本国医学和西方研究成果，研制了一些效果不错的抗艾滋病替代性药品，价格低廉。于是，南非政府计划从上述国家进口替代性抗艾滋病药品。西方制药公司自知无法按“西方价格”在非洲推销药品，多次表示愿意大幅降价，但这样的价格对南非来说还是不堪承受的，特别是用贷款来买药的行为更是敏感。南非是非洲艾滋病感染人数最多的国家，如果这个“非洲首富国”都用不起西方药品，其他非洲国家更不敢问津。于是，西方制药公司伙同南非的制药商就以侵犯药品专利权为名状告南非政府，企图迫使其让步以在非洲打开缺口。尽管南非政府占据道义优势，有公众、艾滋病团体组织以及舆论的广泛声援，但在《与贸易有关的知识产权协议》(以下简称TRIPs协议)下，各国都有保护知识产权的义务，进口替代药确有侵权的嫌疑。在法制较健全的南非，政府胜诉的几率并不大。于是，诉讼双方都在尽最大努力寻求私下妥协。①

从原因分析上来看，利益冲突是药品专利权与健康权冲突产生的根本原因。此外，药品专利权的扩展以及经济贸易全球化趋势都会导致两种权利的冲突。②法律在协调两者冲突的进程中主要经历了三个阶段：第一，1994年乌拉圭回合谈判所达成的TRIPs协议集中体现了药品专利权与健康权之间的冲突；第二，2001年11月14日，WTO部长会议在多哈通过了《TRIPs协议与公共健康多哈宣言》是WTO协调药品专利权与健康权之间的冲突所取得的积极成果；第三，2003年8月30日，WTO理事会通过了《执行宣言第六段的决议》，这是《多哈宣言》的发展。而协调两者的价值取向主要体现在两方面：首先，健康权的价值高于药品专利权的价值；其次，寻求健康权价值与药品专利权价值的平衡。③

我国协调药品专利权与健康权冲突的对策在新《专利法》的制定和实施的过程中集中体现了出来：④首先，扩大了专利强制许可的范畴。《专利法》第五十条规定，“为了公共健康目的，对取得专利权的药品，国务院专利行政部门可以给予制造并将其出口到符合中华人民共和国参加的有关国际条约规定的国家或者地区的强制许可”。其次，灵活处理平行进口的问题。《专利法》第六十九条第一项规定，“专利产品或者依照专利方法直接获得的产品，由专利权人或者经其许可

① 《南非打起离奇官司 治疗艾滋病的药品成为诉讼焦点》，原载于2001年3月14日《中国青年报》，材料来自网络 http://news.sina.com.cn/w/207059.html，访问日期：2015年1月20日。

② 贺然：《知识产权与健康权的冲突与协调——以TRIPs协议为视角》，《苏州大学学报(哲学社会科学版)》2010年第5期，第70—71页。

③ 贺然：《知识产权与健康权的冲突与协调——以TRIPs协议为视角》，《苏州大学学报(哲学社会科学版)》2010年第5期，第71—72页。

④ 我国《专利法》自1984年颁布以来，经历了1992年、2000年和2008年三次修改，药品专利权与公众健康权的协调对策主要规定在2008年《专利法》的修改条文之中。

的单位、个人售出后，使用、许诺销售、销售、进口该产品的”，不视为侵犯专利权。这样，我国就可以从药品价格较低的国家进口所需的专利药品。最后，明确规定“Bolar 例外（Bolar exception）”问题。[①]《专利法》第六十九条第五项规定，“为提供行政审批所需要的信息，制造、使用、进口专利药品或者专利医疗器械的，以及专门为其制造、进口专利药品或者专利医疗器械的”，也不视为侵犯专利权。这样，可以在专利期限届满时加速引入普通代用药品的生产。当然，协调药品专利权与健康权冲突的手段还不仅限于积极实施新《专利法》这一种途径。有学者指出，充分利用 TRIPs 协议有关“国家紧急状态和极其紧急情势”“政府使用”等条款，加强知识产权程序立法，建立健全一整套包括证据、禁令、赔偿金、非补偿性救济、信息获取、被告补偿、行政性民事救济、临时措施、边境保护、刑事保护在内的程序，才能最大限度地保护国民的健康权。[②]

第三节　身体权

一、身体权概述

（一）身体权的概念

民法通说认为，身体权是自然人维护其身体的完整性，并对其身体组织或器官享有有限支配权的具体人格权。[③] 尽管《民法通则》和《民通意见》没有明确使用“身体权”这一概念，但最高人民法院出台的《精神损害赔偿解释》和《人身损害

---

① Bolar 例外源于美国，是由 Bolar v. Roche 案催生的专利侵权例外规定，也被称为安全港（Safe Harbor）条款、Bolar 豁免（Bolar exemption）条款，它是指在专利法中对药品专利到期前他人未经专利权人的同意而进口、制造、使用专利药品进行试验，以获取药品管理部门所要求的数据等信息的行为视为不侵犯专利权的例外规定。在我国《专利法》第三次修改之前，对于专利侵权责任的豁免规定并不包含提供行政审批所需要的信息。2006 年 2 月 16 日，北京市第二中级人民法院在被称为“中国 bolar 例外第一案”中对三共诉万生药业专利侵权案中，依据原《专利法》第十一条“生产经营目的”的规定做出了不侵权判决，在判决中法院认为，虽然被告万生公司为进行临床试验和申请生产许可的目的适用涉案专利方法制造了涉案药品，但其制造行为是为了满足国家相关部门对于药品注册行政审批的需要，以检验其生产的涉案药品的安全性和有效性。鉴于被告万生公司制造涉案药品的行为并非直接以销售为目的，不属于原《专利法》第十一条规定的为生产经营目的实施专利的行为，故法院认定被告万生公司的涉案行为不构成对涉案专利权的侵犯。随后的伊莱利利诉甘李专利侵权案中，法院再次重申了进行新药临床试验和申请生产许可不属于以生产经营为目的的行为。然而，这些判决在学界引起了争议，有学者认为法院适用“Bolar 例外”有缺乏法律依据之嫌。因此，新《专利法》在修改的过程中对此问题予以明确规定。材料来自网络：http://baike.haosou.com/doc/6949562.html，访问日期：2015 年 1 月 20 日。

② 贺然：《知识产权与健康权的冲突与协调——以 TRIPs 协议为视角》，《苏州大学学报（哲学社会科学版）》2010 年第 5 期，第 72—73 页。

③ 魏振瀛：《民法》（第四版），北京大学出版社、高等教育出版社 2010 年版，第 626 页。

赔偿解释》都确立了自然人享有与其他卫生人身权并列的身体权，并规定在身体权受到侵害时，权利主体可以主张精神损害赔偿。令人遗憾的是，后来颁布的《侵权责任法》却没有对身体权予以明确，只能从其语义的省略性和民事立法的体系性上做出“自然人享有身体权”的推定。① 但现实生活中侵害身体权的行为却大量存在。更有医事法学者一语中的地指出，随着公众权利意识的觉醒和消除医患双方信息不平等呼声的高涨，患者的生命权、健康权、隐私权以及知情同意权都逐渐受到了应有的重视，但在医药卫生领域极易受到侵害的另一项卫生人身权利——身体权，相比之下却没有受到其应有的关注。②

（二）身体权的特征

1. 身体权的主体为自然人，客体为公民的身体完整性及其身体利益。首先，不具有生命形式的法人和其他组织不享有身体权。再者应当注意，此处的自然人为具有生命特征的自然人，死者不具有权利能力，不享有任何权利，当然也包括身体权，但是“尸体”这一特殊类型的身体同样受到法律保护。根据《民法通则》的相关规定，在没有征得患者及其家属同意的情况下，卫生工作人员擅自摘取患者尸体的组织或者器官，会给死者的亲属带来巨大的精神伤害，因此，也属于侵权行为。自然人的身体是公民享受卫生法律人格的物质基础，身体上承载生命、健康、部分隐私以及其他卫生人身利益。因此，身体权最重要的功能就是保持身体的完整性和维护其他身体利益。

2. 公民享有对其身体组成部分的肢体、器官和其他组织的有限支配权。法律承认公民对其身体利益有限支配的权利。例如，自愿的器官或者骨髓捐赠、献血，甚至部分身体组成部分还可以买卖，如头发。但是，这种支配权限是有限的，因为身体权是公民的基本人格权、物质性人格权，其上承载的抽象的物质性人格要素本身具有不可转让性。

二、身体权的内容

（一）身体组织完整权

侵害身体组织完整权的行为主要可分为两大类：对身体“实质完整性”和“形式完整性”的破坏。前者是指“身体的实质组成部分不得残缺，即生理完整”，后者是指“身体不得非法接触和侵扰。非法接触和侵扰他人的身体，一般而言，即

---

① 《侵权责任法》第二条第二款规定，本法所称民事权益，包括生命权、健康权、姓名权、名誉权、荣誉权、肖像权、隐私权、婚姻自主权、监护权、所有权、用益物权、担保物权、著作权、专利权、商标专用权、发现权、股权、继承权等人身、财产权益。

② 谢鹏、孙志坚：《试论患者的身体权及其法律保护》，《临床误诊误治》2008 年 7 月第 21 卷第 7 期，第 9 页。

使不出现人身伤害的后果，也会引起受害人的不适、不安、恐惧等精神上的损害，也就侵犯了受害人的人格尊严，构成侵权行为”。[①]

一般意义上所讲的身体组织完整权主要是指身体的实质完整性，在卫生领域里侵害患者身体权的几种常见行为方式是：[②]第一，对患者尸体完整性的侵害。即有些医生或者法医在尸体处理或解剖的过程中，为了科学研究积累资料或进行教学，在没有征得死者家属同意的情况下，擅自留取死者的组织或器官。第二，对身体组织的非法保留、占有和处分侵害。如有些医生基于科研目的，利用工作之便“多取材”，在未经患者同意时擅自切割和保留诊疗所不必要的患者身体组织、血液等，以为医学实验或者制作标本留出足量的材料。[③] 第三，对身体组织之不疼痛的侵害。许多临床医务人员都错误地认为，只要不给患者造成严重痛楚就不会造成对患者的侵害，但事实却远非如此。对身体组织造成严重痛楚者通常被认为是侵害健康权，反之是侵害身体权，如对人体没有痛觉神经的毛发、指甲等身体组织实施的侵害，或者侵害有痛觉神经的身体组织但没有造成严重痛楚，也没有损害健康，例如不触碰牙神经的牙齿损伤等。第四，不当外科手术侵害。例如，美容整形手术失败致使受害人毁容，或者外科医生对某些本可实施保乳手术的乳癌患者实施根治术等，都构成对患者身体权的侵害。第五，违反作为义务时的消极侵害。如违反询问、检查等义务，向对抗生素、某些药物过敏的患者注射或开方，未进行必要的术前、术后检查等，致使患者身体遭受了健康损害。第六，其他侵害患者身体权的行为。德国、荷兰、丹麦、奥地利等国的司法实务普遍承认违背妇女愿望使其怀孕也构成对身体权的侵害。如，在对妇女或其丈夫施行绝育手术后，未告知继续怀孕的可能性，致使该妇女违反自己的意志怀孕，或者未经事先告知而对当事人进行人工授精等，受害人有权就此出生的子女请求赔偿抚养费。[④] 虽然知情同意权随着《侵权责任法》的颁布与实施已逐渐被人们所知晓，但它不能解决医患关系中的所有问题，特别是当医方出于研究需要或营利目的而利用患者的人体组织时，单以侵犯知情同意权为由进行救济略显无力。因此，身体权的话语无疑是另一件有力的武器。

（二）身体利益的有限支配权

身体利益处分本身是一个复杂的道德、宗教、伦理、文化、医学和法律问题，它涉及对社会公序良俗与个人利益的平衡，也牵涉到合同债权与身体权的冲突，

---

① 柳春光：《论身体权的侵权法保护》，《前沿》2013年第4期，第64页。

② 谢鹏、孙志坚：《试论患者的身体权及其法律保护》，《临床误诊误治》2008年7月第21卷第7期，第9页。

③ 陈小嫦：《医疗行为领域中的身体权》，《医学信息》2007年第20卷第1期，第155—157页。

④ 柳春光：《论身体权的侵权法保护》，《前沿》2013年第4期，第65页。

尤其是它将维护公序良俗与保护身体权置于对立的地位，由此而造成了人们认识上的困惑。事实上，人们对于自己的身体组成部分向来享有支配权，如献血、器官捐献、理发、美容等。法律在提倡公民善待自己身体的同时，承认权利主体对于自身身体利益的有限支配。此处应当注意两个问题：第一，“有限支配”的主体只能是自然人本人，任何人不得对他人身体进行控制支配。因此，对于器官捐献或者骨髓捐献的志愿者于签署正式捐献同意书后改变决定的行为，受捐者不得要求其必须履行，法院也不得强制执行。受捐者所享有请求志愿者履行赠予合同的权利属于债权，是相对权，无法对抗捐献志愿者的身体权，后者是一种绝对权。第二，“有限支配”意味着公民不得滥用这种身体利益进行违法活动或者侵害社会的公序良俗，如不得卖淫、卖血、卖器官、代孕等等。上述行为与身体权立法保护的本意和宗旨相悖，是对人格尊严和人格独立的嘲讽和漠视。

三、身体权与其他民事权利的冲突

容易与身体权产生冲突的民事权利主要有两类：生育权和健康权。身体权与生育权的冲突将在本章第五节“生育权”予以详述，本节只针对身体权与健康权的冲突进行阐释。这两项卫生人身权是一对既相互联系又有所区别的人格权，健康以身体为载体，但“健康无损”却并不意味着“身体无损”，两者的区别主要表现在以下几个方面：第一，人格利益不同。身体权承载的人格利益为身体组织的完整性和身体利益的有限支配权，且着重强调身体组织的完整性；而健康权承载的人格利益为健康利益，体现的是公民肌体功能和安全运作及其完善性。正是因为身体组成部分在与身体分离后成为独立的“物”，而权利人对于“物”的支配色彩便突显出来，而健康则是“一体性”的，无法成为分离的物，所以相对于身体权的支配性质而言，健康权的支配性质较弱一些。概言之，人格利益的不同是身体权与健康权最根本的区别。第二，侵害后果的严重程度不同。侵权法在同一行为同时侵犯身体权与健康权时有“从重吸收”的运作方式，尤其体现在损害后果的计算和承担方式上。[①] 当一个行为既侵犯了身体权，又侵犯了健康权时，往往只认定侵犯健康权，身体权的法益此时被健康权的法益吸收。因此，在一般情形下，侵害健康权的后果虽然轻于侵犯生命权的后果，但普遍重于侵害身体权的后果，而侵犯身体权造成的法律后果往往较轻。第三，责任性质不同。责任性质主要是侵害后果的严重程度所决定的，后者不同，前者自然不同。在一般情形下，侵犯健康权既可能引起刑事责任，也可能引起民事责任，在医疗卫生机构侵权的情形下还可能引发行政责任；而侵犯身体权因为存在“从重吸收”的原

① 魏振瀛主编：《民法》（第四版），北京大学出版社、高等教育出版社 2010 年版，第 627 页。

则，通常仅仅构成民事责任。第四，侵害的评定标准不同。身体组织的完整性不是依据医学的标准，而是一种更加直观的标准——基于出生和生长的事实。即便某些器官、身体组织在医学上属于不正常的、多余的，但也不可不经授权而将其从公民身体上割除，否则便构成侵害身体权；而关于健康的侵害，则应当依据当前的医学标准加以评定。也正因如此，在卫生领域，医疗机构及其人员往往较关注患者的健康权，而对身体权则重视不够，甚至存在“不以为然”的故意侵权行为。

第四节　隐私权

一、隐私权概述

（一）隐私权的概念

隐私是指与他人或公共利益生活无关的私人数据、私人事务等私人领域中的信息。它是一个受时间和文化制约的概念，其内容十分广泛，随着社会文明程度的提高，特别是自然人人格的解放，隐私的内容和信息也日益丰富。无论是何种形式的隐私都具有两方面的属性，一是真实性，二是秘密性。隐私是一种客观存在的事实或状态，正是这种事实状态构成了每个人所需求的私人独处的生活、精神空间。在这个空间里，人们自主、独立地生活，寻求着个人精神的独立和生活的安宁，从而在此基础上保持个人人格的独立和自由。再者，隐私还具有秘密性。这种保密性的本质不是强调进行活动本身的公开与秘密，而是指无论是公开还是秘密进行的活动、私人的事务、数据和领域，都不愿被他人知道、被他人干涉，甚至采取保密措施，按照一个社会正常的心理和道德标准，这些个人的数据或事务不便被他人知道，他人也无权知道。正因如此，“隐私权”这一法律概念的提出和使用才有了丰富的经验基础和理论正当性。

从法律角度讲，隐私权是指自然人对属于自己私人生活范畴的事项有依法自由支配并排斥他人非法干涉的权利。它起源于19世纪末的美国，在民法的历史上，还是一个非常年轻的权利。我国的《民法通则》和《民通意见》都没有明确使用“隐私权”的概念，但《民法通则》第一百四十条规定，以书面、口头等形式宣扬他人的隐私，或者捏造事实公然丑化他人人格，以及用侮辱、诽谤等方式损害他人名誉，造成一定影响的，应当认定为侵害公民名誉权的行为。随后，《最高人民法院关于审理名誉权案件若干问题的解答》也规定，对未经他人同意，擅自公布他人的隐私材料或以书面、口头形式宣扬他人隐私，致他人名誉受到损害，应按照侵害他人名誉权处理。《精神损害赔偿解释》同样也没有使用“隐私权”的概念，而是将隐私作为一种人格利益，但已将侵犯隐私与侵犯名誉区分开来。《侵权责任法》第二条第一次以法律的形式将隐私权明确下来，作为独立的民事权利予以保护。此外，《执业医师法》第二十二条规定，医师应当关心、爱护、尊重患者，保护患者的隐私。

(二)隐私权的特征

1.隐私权具有专属性。

隐私的享有和支配者为生存的自然人。死者隐私被侵犯时也不可能给其带来精神上的损害，却可能给其亲属造成精神上的压力和痛苦，这时可以认为该行为损害了其亲属的名誉和利益，只能由亲属以自己的名义主张名誉侵权赔偿。隐私是生存着的自然人的精神性人身要素，隐私资料是生存的自然人的精神性人格要求，隐私不受侵犯是生存的自然人的基本要求。这一点也正是隐私区别于国家机密、商业秘密之所在。①

2.隐私权的侵害后果主要为精神方面的损害。

因为隐私本身并没有直接的经济价值，其自身价值直接体现为隐私内容对自然人的影响，而这一影响主要为精神上的损害。但是，侵害隐私权却可以给权利主体带来经济上的损失。有学者概括性地指出，在卫生领域的隐私侵权，主要指医疗卫生机构或其人员故意或者过失地披露、散布、传播、利用患者的隐私，对患者在一定范围内造成不良影响，致使其遭受精神上的痛苦或者经济上的损失。②

二、隐私权的内容

(一)隐私知晓权

在许多国家的隐私权法律保护中都贯彻着这样一个原则，即每个人都有权知道自己的隐私，其中包括自己已经知道的和自己不曾或不能凭借自己的能力获得的隐私。在后一种情况下，相对地知道或凭借其能力能够知道的个人或组织成为义务主体，这些义务主体有如实告知本人相关信息的义务。就卫生医疗隐私信息而言，个人要了解自己的隐私状况必须要经过专业的诊疗或者检测才能获得。在这种情况下，主体所享有的知晓权的范围应有所延伸，具体表现为当有些人为了不影响自己的生活质量，不想过多地知道自己的卫生医疗隐私，也有可能不愿意知道自己的这些信息时，民事法律有必要保证主体享有根据自己的意愿决定是否进行被告知的权利，其他主体不得在本人不知道的情况下为一定的目的进行卫生医疗隐私诊疗或者检测；当主体决定进行诊疗或者检测以后，诊疗

① 商业秘密不具有隐私所具有的与公共利益、群体利益无关的本质属性。再者，自然人的隐私不具有直接的经济价值，其享有的隐私权无法转让，但商业秘密却截然相反。

② 付子堂、于嘉川、张永和、洪磊等：《医疗纠纷案例审理之实证分析》，人民法院出版社2006年版，第256页。

或者检测机构即成为义务主体，负有应权利主体的要求如实向其告知卫生医疗隐私信息的义务和为了保护主体的人格利益，避免因此而出现侵害隐私保密义务。

（二）隐私控制权

个人对其卫生医疗隐私享有传播范围的控制权，未经本人同意，任何组织和个人不得强行搜集和非法利用其卫生医疗隐私，否则权利主体可以依法提起诉讼。这种隐私控制权一方面表现为自然人对其隐私在受到非法侵害时可以寻求法律保护的维护权，另一方面表现为自然人对其隐私内容进行保密，不为他人知晓的秘密权。而卫生医疗机构及其人员在接触到患者的卫生医疗隐私以后，容易侵犯的就是其隐私控制权，具体的侵犯形式表现为：泄露患者不愿让他人知道的生理、心理病情，暴露患者的隐私部位，恣意进入包间病房等患者的私人生活活动空间，在他人在场时询问、告知或者向不特定的人公布患者的身体状况，违反隐私保密义务等。

（三）隐私利用权

隐私利用权又被称为隐私支配权，它是指自然人对于自己的卫生医疗隐私按照自己的意愿进行支配的权利。卫生医疗隐私具有两面性，一方面，其被不法披露可能给权利主体造成婚姻、生育、就业、医疗、保险等诸多方面的疾病歧视，另一方面，在特定情形下披露、利用卫生医疗隐私也许会给权利主体带来某种机遇与利益。正所谓“此处关上了一道门，彼处打开了一扇窗”，而卫生医疗隐私的这种两面性正源于事物本身的相对性。因此，按自己的意愿决定是否披露、利用自己的卫生医疗隐私是个人对自己隐私的有效支配。

三、隐私权与其他民事权利的冲突

容易与隐私权产生冲突的权利主要有公众健康权、知情权、医学生的受教育权和新闻媒体的言论自由权，其中，属于民事权利的主要为公众的健康权。

2003 年的 SARS 疫情充分暴露了公民个人隐私权与公众健康权之间的冲突。“对于身患 SARS 的人而言，其接触到的人、去过的地方全成了要被人了解的事实，没有也不能有任何的隐瞒。这是为了更好地掌握疫情可能的发展，控制疫情的蔓延，保障公众的健康权，并且使接触过病毒携带者的人们能更快地了解事实真相。但是，这一过程无疑是侵犯了患者的隐私权，其生活、人际交往被公开化，没有任何的保护。在此冲突下，如何抉择是整个国家、社会、政府，乃至个人价值观的导向和体现”。①

在卫生领域里，发生个体的隐私权与诸如公众健康权等民事权利的冲突时，

① 付子堂、于嘉川、张永和、洪磊等：《医疗纠纷案例审理之实证分析》，人民法院出版社 2006 年版，第 257 页。

应该遵循下列两种价值取向：第一，无害于公益者，隐私权优先；有害于公益者，其他民事权利优先。民事权利属于私权利，之所以归为“私”的领域，主要是因为其利益“无害于众”的特性。当权利主体所处分的利益属于“无关于公众和他人的隐私事务”时，隐私权应当受到保护和尊重；当隐私权的行使后果已经危害到公共利益的维护时，其所处分的利益便不再具有正当性，此时就应当侧重于保护其他民事权利，而对隐私权做出必要的限制。第二，与卫生财产权冲突者，卫生财产权优先；与卫生人身权冲突者，高位阶的卫生人身权优先。尽管民事权利具有平等性，但基于对人格尊严和“人之主体地位”的维护，当卫生财产权与卫生人身权发生冲突时，应当本着“人身优先于财产”的原则，更加关注对于个体隐私权的保护。但如果与隐私权发生冲突的是另一种卫生人身权，则应当对权利位阶做出衡量。比如说，生命权、健康权、身体权等卫生人身权的重要性显然高于隐私权，此时，隐私权则应当作出适当的让步，以在“共存之最大化”的层面上谋求所冲突权利之间的共进。

第五节　生育权

一、生育权概述

（一）生育权的概念

生育权是指公民在法律允许的范围内，自主决定与生育有关的事务以及采用合法手段最终实现其生育决定的卫生人身权。其表现形式包括但不限于自主决定是否生育、生育时间、生育间隔、生育方式、生育终止等，合法手段包括但不限于采用法律允许的现代医学手段。

我国法学界对生育权的性质颇有争议。在亲属法理论完善之前，生育权一直被视为一项宪法权利，仅仅出现在宪法文本当中。在现行《婚姻法》贯彻执行以后，特别是《婚姻法解释三》的颁布与实施，才引发了学界对于生育权性质的探讨。[①]

---

① 《婚姻法》第二条第三款和第十六条规定，我国的婚姻家庭实行计划生育，夫妻双方都有实行计划生育的义务。《婚姻法解释三》第九条规定，夫以妻擅自中止妊娠侵犯其生育权为由请求损害赔偿的，人民法院不予支持；夫妻双方因是否生育发生纠纷，致使感情确已破裂，一方请求离婚的，人民法院经调解无效，应依照婚姻法第三十二条第三款第（五）项的规定处理，即可以认定为“其他导致夫妻感情破裂的情形”而准予离婚。另外，生育权的性质争议也带来了立法的困惑。目前虽然无论是全国人大法工委起草的《民法典草案》，还是梁慧星教授和王利明教授分别主持起草的《民法典草案》都突出了人格权在民法中的地位，规定了一般人格权和具体人格权。但是，只有徐国栋教授主持起草的《绿色民法典草案》中在第三百四十六、三百四十七条规定了生育权，认为“任何人在法律规定的范围内都有生育子女的权利”。杨立新教授在评议四部草案时对此持反对意见，认为“生育权是否是人格权，对此争议较大，而且规定生育权也面临着无法操作的尴尬，因此应当审慎，可以在以后加强对生育权的研究”。参见邢玉霞：《从民事权利的角度辨析生育权的性质》，《东岳论丛》2012 年第 33 卷第 3 期，第 182 页。

《婚姻法解释三》的相关规定意味着生育权第一次脱离了“计划生育”的字样，正式出现在民事法律文本中。但从生育权的定义中清晰可见，生育权的核心要素是自然人对于自身生育事务的意思自治。因此，其权利性质当属于民事权利，当生育权受到侵害时可以予以民事救济。民事权利主要分为人身权利和财产权利两大类，生育权无疑属于人身权利。加之，由于生育事务在当代背景下包含了生育健康、特别情形下的医学介入等情形。因此，生育权属于自然人的卫生人身权。

（二）生育权的特征

1.“生育权”概念的内涵具有时代发展性。

“生育权”这一法律概念是由19世纪的妇女运动组织首次提出的。据许多专家、学者考证，生育权先后经历了从“自然生育”到“义务生育”，再到“权利生育”三个发展阶段。自然生育阶段可以追溯至公元前18世纪，当时由于生产力水平的低下和科学知识的缺失，人们尚不可能了解性与生殖的关系，而是更多地描绘生殖的神话色彩。生育在公元前18世纪至19世纪中期以前演变成义务主要是由于自然条件、卫生条件恶劣，对抗自然侵袭和猛兽攻击的能力较弱，需要通过增加人口数量以联合力量和群体行动来弥补这些短板。自19世纪中后期开始，社会经济结构变迁，文明不断发展，卫生技术飞速进步，养老制度日趋完善，人们的行为模式已经转变，生育已不再被视为传宗接代的义务，而成为一种权利。① 由此可知，作为卫生人身权的生育权并非历来有之，而是近现代社会的产物，其内涵也会随着社会经济文化制度以及医疗卫生技术的发展而不断丰富。

2.生育权具有专属性，不可转让和抛弃。

生育权与自然人的人身不可分离，它不具有直接的财产内容，其上承载的是一种无法以经济价值尺度来衡量的人格利益。权利主体可以不行使生育权，但无法转让和抛弃生育权。此外，生育权还是一项对世权，任何人对权利主体都负有消极的、不得侵害的义务。

3.生育权的享有不等于生育权的实现。

享有权利与实现权利是两回事，前者是后者的前提，但从前者到后者的转变还需要许多积极因素的促进才可以完成，比如说“具备生育功能”“以法律允许的生育手段”“具备生育的卫生条件”等等。生育权的这一特征在男女两性生育权的利益博弈方面尤为突出。生育权是维护民事主体人格独立的必备要素，它源于自然人与生俱来的平等的人身自由权。在夫妻关系中，丈夫和妻子享有平等的生育权，但丈夫享有生育权并不意味着妻子必须履行相应的生育义务来保证

① 刘亮：《论生育权的历史演变及其性质》，《淮海工学院学报（社会科学版）》2006年第4卷第3期，第36—37页。

丈夫权利的实现。相反，在夫妻的生育权冲突中，法律对于妻子一方往往予以倾向性的保护，这是由于两性在生理、心理以及社会文化方面的区别所决定的。如若不然，生育权的平等性必将遭到破坏，女性也会因为其怀孕和分娩的生理功能而沦为“生育的机器”，从权利的主体降格为客体。

二、生育权的内容

（一）自主生育权

自主生育权是生育权最为核心的内容。依其要义，公民既有生育的权利，也有不生育的自由。权利主体做出的不生育的意思表示，不是对生育权的放弃，而是对生育权的消极行使。生育权的人格权属性决定了只有法律才可以限制公民的生育权，目前我国实行的计划生育政策正是对生育权限制的体现。事实上，任何一个国家都会基于本民族的人口现状，以公共利益为基点对公民的生育权进行必要的限制。除了法律以外，任何单位和个人不得非法限制或者剥夺公民的自主生育权。例如，一些招聘单位与求职者签订的“禁孕协议”和夫妻之间签订的“生育协议”，都因非法限制了公民的自主生育权而导致相关条款无效，即便双方签订此类协议是出于自己真实的意思表示也是如此，在一方违反协议时，另一方不能要求其承担违约责任或赔偿。

（二）终止生育权

生育权的该项权能主要是针对女性而言的，它是指已经怀孕的女性有权利决定终止妊娠。当然，男性的生育权也包含终止生育的权能，只是这一权能的实现需要受孕女性具有同样意思表示和相应的终止生育行为才可以实现。

前文已述，享有生育权不等于实现生育权，正如公民享有被选举权不代表一定能够当选某一政治职务。任何权利的行使都需要满足法律规定的条件和程序，生育权也是如此。两性的生育权平等不等于两性的生育权同等，受制于生理因素的限制和人格平等的约束，女性的生育权在某些情况下必然会在权能内容上更加丰富。这种区别对待主要有以下两点原因：[①]第一，女性在生育中的付出、承担的痛苦和风险远大于男性，法律基于对实质正义的追求，只有赋予女性更丰富的生育权内容才能实现保护女性和追求实质公平的目标；第二，生育过程中存在许多不确定因素的现实要求女性生育权在权能内容上多于男性。生育是共同行为，男方只在合意受孕后才可以脱离后续过程，妊娠和分娩是由女性单独完成的，法律应当允许当不确定因素发生时女性享有多于男性的选择权利，特别是当完成生育对女性身体伤害较大、甚至危及生命时，赋予女性终止生育权才能

---

① 刘道云：《生育权基本问题的探讨及其法律保护》，《中国卫生法制》2011 年第 19 卷第 6 期，第 12—13 页。

充分保护其权益。男性不得以其享有生育权为由来支配女方身体，强迫其继续妊娠和分娩。

三、生育权与其他民事权利的冲突

容易与生育权产生冲突的民事权利主要是身体权，两者的冲突主要体现在两方面：一为公民支配身体利益为他人代孕，二是强制引产。第一种情形将在本书第九章第二节予以详述，此处仅讨论第二种情形所引发的权利冲突。

强制引产是指计生部门对违反计划生育政策而怀孕的妇女采取的强制终止妊娠的措施。2012 年 6 月在陕西安康发生的强制引产事件引发了国人对此问题的广泛讨论。陕西镇坪县村妇冯某因为没能交上 4 万元“保证金”，在镇政府干部的强制要求下被迫引产了已经七个月的胎儿。孕妇家人将病床上胎儿尸体的血腥照片通过社交媒体传至网络，全国舆论一片哗然。① 实际上，只要略作搜索便不难发现，在我国各地因违反计划生育政策而被计生办强制引产的案例之多，令人触目惊心。

首先应当明确指出，强制引产不具有合法性，属于违法行为。② 在我国，胎儿没有权利能力，尚不是法律上的“人”，因此，强制引产的行为侵犯的是孕妇的人身权利而非胎儿的生命权。其次，该行为侵犯了孕妇的身体权还是生育权是值得讨论的问题。抛开其他部门法，仅从民事立法的角度来看，该侵犯卫生人身权的行为出现了竞合状态，即该行为既侵犯了孕妇的身体权，又侵犯了其生育权。如果给孕妇的健康也造成了损害，该行为同时还侵犯了孕妇的健康权。因为不论是从行为的动机还是行为所追求的结果来讲，侵权人都以“终止生育”为目的，但手段是通过“施加于身体”而谋求终止生育的目的。然而，我们认为此类

---

① 参见《陕西怀孕 7 月孕妇遭违规引产事件 3 人被停职调查》，http://business.sohu.com/20120615/n34566 9027.shtml，访问日期：2015 年 1 月 28 日。

② 我国《宪法》第三十七条规定，中华人民共和国公民的人身自由不受侵犯……禁止非法拘禁和以其他方法非法剥夺或者限制公民的人身自由，禁止非法搜查公民的身体。强制引产必然需要将孕妇控制起来，这就侵犯了公民的人身自由。而引产的结果又有可能侵犯公民的健康权利。医学临床实践表明，人工流产措施可能会导致多种综合征、并发症，甚至可能导致孕妇终身不育。现代法治理论主张，政府的一切权力来自法律的明确授权。《立法法》第八条规定，对公民政治权利的剥夺、限制人身自由的强制措施和处罚只能制定法律规定。可见，强制引产应由法律规定。《中华人民共和国人口与计划生育法》中并没有对计生部门强制引产的授权。不仅如此，连地方性法规中都没有对强制引产措施的授权。在 20 世纪 80 年代，各地方性法律文件中规定对于拒不执行计划生育政策的孕妇“强制执行人工流产，终止妊娠”。进入 90 年代后，上述文字逐渐从地方性法律文件中淡出，取而代之的是“应当采取补救措施”的表述。因此，强制流产行为超出法律赋予的权力，缺乏法律依据，侵犯了公民的宪法权利和多项民事权利。参见刘滔滔：《强制引产措施的法律分析——以陕西安康强制流产案为切入点》，《才智》2012 年第 9 期，第 17—18 页。

案件如果以侵犯身体权(有健康损害时则为健康权)立足更有利于受害人维权,原因主要有以下两点:第一,强制引产行为可能构成刑法上的故意伤害罪,[①]在刑法的语境下,侵犯何种权利意味着犯罪客体要件的定位,而故意伤害罪的客体定位已经将受侵犯的权利锁定为身体健康权。因此,基于"维系法律体系一致性"原则和我国《刑法》没有针对侵犯生育权之相关罪名的现实考虑,认定强制引产行为侵犯公民的身体权、健康权更有利于对受害人进行全面的法律保护。第二,仅站在民事侵权的立场来看,以"生育权被侵犯"为由而提出诉讼请求,既非最佳诉讼策略,也不属一种强势话语,因为毕竟该类案件中生育权的行使违反了计划生育的相关规定。由上可知,尽管强制引产行为引发了生育权与身体权的冲突,但以身体权被侵犯为由更有利于受害人维护自身的权益。

课后习题

1. 生命权具有哪些特征和权能?
2. 健康权与身体权有哪些区别?
3. 发生在卫生领域里的侵害患者身体权的常见行为有哪些?
4. 隐私权具有哪些方面的内容?
5. 生育权具有什么法律特征?

---

① 我国《刑法》第二百三十四条规定,故意非法损害他人身体行为构成故意伤害罪。而根据1990年发布的《人体重伤鉴定标准》中第七十八条的规定,孕妇损伤引起早产、死胎、胎盘早期剥离、流产并发失血性休克或者严重感染的情形均可以认定为重伤。因此,计生部门的此类行为应当认定为构成故意伤害罪。但令人遗憾的是,我国目前没有计生工作人员因为此类职务行为而被追究刑事责任,这就产生了强制引产行为的刑法适用困境。在前文的陕西事件中,安康市政府经调查认为,曾家镇政府有关工作人员在动员孕妇终止妊娠过程中,违背当事人意愿,工作方法简单粗暴,侵害了育龄妇女的合法权益。最终,仅仅对于涉案的7名相关责任人给予了行政处分,并给予孕妇7万元的民事补偿。

第九章　卫生人身权的民法保护

学习目标

本章主要阐述我国卫生人身权民法保护的现状以及在卫生人身权民法保护中的几个前沿问题。通过本章的学习，应当对于我国卫生人身权民法保护“以《民法通则》为中心，以《侵权责任法》为辐射，以其他民事法律为补充”的体系制度熟悉掌握，且对于“安乐死”、胎儿健康权、代孕、基因隐私权等卫生民事法的前沿性问题有所思考。

案例分析

原告未成年人钟某因下唇、右手中、食指近端红色肿块进行性增大，于1998年1月到成都某医院儿童外科门诊就诊，被诊断为混合性血管瘤。医院在征得钟某的监护人同意后，于同年7月3日、8月13日、9月10日先后三次用平阳霉素注射进行治疗。治疗后，原告食指出现溃疡和血液循环障碍，出现食指末节缺血坏死，造成食指远端缺失。随后原告依法提起诉讼。经法院委托司法部司法鉴定中心做出鉴定结论后认为，原告的食指伤残后果，与被告医院的不当治疗行为之间存在直接的因果关系。法院审理后认为，根据该鉴定结论，被告应当承担赔偿原告为此遭受的经济损失，做出一审判决如下：被告医院赔偿原告钟某医疗费492.78元、护理费2203.20元、残疾者生活补助费24188元、交通费200元、鉴定费及为鉴定而产生的差旅费14891元、精神抚慰金20000元。判决后，原被告双方均未上诉。①

思考：法院做出判决令被告赔偿原告上述费用的法律依据是什么？每一项费用的数额确定标准是什么？

第一节　卫生人身权民法保护的现状概观

保护卫生人身权是我国宪法、刑法、民法以及诸如《药品管理法》和《食品安

① 付子堂、于嘉川、张永和、洪磊等：《医疗纠纷案例审理之实证分析》，人民法院出版社2006年版，第92—93页。

全法》等行政法的共同任务。但相对于具有公法性质的法律来说，民法对卫生人身权的保护最为直接也最为具体，其对卫生人身权的保护方式为确认卫生人身权，界定其内容和范围，调整主体之间因卫生人身权而产生的权利义务关系以及对侵权人适用民事责任。卫生人身权的民法保护以《民法通则》为中心，以《侵权责任法》为辐射，以其他民事法律为补充。

一、《民法通则》对卫生人身权的保护

《民法通则》第九十八条规定，公民享有生命健康权。第一百一十九条规定，侵害公民身体造成伤害的，应当赔偿医疗费、因误工减少的收入、残废者生活补助费等费用；造成死亡的，还应当支付丧葬费、死者生前扶养的人必要的生活费等。从原则上讲，侵害卫生人身权适用过错责任的归责原则，但《民法通则》第一百三十一、一百三十二条同时规定，受害人对于损害的发生也有过错的，可以减轻侵害人的民事责任。当事人对造成损害都没有过错的，可以根据实际情况，由当事人分担民事责任。第一百三十四条规定了承担民事责任的十种法定方式，而对于侵害卫生人身权的行为主要适用赔偿损失的方式。在通常情形下，权利人向人民法院请求保护卫生人身权的诉讼时效期间为两年，但法律另有规定的除外。《民法通则》第一百三十六条就明确规定了一种情形适用“一年”的短期诉讼时效，即“身体受到伤害要求赔偿的”。

二、《侵权责任法》对卫生人身权的保护

《侵权责任法》不仅在总则以及其他分则部分确认、保护和救济各项卫生人身权，还专设了“医疗损害责任”一章对于卫生人身权的侵害予以专门性的规范。

（一）《侵权责任法》对卫生人身权的一般性保护

依据《侵权责任法》的规定，侵害民事权益者应当承担侵权责任，而民事权益包括生命权、健康权、姓名权、名誉权、荣誉权、肖像权、隐私权等人身、财产权益。行为人因同一侵害卫生人身权的行为而应当承担行政责任或者刑事责任的，不影响其依法承担侵权责任。而且，侵权人的财产不足以支付的，先承担侵权责任。行为人因过错侵害他人卫生人身权，应当承担侵权责任。根据法律规定推定行为人有过错，行为人不能证明自己没有过错的，应当承担侵权责任。侵害他人的卫生人身权造成人身损害的，应当赔偿医疗费、护理费、交通费等为治疗和康复支出的合理费用，以及因误工减少的收入。造成残疾的，还应当赔偿残疾生活辅助费和残疾赔偿金。造成死亡的，还应当赔偿丧葬费和死亡赔偿金。侵害卫生人身权致人死亡的，权利人的近亲属有权请求侵权人承担侵权责任。被侵权人为单位者，该单位又处于分立、合并的，承继权利的单位有权请求侵权人承

担侵权责任。被侵权人死亡的，支付被侵权人医疗费、丧葬费等合理费用的人有权请求侵权人赔偿费用，但侵权人已支付该费用的除外。侵害他人卫生人身权益造成财产损失的，按照被侵权人因此受到的损失赔偿；被侵权人的损失难以确定，侵权人因此获得利益的，按照其获得的利益赔偿；侵权人因此获得的利益难以确定，被侵权人和侵权人就赔偿数额协商不一致，向人民法院提起诉讼的，由人民法院根据实际情况确定赔偿数额。侵害他人人身权益，造成他人严重精神损害的，被侵权人可以请求精神损害赔偿。

同时，《侵权责任法》第四十一至四十三条以及第四十五、四十七条还对医疗卫生器械致人损害做出了规定。因医疗卫生器械存在缺陷造成他人人身权遭受损害的，生产者应当承担侵权责任。因销售者的过错使医疗卫生器械存在缺陷，造成他人人身权益损害的，销售者应当承担侵权责任。销售者不能指明缺陷医疗卫生器械的生产者也不能指明其供货者的，销售者应当承担侵权责任。因医疗卫生器械存在缺陷造成他人人身权益损害的，被侵权人可以向医疗卫生器械的生产者请求赔偿，也可以向其销售者请求赔偿。医疗卫生器械缺陷由生产者造成的，销售者赔偿后，有权向生产者追偿。反之亦然，因销售者的过错使医疗卫生器械存在缺陷的，生产者在赔偿之后也有权向销售者追偿。因医疗卫生器械缺陷危及他人人身权益安全的，被侵权人有权请求生产者、销售者承担排除妨碍、消除危险等侵权责任。明知医疗卫生器械存在缺陷仍然生产、销售，造成他人死亡或者健康严重损害的，被侵权人有权请求相应的惩罚性赔偿。

（二）《侵权责任法》对卫生人身权的专项性保护

《侵权责任法》第七章“医疗损害责任”是对卫生人身权的专项性保护，共计十一项法律条款，具体内容如下：患者在诊疗活动中，卫生人身权受到损害，医疗机构及其医务人员有过错的，由医疗机构承担赔偿责任。医务人员在诊疗活动中应当向患者说明病情和医疗措施。需要实施手术、特殊检查、特殊治疗的，医务人员应当及时向患者说明医疗风险、替代医疗方案等情况，并取得其书面同意；不宜向患者说明的，应当向患者的近亲属说明，并取得其书面同意。医务人员未尽到以上说明义务，造成患者损害的，医疗机构应当承担赔偿责任。因抢救生命垂危的患者等紧急情况，不能取得患者或者其近亲属意见的，经医疗机构负责人或者授权的负责人批准，可以立即实施相应的医疗措施。医务人员在诊疗活动中未尽到与当时的医疗水平相应的诊疗义务，造成患者损害的，医疗机构应当承担赔偿责任。因患者卫生人身权遭受损害而推定医疗机构有过错的，《侵权责任法》规定了三种法定情形：第一，违反法律、行政法规、规章以及其他有关诊疗规范的规定；第二，隐匿或者拒绝提供与纠纷有关的病历资料；第三，伪造、篡改或者销毁病历资料。因药品、消毒药剂、医疗器械的缺陷，或者输入不合格的血液造成患者损害的，患者可以向生产者或者血液提供机构请求赔偿，也可以向医疗机构请求赔偿。患者向医疗机构请求赔偿的，医疗机构赔偿后，有权向负有责任的生产者或者血液提供机构追偿。此外，虽然患者的卫生人身权遭受损害，但医疗机构在特定情形下可以免责，《侵权责任法》对此也明确规定了三种法定情形：第一，患者或者其近亲属不配合医疗机构进行符合诊疗规范的诊疗；[①]第二，医务人员在抢救生命垂危的患者等紧急情况下已经尽到合理诊疗义务；第三，限于当时的医疗水平难以诊疗。医疗机构及其医务人员应当按照规定填写并妥善保管住院志、医嘱单、检验报告、手术及麻醉记录、病理资料、护理记录、医疗费用等病历资料。患者要求查阅、复制前款规定的病历资料的，医疗机构应当提供。医疗机构及其医务人员应当对患者的隐私保密。泄露患者隐私或者未经患者同意公开其病历资料，造成患者损害的，应当承担侵权责任。医疗机构及其医务人员不得违反诊疗规范实施不必要的检查。同时，与患者的卫生人身权同等重要的是，医疗机构及其医务人员的合法权益也受到法律保护。干扰医疗秩序，妨害医务人员工作、生活的，应当依法承担法律责任。

三、其他民事法律对卫生人身权的保护

（一）《最高人民法院关于贯彻执行〈中华人民共和国民法通则〉若干问题的意见（试行）》（以下简称《民通意见》）

《民通意见》主要针对侵害卫生人身权的财产损失赔偿标准及范围做出了规定，其中第一百四十三至一百四十七条的内容为：受害人的误工日期，应当按其实际损害程度、恢复状况并参照治疗医院出具的证明或者法医鉴定等认定。赔偿费用的标准，可以按照受害人的工资标准或者实际收入的数额计算。受害人是承包经营户或者个体工商户的，其误工费的计算标准，可以参照受害人一定期限内的平均收入酌定。如果受害人承包经营的种植、养殖业季节性很强，不及时经营会造成更大损失的，除受害人应当采取措施防止损失扩大外，还可以裁定侵害人采取措施防止扩大损失。医药治疗费的赔偿，一般应以所在地治疗医院的诊断证明和医药费、住院费的单据为凭。应经医务部门批准而未获批准擅自另找医院治疗的费用，一般不予赔偿；擅自购买与损害无关的药品或者治疗其他疾病的，其费用则不予赔偿。经医院批准专事护理的人，其误工补助费可以按收入的实际损失计算。应得奖金一般可以计算在应赔偿的数额内。本人没有工资收

① 《侵权责任法》第六十条第二款规定，对于此种情形，如果医疗机构及其医务人员也有过错的，应当承担相应的赔偿责任。

入的，其补偿标准应以当地的一般临时工的工资标准为限。侵害他人身体致使其丧失全部或者部分劳动能力的，赔偿的生活补助费一般应补足到不低于当地居民基本生活费的标准。侵害他人身体致人死亡或者丧失劳动能力的，依靠受害人实际扶养而又没有其他生活来源的人要求侵害人支付必要生活费的，应当予以支持，其数额根据实际情况确定。由于《民通意见》的颁布时间已经较为久远，卫生民事法律实务中已经很少援引其规定，上述内容多由后续的司法解释以及《侵权责任法》予以细化或者替代。

（二）《精神损害赔偿解释》

《精神损害赔偿解释》在第一条开宗明义地指出，自然人因生命权、健康权、身体权遭受非法侵害而向人民法院起诉请求赔偿精神损害的，以及违反社会公共利益、社会公德侵害他人隐私或者其他人格利益，受害人以侵权为由向人民法院起诉请求赔偿精神损害的，人民法院应当依法予以受理。第三条规定，自然人死亡后，其近亲属因非法披露、利用死者隐私，非法利用、损害遗体、遗骨，以及以违反社会公共利益、社会公德的其他方式侵害死者隐私或者侵害遗体、遗骨的侵权行为遭受精神痛苦，向人民法院起诉请求赔偿精神损害的，人民法院应当依法予以受理。第六至八条规定，当事人在侵权诉讼中没有提出赔偿精神损害的诉讼请求，诉讼终结后又基于同一侵权事实另行起诉请求赔偿精神损害的，人民法院不予受理。自然人因侵权行为致死，或者自然人死亡后其人格或者遗体遭受侵害，死者的配偶、父母和子女向人民法院起诉请求赔偿精神损害的，列其配偶、父母和子女为原告；没有配偶、父母和子女的，可以由其他近亲属提起诉讼，列其他近亲属为原告。因侵权致人精神损害，但未造成严重后果，受害人请求赔偿精神损害的，一般不予支持，人民法院可以根据情形判令侵权人停止侵害、恢复名誉、消除影响、赔礼道歉。因侵权致人精神损害，造成严重后果的，人民法院除判令侵权人承担停止侵害、恢复名誉、消除影响、赔礼道歉等民事责任外，可以根据受害人一方的请求判令其赔偿相应的精神损害抚慰金。第九条指出，精神损害抚慰金包括以下方式：第一，致人残疾的，为残疾赔偿金；第二，致人死亡的，为死亡赔偿金；第三，其他损害情形的精神抚慰金。第十条规定，精神损害的赔偿数额根据以下因素确定：第一，侵权人的过错程度，法律另有规定的除外；第二，侵害的手段、场合、行为方式等具体情节；第三，侵权行为所造成的后果；第四，侵权人的获利情况；第五，侵权人承担责任的经济能力；第六，受诉法院所在地平均生活水平。法律、行政法规对残疾赔偿金、死亡赔偿金等有明确规定的，适用法律、行政法规的规定。

（三）《人身损害赔偿解释》

《人身损害赔偿解释》前半部分主要对侵害卫生人身权的范围以及责任减

免、连带的情形予以明确。其中，第一条第一款规定，因生命、健康、身体遭受侵害，赔偿权利人起诉请求赔偿义务人赔偿财产损失和精神损害的，人民法院应予受理。第二、三条规定，受害人对同一损害的发生或者扩大有故意过失的，依照《民法通则》第一百三十一条的规定，可以减轻或者免除赔偿义务人的赔偿责任。但侵权人因故意或者重大过失致人损害，受害人只有一般过失的，不减轻赔偿义务人的赔偿责任。适用《民法通则》第一百零六条第三款规定确定赔偿义务人的赔偿责任时，受害人有重大过失的，可以减轻赔偿义务人的赔偿责任。二人以上共同故意或者共同过失致人损害，或者虽无共同故意、共同过失，但其侵害行为直接结合发生同一损害后果的，构成共同侵权，应当依照《民法通则》第一百三十条规定承担连带责任。二人以上没有共同故意或者共同过失，但其分别实施的数个行为间接结合发生同一损害后果的，应当根据过失大小或者原因比例各自承担相应的赔偿责任。

《人身损害赔偿解释》第十七至三十条规定了卫生人身权的侵权人所应当赔偿的费用名目、计算期限及标准，内容如下：受害人遭受人身损害，因就医治疗支出的各项费用以及因误工减少的收入，包括医疗费、误工费、护理费、交通费、住宿费、住院伙食补助费、必要的营养费，赔偿义务人应当予以赔偿。受害人因伤致残的，其因增加生活上需要所支出的必要费用以及因丧失劳动能力导致的收入损失，包括残疾赔偿金、残疾辅助器具费、被扶养人生活费，以及因康复护理、继续治疗实际发生的必要的康复费、护理费、后续治疗费，赔偿义务人也应当予以赔偿。受害人死亡的，赔偿义务人除应当根据抢救治疗情况赔偿本条第一款规定的相关费用外，还应当赔偿丧葬费、被扶养人生活费、死亡补偿费以及受害人亲属办理丧葬事宜支出的交通费、住宿费和误工损失等其他合理费用。受害人或者死者近亲属遭受精神损害，赔偿权利人向人民法院请求赔偿精神损害抚慰金的，适用《最高人民法院关于确定民事侵权精神损害赔偿责任若干问题的解释》予以确定。精神损害抚慰金的请求权，不得让与或者继承。但赔偿义务人已经以书面方式承诺给予金钱赔偿，或者赔偿权利人已经向人民法院起诉的除外。医疗费根据医疗机构出具的医药费、住院费等收款凭证，结合病历和诊断证明等相关证据确定。赔偿义务人对治疗的必要性和合理性有异议的，应当承担相应的举证责任。医疗费的赔偿数额，按照一审法庭辩论终结前实际发生的数额确定。器官功能恢复训练所必要的康复费、适当的整容费以及其他后续治疗费，赔偿权利人可以待实际发生后另行起诉。但根据医疗证明或者鉴定结论确定必然发生的费用，可以与已经发生的医疗费一并予以赔偿。误工费根据受害人的误工时间和收入状况确定。误工时间根据受害人接受治疗的医疗机构出具的证明确定。受害人因伤致残持续误工的，误工时间可以计算至定残日前一天。受害人有固定收入的，误工费按照实际减少的收入计算。受害人无固定收入的，按照其最近三年的平均收入计算；受害人不能举证证明其最近三年的平均收入状况的，可以参照受诉法院所在地相同或者相近行业上一年度职工的平均工资计算。护理费根据护理人员的收入状况和护理人数、护理期限确定。护理人员有收入的，参照误工费的规定计算；护理人员没有收入或者雇佣护工的，参照当地护工从事同等级别护理的劳务报酬标准计算。护理人员原则上为一人，但医疗机构或者鉴定机构有明确意见的，可以参照确定护理人员人数。护理期限应计算至受害人恢复生活自理能力时止。受害人因残疾不能恢复生活自理能力的，可以根据其年龄、健康状况等因素确定合理的护理期限，但最长不超过二十年。受害人定残后的护理，应当根据其护理依赖程度并结合配制残疾辅助器具的情况确定护理级别。交通费根据受害人及其必要的陪护人员因就医或者转院治疗实际发生的费用计算。交通费应当以正式票据为凭，有关凭据应当与就医地点、时间、人数、次数相符合。住院伙食补助费可以参照当地国家机关一般工作人员的出差伙食补助标准予以确定。受害人确有必要到外地治疗，因客观原因不能住院，受害人本人及其陪护人员实际发生的住宿费和伙食费，其合理部分应予赔偿。营养费根据受害人伤残情况参照医疗机构的意见确定。残疾赔偿金根据受害人丧失劳动能力程度或者伤残等级，按照受诉法院所在地上一年度城镇居民人均可支配收入或者农村居民人均纯收入标准，自定残之日起按二十年计算。但六十周岁以上的，年龄每增加一岁减少一年；七十五周岁以上的，按五年计算。受害人因伤致残但实际收入没有减少，或者伤残等级较轻但造成职业妨害严重影响其劳动就业的，可以对残疾赔偿金做相应调整。残疾辅助器具费按照普通适用器具的合理费用标准计算。伤情有特殊需要的，可以参照辅助器具配制机构的意见确定相应的合理费用标准。辅助器具的更换周期和赔偿期限参照配制机构的意见确定。丧葬费按照受诉法院所在地上一年度职工月平均工资标准，以六个月总额计算。被扶养人生活费根据扶养人丧失劳动能力程度，按照受诉法院所在地上一年度城镇居民人均消费性支出和农村居民人均年生活消费支出标准计算。被扶养人为未成年人的，计算至十八周岁；被扶养人无劳动能力又无其他生活来源的，计算二十年。但六十周岁以上的，年龄每增加一岁减少一年；七十五周岁以上的，按五年计算。被扶养人是指受害人依法应当承担扶养义务的未成年人或者丧失劳动能力又无其他生活来源的成年近亲属。被扶养人还有其他扶养人的，赔偿义务人只赔偿受害人依法应当负担的部分。被扶养人有数人的，年赔偿总额累计不超过上一年度城镇居民人均消费性支出额或者农村居民人均年生活消费支出额。死亡赔偿金按照受诉法院所在地上一年度城镇居民人均可支配收入或者农村居民人均纯收入标准，按二十年计算。但六十周岁以上的，年龄每增加一岁减少一年；七十五周岁以上的，按五年计算。赔偿权利人举证证明其住所地或者经常居住地城镇居民人均可支配收入或者农村居民人均纯收入高于受诉法院所在地标准的，残疾赔偿金或者死亡赔偿金可以按照其住所地或者经常居住地的相关标准计算。被扶养人生活费的相关计算标准，依照前款原则确定。

《人身损害赔偿解释》第三十一条至三十五条主要就侵害卫生人身权的赔偿给付方式、后续费用、担保、费用标准和时限等问题做出了说明，内容如下：人民法院应当按照《民法通则》第一百三十一条以及本解释第二条的规定，确定第十九条至第二十九条各项财产损失的实际赔偿金额。前款确定的物质损害赔偿金与按照第十八条第一款规定确定的精神损害抚慰金，原则上应当一次性给付。超过确定的护理期限、辅助器具费给付年限或者残疾赔偿金给付年限，赔偿权利人向人民法院起诉请求继续给付护理费、辅助器具费或者残疾赔偿金的，人民法院应予受理。赔偿权利人确需继续护理、配制辅助器具，或者没有劳动能力和生活来源的，人民法院应当判令赔偿义务人继续给付相关费用五至十年。赔偿义务人请求以定期金方式给付残疾赔偿金、被扶养人生活费、残疾辅助器具费的，应当提供相应的担保。人民法院可以根据赔偿义务人的给付能力和提供担保的情况，确定以定期金方式给付相关费用。但一审法庭辩论终结前已经发生的费用、死亡赔偿金以及精神损害抚慰金，应当一次性给付。人民法院应当在法律文书中明确定期金的给付时间、方式以及每期给付标准。执行期间有关统计数据发生变化的，给付金额应当适时进行相应调整。定期金按照赔偿权利人的实际生存年限给付，不受《人身损害赔偿解释》有关赔偿期限的限制。《人身损害赔偿解释》所称“城镇居民人均可支配收入”“农村居民人均纯收入”“城镇居民人均消费性支出”“农村居民人均年生活消费支出”“职工平均工资”，按照政府统计部门公布的各省、自治区、直辖市以及经济特区和计划单列市上一年度相关统计数据确定。“上一年度”是指一审法庭辩论终结时的上一统计年度。

（四）《婚姻法》及其司法解释

《婚姻法》第二条第三款和第十六条规定，我国的婚姻家庭实行计划生育，夫妻双方都有实行计划生育的义务。《婚姻法解释三》第九条规定，夫以妻擅自中止妊娠侵犯其生育权为由请求损害赔偿的，人民法院不予支持；夫妻双方因是否生育发生纠纷，致使感情确已破裂，一方请求离婚的，人民法院经调解无效，应依照《婚姻法》第三十二条第三款第（五）项的规定处理，即可以认定为“其他导致夫妻感情破裂的情形”而准予离婚。

第二节　卫生人身权民法保护中的几个前沿领域

一、"安乐死"和脑死亡

"安乐死"和脑死亡的相关内容请参阅第三章第三节。

二、胎儿健康权的立法完善

《民法通则》第九十八条规定，公民享有生命健康权，但公民资格的取得需要具备出生的前提。换言之，依据我国的法律，尚未出生的胎儿不享有生命健康权。然而，胎儿时期若受到外力不当侵害却可能导致其出生后的健康利益受损，如不合格药品或者不当外科手术导致胎儿先天畸形或者脏器功能发育不健全。胎儿的出生和独立呼吸意味着其生命权没有受到侵害，但是，于出生时才取得民事主体资格的小生命的健康权却遭到了来自过往行为的侵害。于是就产生了一个侵权法上的困局，当胎儿还不是"人"时，自然不享有健康权，侵权行为没有侵犯其卫生人身权，最多只是侵犯了母亲的身体权或者健康权。但是待胎儿出生后成为"人"时，却承担了由该行为带来的不利后果，而他对于那个自己"尚不存在"时的行为是否可以请求赔偿，便成了一个摆在我们面前亟待解决的问题。

有学者认为，对人格权的法律保护应当在前后都有所延伸，向前延至自然人出生以前的胎儿时期，此部分为"先期人格法益"保护，向后延至自然人死亡后的一定时期，此部分为"延续人格法益"保护。许多域外法律都承认胎儿享有人格利益。《日本民法典》第七百二十一条规定："胎儿，就损害赔偿请求权，视为已出生。"《德国民法典》第八百四十四条也对胎儿的抚养赔偿请求权做了明确的规定。我国台湾地区的民事法也规定胎儿以将来非死产者为限，关于其个人利益之保护，视为既已出生。

因此，许多学者倡导，我国应借鉴国外和我国台湾地区的立法经验，保护胎儿的先期人格法益。"对胎儿健康利益的民法保护应从成功受孕时开始，胎儿在成功受孕时即享有健康利益，受到法律保护。实践中，对胎儿健康利益的侵害主要表现为胎儿在母腹时遭受外力打击，致使胎儿身体功能的完善性遭受一定程度的损害，既可能造成胎儿内伤，亦可能造成胎儿外伤。确定胎儿健康利益的损害事实，必须在胎儿出生取得民事权利能力以后。胎儿健康利益损害请求权，只能在胎儿出生取得民事权利能力后由胎儿自己来行使"。① 在立法层面，民法典

① 黄军锋：《健康权及其民法保护》，《西藏民族学院学报（哲学社会科学版）》2010 年第 31 卷第 2 期，第 95 页。

的制定应当及时吸收这些建议。对此，现有的民法典草案显然已经注意到这一问题。有专家编撰的《中华人民共和国民法典·人格权法编》(草案建议稿)第七十二条规定："胎儿的身体健康受到损害，其出生后，享有补偿其损害的赔偿请求权。"①另一专家编撰的《中国民法典草案建议稿》第十九条也规定："胎儿遭受损害，出生时为活体的，有权就其受到的损害独立提出赔偿请求。"②

三、人体组织的法律地位

随着生命科学技术的迅猛发展，在市场经济逐渐完善的今天，人体组织被移植利用的巨大价值和市场需求已经逐渐被人们所认知。"人体与作为权利客体的'外界资源'的界限变得模糊，我们就不可避免地要对其法律地位重新进行思考：人体器官组织是否应成为民法调整的客体——'物'？人体的组成部分究竟是物还是人格权的一部分，应享民法中的物权还是人身权呢？"③如果人体组织属于物，难免会有"只见物不见人"、将主体"客体化"的风险；如果人体组织属于卫生人身权的范畴，那么依据我国《民法通则》第一百一十九条的规定，侵犯身体权、健康权，获得赔偿的前提是"造成伤害"，若无伤害，如前文所举之医院盗取患者骨髓用于科研的情形，则无法得到赔偿，但这样的法律适用结果显然违反人们对于公平正义的认知。因此，厘清人体组织的法律地位便成为回答这些疑问的根本性问题。

有学者指出，人体组织的法律定位与其物理状态密不可分，而后者应根据三个标准进行分类：是否活体、是否与人身分离、是否具有可再生性。④ 具体言之：首先，"活体组成部分"主要是指来自生存自然人的器官组织以及其他脱离部分。尚未与人身分离的活体组成部分不属于法律上的物，应作为卫生人身权受到法律保护。已与人身分离的活体组成部分还应当视其情形而分别定位：第一，通常情形下，已与人身分离之活体组成部分的法律地位为"准物"，其处分不同于一般财产的处分规则，受到法律和公序良俗的限制；第二，为自体移植而暂时与人身分离的活体组成部分的法律地位，应当与尚未与人身分离的活体组成部分一致，纳入卫生人身权的范畴受法律保护；第三，已与人身分离的病患活体组成部分(如切除的病变组织)属于"准物"，由于其价值主要表现在科研价值方面，因此可以由患者以赠与方式将所有权让渡给医疗机构；第四，已与人身分离的非病患活体组成部分(如胎盘、脐带血)属于"准物"，所有权归患者，但患者不能以收益的

---

① 杨立新：《民商法热点新探》，吉林人民出版社2003年版，第374页。

② 王利明：《中国民法典草案建议稿及说明》，中国法制出版社2004年版，第6页。

③ 吴文珍：《论人体组成部分的法律地位及其归属》，《河北法学》2011年第29卷第5期，第20页。

④ 吴文珍：《论人体组成部分的法律地位及其归属》，《河北法学》2011年第29卷第5期，第22页。

方式进行处分；第五，捐献执行后的已与人身分离的活体组成部分的民法地位是"准物"，在植入受体前适用物权的保护规则，在成功植入受者身体以后，则应当作为受体的卫生人身权受法律保护。[①] 其次，尸体组成部分主要是指来自已死亡自然人的器官组织以及其他脱离部分。通说认为，尸体组成部分的法律地位属于"准物"，可以使用财产权的相关规则，但有权对之处分的主体仅仅包括生前的自然人以及该自然人死亡后的近亲属，处分的方式也仅限于捐赠。

当下，人体组织的法律地位思考已是一个无法避免的问题。有学者指出，"对可再生的人体器官组织，虽然很多国家如我国目前仍未允许其市场化转让，但是在市场化程度较高的国家，比如美国，已经允许对血液等的商品化操作。可以想见，随着生命科技本身如基因等人类遗产工程技术的逐步完善和深入，人类身体的可利用价值只会越升越高，可再生人体资源的商品化将会是一个趋势"。[②]

四、有关代孕的理论争鸣

身体权具有"身体利益的有限支配"这样的权能，那么，自然人就存在"借用"或"租用"自己身体的空间。例如，"出租"自己的劳动力成为劳动者，"出租"自己的乳房成为乳母，甚至是"出租"自己的面部、四肢皮肤以供贴画文字或图案而成为商家的广告牌，随之，也有人"出租"自己的子宫进行代孕。但身体权中支配权的法定性具体体现为公民在行使权利时，不得违反法律法规的相关规范和社会的公序良俗。原卫生部在 2001 年发布的《人类辅助生殖技术管理办法》中曾明确规定，医疗机构及其人员禁止实施任何形式的代孕技术，否则，省级卫生行政部门可对之处以警告、3 万元以下罚款的行政处罚措施，并给予有关责任人行政处分；构成犯罪的，依法追究刑事责任。此外，原卫生部于 2003 年制定的《人类辅助生殖技术与人类精子库相关技术规范、基本准则和伦理原则》也明确禁止实施代孕技术。但原卫生部的部门规章仅对医疗机构及其人员产生约束力，并不能禁止医疗机构之外的组织和个人实施代孕。于是，法学界围绕代孕"是否属于贩卖婴儿""是否有悖于公序良俗"以及代孕所引发的"亲权和伦理困境"等等这些敏感的议题展开了理论争鸣。

"代孕是指根据约定，将委托方丈夫的精子注入自愿的代孕母亲的体内进行人工授精，或将委托方夫妻的精卵进行体外受精后形成的受精卵植入代孕母亲的体内，在代孕母亲怀孕、生产后，由委托方夫妻以法定父母的身份抚养子女的情形"。[③]

---

① 吴文珍：《论人体组成部分的法律地位及其归属》，《河北法学》2011 年第 29 卷第 5 期，第 22—24 页。

② 吴文珍：《论人体组成部分的法律地位及其归属》，《河北法学》2011 年第 29 卷第 5 期，第 25 页。

③ 罗满景：《中国代孕制度之立法重构——以无偿的完全代孕为对象》，《时代法学》2009 年第 7 卷第 4 期，第 73 页。

这种“借腹生子”的方式常见的卫生学分类有两种：一种是局部代孕与完全代孕的分类，另一种是有偿代孕与无偿代孕的分类。局部代孕是指由代孕母亲提供卵子和子宫，由委托方丈夫提供精子的代孕；在完全代孕中，代孕母亲仅仅提供子宫，由委托方夫妻提供精子和卵子；有偿代孕是指委托方夫妻在给付代孕母亲必要的代孕费用之外，还需支付一定报酬的代孕形式；无偿代孕则意味着委托方夫妻对于代孕母亲的代孕行为不支付任何费用和报酬，或仅支付必要的代孕费用。①

对代孕进行类型化处理有助于我们对具体问题进行具体分析，避免“一刀切”式的否定态度。在这两种分类形式中，显然每一种分类中的后者对于法律规范和公序良俗的冲击较小一些。于是，有学者主张，我国可以借鉴其他国家的经验，②从立法上承认“无偿的完全代孕”，而禁止其他形式的代孕，理由如下：第一，无偿完全代孕的合法化具有生育权和身体权的权利基础；第二，无偿完全代孕排除了代孕母亲与子女在遗传基因上的联系，也体现了帮助、关爱他人的高尚情操，符合公序良俗原则的要求；第三，无偿完全代孕不会危害家庭的稳定和子女的利益，相反，它有利于减轻委托方的经济负担，维护不孕不育家庭的稳定，而且委托方会对来之不易的子女格外珍惜，有利于维护子女的利益；第四，“适当关爱他人”已成为当代主流的道德观念，家庭中的利他主义则更为明显，人们更愿意为亲朋做出牺牲，无偿完全代孕是对市民社会中“人”的模型的精准认知，合法化有其人性基础；第五，无偿完全代孕符合中国传统文化中血缘传承的要求，符合中国人希望拥有自己的子女的愿望。③ 继续忽视这一问题会造成黑市代孕猖獗，出现危及从事者和婴儿人身自由和身心健康等的诸多更加严重的问题。

五、基因隐私法律保护的缺失

美国1990年开始了人类基因组项目，该项目最初计划持续15年时间，但由于现代科学技术的飞速发展，这一计划于2003年提前完成。这一项目的目标就是辨别出人类DNA中所包含的大约3万个基因分子、弄清组成人类DNA的300万种化学成分的排序、在数据库中储存这些信息、找到一种更快更有效率的排列工具和技术以及强调在该项目进行中可能产生的法律、道德和社会问题。美国人类基因组项目的研究人员在项目进行中特别强调了基因隐私的法

① 罗满景：《中国代孕制度之立法重构——以无偿的完全代孕为对象》，《时代法学》2009年第7卷第4期，第73—74页。

② 目前承认无偿完全代孕的国家和地区主要包括加拿大、以色列、新西兰、英国、南非、中国香港、美国的佛罗里达、内华达、新汉布夏、弗吉尼亚州等。

③ 罗满景：《中国代孕制度之立法重构——以无偿的完全代孕为对象》，《时代法学》2009年第7卷第4期，第74—75页。

律问题。[1]

可以说,自基因技术产生以来,各国对此的立法研究从未间断过。德国早在1990年便制定通过了《遗传工程法》。随后,《人类基因组和人权的宣言》《生物多样性公约》《人权及生物医学公约》《希洪生物伦理生命》等一系列国际公约也相继制定。随着基因技术研究的发展,目前各国正着手制定保护基因信息隐私的立法,将基因隐私权作为隐私权法的补充性规定。中国是参与人类基因组工作草图的唯一的发展中国家,同时,我国有着十分丰富的人类基因资源和多项国际先进的基因研究成果。面对这样的状况,建立相应的调整人类基因信息的卫生民事法律规范,确认和保护基因信息隐私权,同样也是法律不容回避的问题。

借鉴有关民法理论和各国立法实践的有益经验,我国要实现对基因隐私权的保护应当从以下几个方面入手:首先,确立基因隐私权。未来的民法典应当将隐私权明确规定为一项独立的人格权,将基因隐私纳入其保护范围。在条件成熟时,甚至有必要制定一部独立的《隐私权法》,并在这部专门的立法中按照隐私权的客体进行分类规定。其中,基因隐私权可单独作为一章进行有针对性的规定。这样也可以改善民法体系中人身权保护的分散性以及同《物权法》等其他财产法不成比例的态势,从而更多地实现对主体本身的关怀。其次,确立基因隐私权的法律保护应当遵循"尊重遗传特征""知情同意"和"公民共享利益"的基本原则。[2] 最后,明确侵害基因隐私权的责任构成。侵害基因隐私权作为一般侵权行为,其民事责任必须具备一般侵权民事责任的构成要素:侵害行为、损害后果、因果关系以及主观过错。

尽管我国的卫生民事立法还没有明确将基因信息作为隐私而加以保护,但从人类基因组工作草图公布前后国际组织和一些国家的反应看,趋势是明朗的。随着人类基因研究的进一步深入,明确人类的基因信息是隐私并给予民法保护,将成为各国民法所要解决的重要问题。

六、服刑人员是否享有生育权

近年来,服刑人员主张生育权的案例已经相继出现在包括我国在内的很多国家。而通过分析英美法系国家的相关判例以及学说观点可知,自由刑剥夺的是人身自由权,死刑剥夺的是生命权,两者都不必然剥夺服刑人员的生育权。加

---

① 阿丽塔·L.艾伦、理查德·C.托克音顿:《美国隐私法——学说、判例与立法》,冯建妹、石宏、郝倩译,中国民主法制出版社2004年版,第149页。

② "关民理论"是美国威廉M.伊文教授和K爱德华佛里曼教授提出的著名经济伦理原则。基因隐私权立法可以引入该理论的关民共享利益原则,即利用某些个体基因隐私创造出新的医疗科技成果并用于商业目的时,应考虑相关人员的免费共享权问题,以此来保证基因科学成果在商业运用中所应当具有的公平性。参见王利明、杨立新、姚辉:《人格权法》,法律出版社1998年版,第144—155页。

之，现代科学的发展已经排除了必须两性身体接触才能行使生育权的需要。因此，服刑人员于监禁期间内在理论上来讲也享有生育权，只是因其人身自由受到限制，很多卫生人身权利、甚至宪法权利都随之受到影响。于是，如何在制度设计上更加人性地保护服刑人员的生育权成了各国卫生人身权发展的一个趋势。

美国法院在著名的“戈博尔诉希克曼”案①中得出“生育权与监禁相矛盾”的结论，但为了方便对监狱秩序进行管理，也允许具有良好改造表现的服刑人员享有“配偶探视”的权利。有学者认为，尽管“配偶探视”制度的作用仅仅是作为一种特殊的奖励机制和改造手段，其制度初衷根本不是保障服刑人员的生育权，监狱及公共资源都没有为所有服刑人员都主张生育权而承担负担的义务，但其也“实际上为服刑人员行使生育权提供了一个有效途径”。② 英国没有像美国那样完全否认服刑人员享有生育权，它是以通过批准人工授精的方式来进行相关的制度设计的。然而，这一制度不能惠及所有服刑人员，申请主体是否符合人工授精的审查决定也不是由临床医生依据该国的《人类人工授精和胚胎法》做出，而是由狱政部门做出。“行政机关在此问题上拥有的裁量权的性质意味着将继续存在潜在的法律上的挑战，特别是围绕个人自治、隐私和个人自我决定权不断产生的学术讨论”。③ 因此，可以说英国法院对待该问题的基本态度与美国没有什么区别。此外，英美两国的制度实践似乎仅仅在一定程度上保障了男性服刑人员的生育权，还应当考虑如何平等地保护女性服刑人员也享有生育权的问题，以及子女出生以后将面临双亲抚育缺失的问题。因此，服刑人员的生育权保障可以说是任重道远。但有学者指出，我国在进行相关的制度移植时，将英国对服刑人员生育权的保护方式稍作优化会更可取。④

课后习题

1. 我国《民法通则》明确使用了哪些卫生人身权的概念？

2. 请详述我国《侵权责任法》对卫生人身权规定了哪些一般性和专项性的保护性规范？

3. 依据最高人民法院《精神损害赔偿解释》的相关规定，精神损害抚慰金包括哪几种方式？

---

① Gerber v. Hickman 273. F. 3d 843(9th Cir. 2001). 原告戈博尔被监禁 11 年，该夫妻决定以人工授精的方式生育子女，且所有费用由原告承担。审理该案的第九巡回法院认为，此案的核心争论是“监狱规则是否不合理地剥夺了作为原告宪法权利的生育权”。但审查的结论是，监狱规则具有合宪性。

② 李蕊佚：《服刑人员生育权研究》，《法学评论》2010 年第 4 期，第 36 页。

③ 李蕊佚：《服刑人员生育权研究》，《法学评论》2010 年第 4 期，第 37 页。

④ 李蕊佚：《服刑人员生育权研究》，《法学评论》2010 年第 4 期，第 37 页。

第三篇

卫生物权篇

第十章　卫生物权法律关系的概述

学习目标

本章主要阐述卫生物权法律关系的基本内容。通过本章的学习，了解卫生民事物权的概念、特征，掌握卫生物权的变动，并明确其在我国卫生民事法中的重要地位和意义。

案例分析

2012 年 6 月 3 日，某公司投资兴建一所医院，至 2014 年 8 月 6 日该医院建成。目前，该医院共建设了三幢大楼，其中一幢为门诊大楼，一幢为办公大楼，一幢为住院部大楼，均到房产部门进行了登记。并购买了三部车辆，但未进行登记。同时，还购买了若干医疗设施，供货商已经将这些设备安装完毕。

思考：本案是否存在物权的变动？为什么？

第一节　卫生物权的概述

一、卫生物权的概念和特征

(一)概念

1. 物权的概念。

权利人依法对特定的物享有直接支配和排他的权利，包括所有权、用益物权和担保物权。

2. 卫生物权的概念。

卫生物权是指卫生物权权利人对特定的物享有直接支配和排他的权利。卫生物权和一般的物权最大的区别在于主体的特定性。一般物权的权利人主体是民事主体，但卫生物权的权利人是指和卫生活动有关的卫生行政机关、卫生社会团体、卫生企事业单位、个体诊所等卫生机构。

在我国，卫生行政机关主要包括卫生计生委、食品药品监督管理局、安全监督管理局等和卫生活动有关的行政机关。卫生社会团体和卫生企事业单位包括从卫生行政部门取得《医疗机构执业许可证》,或从民政、工商行政、机构编制管理部门取得法人单位登记证书,为社会提供医疗保健、疾病控制、卫生监督等服务或从事医学科研、医学教育等工作的卫生单位和卫生社会团体。具体包括:

(1)各级各类医院,包括综合医院、中医医院(中医综合医院和中医专科医院,不包括中西医结合医院和民族医院)、中西结合医院、民族医院、各类专科医院①和护理院(不包括专科疾病防治院、妇幼保健院和疗养院)。医院按性质分可以分为公立医院(包括国有和集体所有的医院)、民营医院(包括联营、股份合作、私营、台港澳投资和外国投资等医院)。

(2)基层医疗机构,包括社区卫生服务中心(站)、乡镇卫生院、门诊部(诊所、医务室、村卫生室)。

(3)专业公共卫生机构,包括急救中心(站)、采供血机构、妇幼保健院(所、站)、专科疾病防治院(所、站)、疾病预防控制中心(防疫站)、卫生监督所、健康教育所(站)、卫生部门主管的计划生育技术服务机构。

(4)其他医疗卫生机构,包括疗养院、临床检验中心、医学科学研究机构、医学教育机构、医学考试中心、人才交流中心、统计信息中心等其他卫生机构和卫生社会团体等。

上述主体对特定的物享有的直接支配和排他的物权就是卫生物权。

(二)特征

1.卫生物权的主体特定。卫生物权的权利主体是特定的,不是一般的民事主体,而是与卫生活动有关的卫生行政机构、社会团体和企事业单位等卫生机构。

2.卫生物权是支配权。卫生物权是权利主体直接支配权利客体的权利。权利主体可以按照自己的意志直接支配权利所带来的利益,并不需要他人的协助或者请求他人为一定的行为。同时,卫生物权作为支配权还体现在卫生物权权利人行使自己的权利并不需要征得他人的同意,权利人可以直接行使自己的权利。

3.卫生物权是绝对权。绝对权是指物权的权利能够对除权利人之外的其他所有人产生效力。即卫生物权的权利主体是特定的,义务主体则是不特定的。除权利人之外的其他人员都负有不侵犯卫生物权权利人的权利的义务。

---

① 专科医院又包括口腔医院、眼科医院、耳鼻喉科医院、肿瘤医院、心血管医院、胸科医院、血液病医院、妇产(科)医院、儿童医院、精神病医院、传染病医院、皮肤病医院、结核病医院、麻风病医院、职业病医院、骨科医院、康复医院、整形外科医院、美容医院等其他专科医院,不包括中医专科医院、各类专科疾病防治院和妇幼保健院。

4.卫生物权具有排他性。卫生物权的排他性体现在同一个物上不能成立两个或两个以上内容和性质不相容的物权。如在同一个物上不能成立两个所有权，只能是两个或者两个以上的卫生机构对同一个物共同享有一个所有权。

二、卫生物权的类型

（一）卫生物权种类和内容法定

物权的种类和内容由法律规定，任何人不能随意创设物权种类和对物权内容进行变更。这里的法律是指全国人民代表大会及其常务委员会颁布的法律，只有全国人民代表大会及其常务委员会颁布的法律才能规定物权的种类和内容。国务院制定的行政法规、其他主体制定的行政规章和地方性法规均不能超出法律规定新的物权种类和内容的范围。我国不少法律都有关于物权种类和内容的规定。如：在《民法通则》《担保法》《农村土地承包法》《土地管理法》《海商法》等法律中都有关于物权的种类和内容的规定。但关于物权的种类和内容，规定得最为详细的则是《中华人民共和国物权法》。在实践中，如果当事人违反了法律的规定，私自创设物权的种类或者对法定物权的内容进行变更，这种行为将得不到法律的保护。如我国法律并没有规定典权、居住权，当事人如果实施了符合这两种行为特征的行为，其将不能被承认为物权。同样，卫生物权的种类和内容也是由法律明确规定的，卫生物权的权利主体享有哪些权利只能由法律进行规定。

（二）卫生物权的种类

《物权法》已经确认了所有权、土地承包经营权、建设用地使用权、宅基地使用权、地役权、海域使用权、探矿权、取水权、养殖权、捕捞权、抵押权、质权、留置权。[①] 这些物权中，与卫生活动有关的物权包括卫生所有权、卫生建设用地使用权、卫生地役权、卫生抵押权、卫生质押权、卫生留置权等。

（三）卫生物权的分类

1.卫生所有权和卫生限制物权。

以卫生物权的权利人对标的物支配的范围为标准可以将卫生物权分为卫生所有权和卫生限制物权。卫生所有权是指所有权人依法对自己享有的物可以进行占有、使用、收益和处分的权利。由此可见，卫生所有权是权利人可以对所有的物进行全面支配的权利，如民营医院对其所有的财产享有的所有权。与此相对应，如果权利不能对物进行全面的支配，而是只能对物的其中一个或几个权能进行行使时，这种权利就被称为限制物权。可见，限定物权不是成立在自己所有

① 崔建远：《物权法》（第三版），中国人民大学出版社 2014 年版，第 23 页。

的物之上，而是成立于他人所有的物之上，所以限定物权也被称为他物权。如卫生机构的建设用地使用权就是一种他物权。

2. 卫生主物权和卫生从物权。

以卫生物权是否能独立存在，可以将卫生物权分为卫生主物权和卫生从物权。如民营医院对其财产的所有权就是一种卫生主物权，这种主物权不必依赖于其他权利的存在而可以独立存在和行使。但与此相对应，卫生机构在依法可以抵押的财产上为担保债权的实现创设的抵押权就是一种卫生从物权，它不能独立地存在，其存在意义是实现担保债权，一旦债权无效或者依法被清偿，卫生抵押权则同时无效或失效。

3. 卫生用益物权和卫生担保物权。

根据物权权利内容的不同，可以将卫生物权分为卫生用益物权和卫生担保物权。卫生用益物权是指卫生用益物权权利主体对他人所有的动产或者不动产依法享有的占用、使用和收益的权利。用益物权是一种他物权和一种独立的物权。其目的在于对他人的物进行使用，实质上是体现物的使用价值。如卫生机构的建设用地使用权就是一种用益物权。卫生担保物权是指为了保证债权的实现，债务人以自己、第三人所有的财产设立的，当债务人不履行到期债务或者发生当事人约定的实现担保物权的情形的，依法享有的就担保财产优先受偿的权利。担保物权的目的不在于对物的直接使用，而是体现物的交换价值。如当卫生机构用法律、法规允许的财产进行抵押以担保自己的债务时，就是一种卫生担保物权。

4. 动产物权、不动产物权。

根据卫生物权权利人的权利客体的不同，可以将卫生物权分为动产物权和不动产物权。动产物权是指以动产为权利客体的卫生物权。如卫生机构对其所有的办公设备享有的权利就是一种动产物权。不动产物权是指存在于不动产之上的物权，如卫生机构对其所有的建筑物的所有权。

三、卫生物权的客体

（一）概念

卫生物权的客体是指卫生物权的权利义务所指向的对象。一般来说，主要是指卫生物权所支配或利用的客体：物。物包括动产和不动产、法律规定的权利。

（二）特征

1. 卫生物权的客体物须存在于人体之外。

人以及人的身体都不是物，但属于已经与人体相分离并且独立化的人体的一部分，例如，头发、捐献的血液、精子、卵子、拔除的牙齿或者其他人体器官——在其不是为了保护被取出人的身体的运行功能或者将来再植入其身体的时候可以作为物权的客体即物。[①] 在卫生活动中，特别是医疗活动中，对物的认定十分重要。因为医疗活动的实施对象就是人，人不能成为物权的客体，但与人的身体相分离的器官可能成为物，但此时，这种“物”的所有权人只能是器官或身体组织被取出者本人，而不是卫生医疗机构。如果卫生医疗机构擅自处理这些取出的“物”，将承担侵权损害责任。

2. 卫生物权的客体物必须能为人力所控制。

物权是权利人对物的支配。这种支配体现了一种控制。因此，物作为权利的客体必须能为人力所控制，如果不能为人力所控制，就不能称其为民法上的物。这同样意味着作为客体的物其种类和内容不是一成不变的。有的“物”以前不能为人所控制，不能被称为“物”；随着科技的发展能为人力所控制并具有经济价值的，就可能成为物权的权利客体。

3. 卫生物权的客体物与伦理道德规范联系紧密。

卫生物权法律关系，特别是医疗法律关系中所指向的许多物不仅受法律规范的调整，还受伦理道德规范的规置。如与人体相分离的器官、人死亡后的尸体、与母体分离死亡的胎儿等等目前都被界定为物，但这种物具有特殊性，对其的规置离不开伦理道德的规范。而且有的“物”在法律上能否被界定为物，尚存在有争议的地方，如“胚胎”是否是物，不同的学者就有不同的看法。

4. 卫生物权中部分卫生所有权的权能限制性。

所有权的权能包括占有、使用、收益、处分四项权能，但在部分卫生所有权中，这四项权能是有所限制的。如与人体相分离的器官，其所有人只能行使占有、合法使用和依法处分的权能，不能用于收益。

（三）分类

1. 动产和不动产。

以“物”能否被移动以及移动后是否会导致价值的贬损，可以将物分为动产和不动产。不动产是不能被移动或者移动可能导致价值贬损的物，主要包括土地、海域以及房屋、林木等定着物。除不动产之外的其他物就是动产。如医院所有之房屋为不动产，房屋内放置的医疗器械为动产。

2. 主物和从物。

以物之间的关系为标准，可以将物分为主物和从物。与主物组合在一起才能发挥更大效用的物是从物，而不需从物的存在也能发挥效用的物是主物。

---

① [德]鲍尔、施蒂尔纳：《德国物权法》，张双根译，法律出版社 2004 年版，第 22 页。

3.原物和孳息。

以物之间的产生关系为标准,可以将物分为原物和孳息。原物是指可以产生孳息的物。孳息是由原物所产生的新物。原物和孳息的关系一般是先有原物,后有孳息,没有原物,一定没有孳息。原物和孳息没有分离之前,原物和孳息是一个物。原物和孳息分离以后,孳息才成为单独的物。孳息又可以分为自然的孳息和法定的孳息。自然的孳息是按物的自然性质产出的孳息。如人体之变异物就是一种自然孳息。法定孳息是按法律的规定产生的孳息。如房屋的租金。天然孳息,由所有权人取得;既有所有权人又有用益物权人的,由用益物权人取得。当事人另有约定的,按照约定。法定孳息,当事人有约定的,按照约定取得;没有约定或者约定不明确的,按照交易习惯取得。

四、卫生物权的效力

(一)概念

卫生物权的效力是指为了实现卫生物权的内容,法律所赋予物权人的权能和效果。关于物权的效力问题,理论上有不同的观点,如四效力说、三效力说和二效力说,主要在于物权是否有物上追及的效力。

(二)卫生物权的效力

1.物权的排他效力。

物权是一种排他性的权利。所谓排他性,并不是指主体人数上的排他,而是权利内容的排他。在同一个物上不能成立两个内容互相排斥的物权。如同一个物上不能同时成立两个质押权。卫生物权的排他效力体现在:

(1)在同一个物上只能成立一个所有权,但可以数个所有权人共同享有一个所有权;

(2)对于同一个物,如果他人基于善意取得取得物的所有权的,原所有权消灭;

(3)在同一个物上可以成立两个在内容和性质上相容的物权,如同一个物上既可以成立一个抵押权,又可以成立一个质押权。卫生物权的排他效力除了上述物权排他效力的共性之外,尚有其特殊性,有些卫生物权的所有权只能属于特定的当事人所有,其他人不能成为所有人甚至共有人。或者虽然可以共有,但只能是特定范围内的人所共有。如人体的器官只能是器官的所有人所有,其他人不能成为共有人;又如胎儿、尸体等只能是与其相关的近亲属所有,其他人不能成为所有权人。所以,卫生物权的排他效力较其他物权体现得更为显著。

2.卫生物权的优先效力。

卫生物权的优先效力不仅包括物权优先于债权的效力,也包括同一物上存在多项物权时其相互之间的优先效力。①

（1）物权优先于债权。某一物上先成立了一个债权，其上同时或其后又成立了一个物权，物权的效力仍优先于债权。但物权优先于债权有例外的情形，如《企业破产法》规定：本法施行后，破产人在本法公布之日前所欠职工的工资和医疗、伤残补助、抚助费用，所欠的应当划入职工个人账户的基本养老保险、基本医疗保险费用，以及法律、行政法规规定应当支付给职工的补偿金，依照本法第一百一十三条的规定清偿后不足以清偿的部分，以本法第一百零九条规定的特定财产优先于对该特定财产享有担保的权利人受偿。可见，涉及医疗费用等与人身密切相关的费用的，物权不一定优先于债权。

（2）物权与物权之间的优先性。同一个物上并存着两个或两个以上的内容不相冲突的物权时，设立在先的物权优先于设立在后的物权。同一个财产向两个以上债权人抵押的，拍卖、变卖抵押财产所得的价款：如果抵押权已登记的，按照登记的先后顺序清偿；顺序相同的，按照债权比例清偿；同一动产上已设立抵押权或者质权，该动产又被留置的，留置权人优先受偿。如某卫生机构在自有的仪器设备上设立了一个抵押权用于担保债权的实现，但此后该仪器在使用过程中损坏，送至维修部门进行修理，在卫生机构没有支付维修费用之前维修部门有权留置该仪器。如果该卫生机构一直不支付维修费用，维修部门有权先于抵押权人行使留置权。

五、卫生物权的变动

（一）概念

卫生物权的变动，是指卫生物权的产生、变更和消灭。从卫生物权的权利人的角度而言，卫生物权的变动，是指卫生物权权利的取得、变更和消灭。

（二）卫生物权变动的原因

卫生物权的变动要基于一定的原因，能够引起卫生物权变动的原因基于一定的法律事实。引起卫生物权变动的行为包括法律行为和非法律行为。法律行为主要是基于合同行为引起的变动，非法律行为是基于先占等事实行为引起的变动。

（三）卫生物权变动的模式

卫生物权的变动模式，根据物权种类的不同，主要包括以下几种情形：

1. 不动产物权的设立、变更、转让和消灭，经依法登记，发生效力；未经登记，不发生效力，但法律另有规定的除外。如果发生变动的是不动产物权，只有经依

① 姚瑞光：《民法物权论》，台北作者印行1999年版，第5页；转引自王利明、杨立新、王轶、程啸：《民法学》（第三版），法律出版社2011年版，第237—238页。

法登记才发生物权变动的效力，如果没有登记，不发生物权变动的效力。如卫生机构取得建设用地使用权的前提一定是其依法经过登记，如果未经登记，不发生取得建设用地使用权的效力。

2. 动产物权的设立和转让，自交付时发生效力，但法律另有规定的除外；卫生动产物权变动的生效要件是交付，如果未经交付，不发生卫生动产物权变动的效力。如卫生机构向某医疗器械销售公司购买一批医疗器械，在销售公司未将该批医疗器械交付于卫生机构之前，该批医疗器械的所有权属于医疗器械销售公司，一旦销售公司将医疗器械交付该卫生机构，即使卫生机构此时尚没有付款，如果双方当事人没有特别约定的，该批医疗器械的所有权人已经由销售公司转移为该卫生机构。

3. 船舶、航空器和机动车等物权的设立、变更、转让和消灭，未经登记，不得对抗善意第三人。船舶、航空器和机动车等物品理论上属于动产，但对于这些动产的变动，法律规定了采用登记对抗主义的方式。即理论上，船舶、航空器和机动车的变动仍是从交付时发生变动的效力，但如果没有登记，则这种变动不能对抗善意第三人，登记并不是物权变动的生效要件。

（四）卫生物权变动的生效要件

1. 卫生不动产物权的登记。

(1)概念。

卫生不动产物权登记，是指不动产登记机构依法将不动产权归属和其他法定事项记载于不动产登记簿的行为。国家实行统一的不动产登记制度。国土资源主管部门负责指导、监督全国的不动产登记工作。县级以上地方人民政府应当确定一个部门为本行政区域内的不动产登记机构，负责不动产登记工作，并接受上级人民政府不动产登记主管部门的指导、监督。国务院国土资源部门应当会同有关部门建立统一的不动产登记信息管理基础平台；各级不动产登记机构登记的信息应当纳入统一的不动产登记信息管理基础平台，确保国家、省、市、县四级登记信息的实时共享。不动产登记机构能够通过实时共享取得信息，不得要求不动产登记申请人重复提交。

(2)分类。

卫生不动产物权登记包括不动产首次登记、变更登记、转移登记、注销登记、更正登记、异议登记、预告登记、查封登记等。

①首次登记。不动产物权的首次登记指不动产所有权的第一次登记和当事人以法律行为第一次设定不动产他物权时进行的登记，包括土地所有权、房屋所有权、不动产抵押权、建设用地使用权的第一次登记。由于地役权的设立采用的是登记对抗主义，所以如果当事人将第一次设定的地役权进行登记，首次登记还

包括地役权的登记。

②变更登记。根据相关的立法,我们认为这里的变更登记指不动产物权主体不变,而只是物权的内容、客体发生变化时所为的登记。

③转移登记,是指不动产物权因法律行为发生移转时所进行的登记,特别是不动产物权的权利人主体发生变更时进行的登记。

④注销登记,是指不动产物权因法定或自然原因消灭时,以证明原权利人的物权消灭而进行的一种登记。

⑤更正登记。权利人、利害关系人认为不动产登记簿记载的事项错误的,可以申请更正登记。不动产登记簿记载的权利人书面同意更正或者有证据证明登记簿有错误的,登记机构应当予以更正。

⑥异议登记。权利人和利害关系人申请更正登记的,不动产登记簿记载的权利人不同意更正的,利害关系人可以申请异议登记,但如果申请人在异议登记之日起十五日内不起诉,异议登记无效。

⑦预告登记。当事人签订买卖房屋或者其他不动产物权的协议,为保障将来实现物权,按照约定可以向登记机构申请预告登记。预告登记为债权向物权的转化提供了顺畅的通道,也为强化某些效力不够强大的物权的效力提供了一种途径。[①] 预告登记是对物权处分权的一种限制,所以,预告登记后,债权消灭或者自能够进行不动产登记之日起三个月内未申请登记的,预告登记失效。

⑧查封登记。查封是法院采取的一种财产保全措施和一种强制措施。查封是为了限制权利人对被查封的不动产的处分。根据相关法律、法规的规定,法院对被执行人的不动产采用的查封方式主要包括:向有关管理机关发出协助执行通知书、求其不得办理查封财产的转移过户手续、对被执行的财产加贴封条和张贴公告等方式。然而实践中并没有真正建立起查封登记的制度,《物权法》中也没有对查封登记进行规定,以至于出现被查封的财产还可以进行权利变动的情况,这不仅损害了司法机关的权威还损害了善意第三人的利益。《不动产登记暂行条例》对查封登记进行了规定,这样对被查封的财产通过查封登记就可以向社会进行公示,从而限制被查封人的处分权,保障交易的安全。

(3)登记的权利种类。

①集体土地所有权;②房屋等建筑物、构筑物所有权;③林木所有权;④建设用地使用权;⑤地役权;⑥抵押权;⑦法律规定需要登记的其他不动产权利。

(4)权利登记簿。

---

① 崔建远:《物权法》(第三版),中国人民大学出版社 2014 年版,第 61 页。

不动产登记簿是物权归属和内容的根据，不动产登记机构应当按照国务院国土资源主管部门的规定设立统一的不动产登记簿。不动产以不动产单元为基本单位进行登记，不动产单元具有唯一编码。不动产登记簿应当采用电子介质，暂不具备条件的，可以采用纸质介质。

不动产登记簿应当记载以下事项：①不动产的坐落、界址、空间界限、面积、用途等自然状况；②不动产权利的主体、类型、内容、来源、期限、权利变化等权属状况；③涉及不动产权利限制、提示的事项；④其他相关事项。

(5)不予登记的事项。

①违反法律、行政法规规定的；②存在尚未解决的权属争议的；③申请登记的不动产权利超过规定期限的；④法律、法规规定不予登记的其他情形。

2.不需登记就发生物权变动的卫生物权。

登记是发生不动产卫生物权变动的要件，但在有的特殊情形下，不需登记也可以发生卫生物权变动的效力。如因人民法院、仲裁委员会的法律文书或者人民政府的征收决定等，导致物权设立、变更、转让或者消灭的，自法律文书或者人民政府的征收决定等生效时发生效力；因合法建造、拆除房屋等事实行为设立或者消灭物权的，自事实行为成就时发生效力。

3.卫生动产的交付。

(1)概念。

卫生动产物权的设立和转让，自交付时发生效力，交付是卫生动产物权变更的生效要件。所谓交付，就是指移转物的占有。

(2)形态。

①现实交付。它是指动产的事实管领力的移转，使受让人取得直接占有。取得直接占有，必须基于出卖人的意思，买受人自行占有不构成交付。[①] 在卫生动产物权的变动中，现实交付是一种非常重要的形态。卫生物权的权利主体一般来说是机构，所以现实交付大多数时候都是向卫生机构中从事相应事务的人员进行交付。如某医疗机构向某公司购买一批医疗器械，某公司的销售人员向该医疗机构的采购人员交付了这批医疗器械就视为向卫生机构交付了医疗器械。现实交付又分为四种情况：1)直接的交付，即动产的交付不需要借助第三人，而是交付双方当事人直接进行移转物的占有。如一手交钱一手交货的通常交付方式。2)有中间辅助人的交付，如上述交付给采购人员的方式。3)交付时存在媒介的情形，如某医疗机构和某销售公司签订一个购买医疗器械的合同，约定某医疗器械销售公司向该医疗机构交付一批医疗机械，但

---

① 崔建远：《物权法》(第三版)，中国人民大学出版社 2014 年版，第 88 页。

此时，该医疗器械销售公司将该批医疗器械存放于第三方的仓库中，于是该医疗器械销售公司约定由第三方直接将该批医疗器械交付给该医疗机构。4)通过被指令人进行的交付。如甲出售某物给乙，乙转售给丙，乙直接请甲将该某物交付于丙，甲同意并进行了交付。这也是一种指示交付，因为在此种情况下，关于甲与乙之间的让与所有权，指令丙为交付受领人；关于乙与丙之间的让与，也指令丙为交付受领人。因而，在甲将某物交付给丙时，在一个“法律的瞬间时点”由乙取得所有权，再移转于丙。换言之，丙取得某物的所有权，并非直接来自甲，而是经由乙。①

②简易交付。简易交付是指动产物权的受让人已经占有了动产，在转让人与受让人达成合意时或者合同生效时就视为交付。如甲医疗机构向乙医疗机构租赁一套医疗设备，在租赁期间，甲医疗机构和乙医疗机构签订了买卖该套设备的合同，则该套设备的所有权自合同生效时就发生移转。

③占有改定。占有改定是指动产物权转让时，双方又约定由出让人继续占有该动产的，交付自双方约定生效时完成。如甲卫生机构将一套设备出卖给乙，但由于甲自己购买的新设备尚需要一段时间才能正常使用，甲在此段时间内还不得不使用原有设备，于是甲和乙约定，在此期间由乙将原设备租赁给甲，甲在此期间继续占有该套设备。此种情形，该套设备的所有权自甲、乙签订的合同生效时就发生了移转，乙作为所有人对该套设备实现了一种间接的占有。

④指示交付。指示交付是指动产物权设立和转让前，第三人依法占有该动产的，负有交付义务的人可以通过转让请求第三人返还原物的权利代替交付。如甲将一套设备租赁给乙，后甲将该设备出卖于丙，甲将对乙的返还原物请求权转让于丙时就完成了交付，丙即取得了该设备的所有权。

（五）卫生物权的取得

1. 概念。

卫生物权的取得包括了原始取得和继受取得两种情形。卫生物权的原始取得是指卫生物权的权利人取得物权不基于其他人的意志。如卫生机构兴建一幢建筑物，建成以后取得该建筑物的所有权。继受取得是指基于他人对物权的让与而取得该项物权。② 如基于买卖的行为取得物权的所有权就是一种继受取得。如卫生机构购买办公用品的行为，即基于买卖而取得了所购买办公用品的所有权。

---

① 王泽鉴：《民法物权·通则·所有权》(总第 1 册)，增补版，134—136 页。转引自崔建远：《物权法》(第三版)，中国人民大学出版社 2014 年版，第 89 页。

② 王利明、杨立新、王轶、程啸：《民法学》(第三版)，法律出版社 2011 年版，第 255 页。

2. 取得方式。

(1)基于法律行为取得卫生不动产的物权。如因买卖、互易、赠予等原因取得卫生不动产的所有权，这些取得方式往往以登记为要件。

(2)基于非法律原因而取得卫生不动产的物权。如因人民法院、仲裁委员会的法律文书或者人民政府的征收决定可以取得不动产的所有权，并且这种取得不以登记为生效的要件，相关的文书和决定发生效力时，就产生了取得卫生不动产物权的效力。

(3)基于附合取得卫生不动产的物权。附合是添附的一种，是指不同权利主体的物结合在一起，无法分离或者分离将会导致价值贬损的情形。附合包括动产和不动产的附合、动产和动产的附合、不动产和不动产的附合。现实生活中主要是动产和动产的附合，不动产和动产的附合。其中，不动产和动产的附合的法律效力体现在："动产因附合而丧失了经济上的独立性，从而在社会经济上不再被视为独立的物而被视为不动产的组成部分，因此法律上不能再保持该物上单独存在一项所有权。"①动产与不动产附合的法律效力体现在：如果当事人有约定的，依其约定；没有约定又协商不成，能够拆除的，可以责令拆除；不能拆除的，不动产所有权人取得动产的所有权，且为原始取得。附合行为人纵然是无权处分，被附合物的所有权人即使为恶意，也不改变所有权变动的这项规则，只是发生侵权责任或不当得利返还义务。动产所有权因之消灭，该动产上的其他权利亦然。不动产经此附合的，物权遂发生确定的终局的效力，即使日后该物再被分为两个物，也不发生权利恢复的问题。动产权利受到损害的主体，可以根据实际情况而依侵权损害赔偿或不当得利返还的规定，请求救济。②

3. 卫生动产的取得方式。

(1)基于法律行为而取得动产的所有权。

如因买卖、互易、赠予等原因取得卫生动产的所有权，这些取得方式往往以交付为要件。

(2)基于非法律原因取得卫生动产的物权。

如因人民法院、仲裁委员会的法律文书或者人民政府的征收决定而取得动产的所有权，这种取得不以交付为生效的要件，相关的文书和决定发生效力时，就产生了取得卫生动产物权的效力。

(3)基于先占取得卫生动产的所有权。

先占是以所有的意思占有一定的动产，并且基于先占的事实而取得该动产的所有权。先占所"占"之物，一定是无主物且是动产。基于先占而取得某动产

---

① [德]曼弗雷德·沃尔夫：《物权法》，吴越、李大雪译，法律出版社2002年版，第17页。

② 崔建远：《物权法》(第三版)，中国人民大学出版社2014年版，第105页。

的所有权是一种原始取得。如被抛弃的动产，他人可以基于先占而取得该物的所有权。但在卫生领域却存在着特殊性，如医疗卫生机构在医疗、预防、保健以及其他相关活动中产生的具有直接或者间接感染性、毒性以及其他危害性的废物必须由医疗废物集中处置单位进行集中处置。医疗废物收集、运送、贮存、处置等人员必须符合相关法律的规定。换言之，医疗废物虽然性质上已经属于抛弃物，但除了医疗废物集中处置单位之外的其他人都不能收集、运送、贮存、处置。如果不具备相应资质的单位和人员存在这些行为，就是一种违法行为，情节严重的可以追究刑事责任。所以，医疗废物不适用先占取得的情形。

(4)基于拾得遗失物取得卫生动产的所有权。

遗失物是指他人不慎遗失的物，遗失物为有主物而非无主物，但这种物处于无人占有的状态。拾得遗失物是指所有人之外的其他人基于拾得这种事实行为而暂时占有遗失物。所有权人或者其他权利人有权追回遗失物。该遗失物通过转让被他人占有的，权利人有权向无处分权人请求损害赔偿。自知道或者应当知道受让人之日起两年内向受让人请求返还原物，但受让人通过拍卖或者向具有经营资格的经营者购得该遗失物的，权利人请求返还原物时应当支付受让人所支付的费用。权利人向受让人支付所付费用后，有权向无处分权人追偿。因此，如果拾得人对拾得遗失物以所有的意思占有或者据为己有，则实际上构成一种侵权行为；如果将拾得的遗失物向遗失人返还的，则构成无因管理；如果无法明确遗失人的，应当将遗失物送交公安等有关部门，有关部门收到遗失物，知道权利人的，应当及时通知其领取；不知道的，应当及时发布招领公告。遗失物自发布招领公告之日起六个月内无人认领的，归国家所有。此时，国家取得遗失物所有权的方式是一种原始取得的方式。拾得遗失物是否可以成为动产所有权取得的法律事实，历来有两种观点和两种立法例：一种观点认为，拾得遗失物者，于履行相应的告知义务后，即可取得遗失物之所有权和享有该物之其他权利。此为遗失物之取得所有权主义。相应的立法有德国民法、法国民法、日本民法等规定。另一种观点认为，拾得遗失物者，无论经过多长时间，均不能取得遗失物之所有权。此为遗失物之不能取得所有权主义。我国的规定遵循的就是遗失物之不能取得所有权主义的立法例。[①]

(5)发现埋藏物或者隐藏物。

拾得漂流物、发现埋藏物或者隐藏物的，参照拾得遗失物的有关规定。即如果无法明确所有人的，应当将漂流物、埋藏物和隐藏物送交公安等有关部门，有关部门收到漂流物、埋藏物和隐藏物的，知道权利人的，应当及时通知其领取；不

① 黄松有：《〈中华人民共和国物权法〉条文理解与适用》，人民法院出版社2007年版，第334页。

知道的，应当及时发布招领公告。遗失物漂流物、埋藏物和隐藏物自发布招领公告之日起六个月内无人认领的，归国家所有。

(6)添附。

添附包括三种情形：附合、加工和混合。附合是动产和不动产所有权取得的方式，但加工和混合则是动产所有权的取得方式。

加工是对他人的动产进行加工改造使其成为一个新物的事实。“在我国，依据《民法通则意见》第八十六条的精神，当事人就加工物的所有权归属有约定的，从约定；没有约定的，如果加工所付出的劳动的价值小于原材料的价值，则加工物归原材料所有人所有；如果加工所付出的劳动价值高于原材料的，则加工物归加工人所有，但加工人应对原材料的所有人给予相应的补偿金。”①

混合是指不同所有人的动产互相混合在一起无法分离或者分离将付出过高成本，从而产生动产的所有权取得的法律事实。如果混合在一起的动产价值大小有所不同，混合所得新物的所有权归价值大的一方所有，原财产价值小的一方可以取得相应的补偿金。可以区分主、从物的，一般来说，原主物的所有人取得新物的所有权，原从物的所有人取得相应的补偿金。如果双方价值差不多，则由双方对新物按份共有。

4. 善意取得。

善意取得是指无处分权人将不动产或者动产转让给受让人的，如果受让人受让不动产或者动产时是主观善意的，则受让人取得不动产或者动产的所有权。善意取得的财产在传统的民法理论中仅限于动产，但在我国物权法上，将善意取得的对象扩展到不动产。善意取得制度的目的在于保护善意的第三人，保护交易的安全。善意取得使善意第三人取得物的所有权，同时，原所有权人可能丧失物的所有权，所以，善意取得也是一种物的所有权取得的方式，由于其本质上是一种无权处分，为了保护原所有权人的利益和善意第三人的利益，善意取得必须具备一定的要件才能构成：

(1)受让人受让该动产或者不动产时是善意的。受让人善意指的是一种主观的心理状态，但可以从外部的行为推知。如行为人是在公开的市场上以市场的价格购买的某物，该物的处分人是否是无权处分人，受让人无从知晓。只要受让人善意的时间是受让人在接受动产的交付之前，无论在动产交付以后受让人在主观上是否善意不影响善意取得的效力。如受让人在动产交付以后知道处分人是无权处分人也不影响善意取得的效力。

(2)以合理的价格转让。无偿取得财产时，不适用善意取得。以合理的价格

① 王利明、杨立新、王轶、程啸：《民法学》(第三版)，法律出版社 2011 年版，第 339 页。

受让，实际上也是衡量是否是善意的一个辅助条件。

(3)转让的不动产或者动产依照法律规定应当登记的已经登记，不需要登记的已经交付给受让人。不动产的转让是以登记作为物权变动的生效要件的，如果没有进行登记，实际上对不动产来说还没有完成物权的变动，受让人没有取得不动产的所有权，所以善意取得没有适用的必要。同时，对于动产而言，其是以交付作为动产变动的生效要件，如果当事人双方仅仅是达成合意，并没有发生动产的所有权的转移，也不发生动产善意取得的效果。

(六)卫生物权的变更

卫生物权的变更是指卫生物权的权利主体、客体和内容发生变更。如医疗机构采用某种医疗器械对患者进行诊疗，这种医疗器械是植入患者体内的，此时，这种医疗器械的所有权主体就由医疗机构转移为接受诊疗的患者。卫生物权的变更是基于法律行为和非法律行为。

(七)卫生物权的消灭

卫生物权的消灭包括两种情形，一种情形是指作为物权权利客体的物从形态上完全灭失，导致物权的绝对消灭。另外一种是物权的主体消灭，但物仍以某种形态存在，是一种相对的消灭。如一次性医疗用品的使用，可能导致物权的绝对消灭，但同时可回收医疗用品的使用可能导致物权的相对消灭。卫生物权可能因为法律行为和其他法律事实而消灭，具体的情形包括：

1.抛弃。

抛弃是以消灭物权为目的的单方法律行为，即原物权权利人放弃自己物权的行为。基于抛弃而使原权利人丧失物权的行为，常见的有日常生活中抛弃旧物的行为，但如前所述医疗废物不能抛弃，抛弃构成违法的行为。同时，对于不同的物，抛弃行为要求的要件不同，对动产而言，表示出抛弃意思的同时放弃占有即是抛弃，但对于不动产而言，抛弃行为的完成要求注销登记的完成。

2.混同。

混同是指两个无并存必要的法律上地位同归于一个的法律事实。① 当两个物的权利归于一个人时，其中一个物权的原权利人丧失对物的权利。因为同一个物不可能既属于甲又属于乙，除非甲、乙是该物的共有权利人。但于混同的情形下，甲、乙很显然不属于共有的情形，而只能是非此即彼，要么属于甲，要么属于乙。当新物属于甲时，乙的物权消灭；当新物属于乙时，甲的物权消灭。

3.标的物灭失、被征收、没收。

标的物灭失、被征收和没收的，原权利人的物权消灭。

---

① 郑玉波：《民法物权》，台北三民书局1999年版，第43页。转引自利明、杨立新、王轶、程啸：《民法学》(第三版)，法律出版社2011年版，第280页。

4. 限制物权的约定存续期间届满。

限制物权的约定存续期间届满，限制物权人的权利消灭。如地役权的存续期间届满，地役权消灭。

5. 担保物权担保的债权实现。

担保物权作为一种从权利，其成立的目的是实现担保主债权，当债权已经实现，担保物权即无存在的必要，所以也随之消灭。

6. 法定期间的经过。

7. 他人因时效、添附等原因取得物权的，原物权消灭

8. 因法定原因而被撤销。

（八）卫生物权取得、变更、消灭的特殊情形

实际上，卫生物权的取得、变更和消灭有的时候体现出较为特殊的情形，如健康的自然人对自己的血液享有占用、使用、有限制地收益和处分的权利。因此，健康的自然人向采供血机构自愿捐献血液是一种处分行为。基于这种处分，血液和该自然人的身体相分离，是否就意味着该自然人丧失对这部分血液的所有权呢？应分两种情况来判断：

一种情况是该自然人没有明确的使用该部分血液的特定对象时，该自然人的无偿献血行为可以视为放弃该部分血液的所有权。采、供血机构取得这部分血液的所有权。但这种所有权是一种有限制的所有权，它的权能就没有自然人对这部分血液的所有权的权能范围广。因为，根据我国相关的法律、法规，无偿献血的血液必须用于临床而不得买卖。在血液的使用费用方面，血站必须严格执行国家有关临床用血收费的规定，只能收取材料费、检测费等相关费用。对于血站剩余成分血浆的处理，既不能浪费，也不能通过市场途径解决，即血站、医疗机构不得将无偿献血的血液出售给单采血浆站或者血液制品生产单位，而应通过行政途径解决。本省有血液制品生产单位的，由省卫生行政部门协调解决；省内没有血液制品生产单位的，由国务院卫生行政部门协调解决。可见，从自然人处取得该血液所有权的血站只能对这部分血液行使占有和有限制的处分权（只能用于输血或者通过行政途径处理）。同时，采、供血机构对这部分血液的所有权是一种有期限、有限制的所有权，其期限就是血液的保质期限，如果在保质期内没有使用的，在超过保质期后采、供血机构一定要通过其他途径对其进行处分。然而，当血液经过临床使用输入某一患者体内时，患者基于占有取得输入其体内的血液的所有权，此时，该患者对这部分血液（基于其作为身体的组成部分）的所有权的权能又恢复到占有、使用、有限制地收益和处分。这一过程就体现为捐献人放弃所有权，采、供血机构取得有期限的所有权，其他人（患者或者其他主体）在期限经过后取得该部分血液的所有权。

另一种情况，自然人献血时明确其血液将捐献给某一个或几个具体的人。此时，采、供血机构不能取得该部分血液的所有权。采、供血机构在血液未被输入被捐献者体内时只是一种合法的占有关系。一旦这部分血液被输入患者体内，血液的所有权即为受捐献者拥有，血液的所有权主体就发生了变更。

同时，如果该自然人捐献的血液被检测出感染了某种病毒已经不能使用，此时，作为采、供血机构可以行使的是所有权中的两项权能，即占有和处分。处分权的行使方式只能是销毁这部分血液。

此外，还有一些卫生物权的变更也较为特殊，如与人体相分离的器官。其物权变动的方式，特别是所有权人变动只能基于捐献这种唯一的方式实现。而只要涉及与人体相分离的器官、血液、组织等物，在其上只存在所有权，不能创设担保物权和用益物权等他物权。

综上所述，在卫生物权的变动中，可能存在比较特殊的情形。这是由卫生物权指向的某些客体——物的特殊性所决定的。

六、卫生物权的保护

卫生物权的保护同物权的保护一致，是指依据法律规定对物权予以保护的各种机制的总和。[①] 私法对物权的保护，可分为物权法上的救济和债法上的救济。前者指物权确认请求权和物上请求权，物上请求权又包括物权的请求权和占有人的物上请求权。后者包括侵权行为法上的损害赔偿请求权和不当得利返还请求权。[②] 卫生物权的保护可以分为：

（一）确认物权的请求权

因物权的归属、内容发生争议的，利害关系人可以请求确认权利。

（二）返还原物请求权

无权占有不动产或者动产的，权利人可以请求返还原物。

（三）排除妨害请求权

妨害物权或者可能妨害物权的，权利人可以请求排除妨害。

（四）消除危险请求权

妨害物权或者可能妨害物权的，权利人可以请求消除危险。

（五）恢复原状请求权

造成不动产或者动产毁损的，权利人可以请求修理、重作、更换或者恢复原状。

---

① 王利明：《物权法研究》，中国人民大学出版社 2002 年版，第 102 页。

② 王泽鉴：《民法物权·通则·所有权》（总第 1 册），增补版，第 67 页。转引自崔建远著：《物权法》（第三版），中国人民大学出版社 2014 年版，第 111 页。

(六)债法上的救济

侵害物权,造成权利人损害的,权利人可以请求损害赔偿,也可以请求承担其他民事责任。

第二节　卫生物权法的概述

一、卫生物权法的概念

卫生物权法是指调整卫生物权法律关系的法律规范的总和,即调整与卫生有关的物归属和利用而产生的民事法律关系的法律规范的总和。在我国,与卫生物权有关的法律、法规包括《物权法》《民法通则》《担保法》《土地管理法》《城市房地产管理法》《城镇国有土地使用权出让和转让暂行条例》等相关法律法规和司法解释中有关卫生物权的规定。卫生物权法的立法宗旨在于:维护国家的基本经济制度,维护社会主义市场经济秩序,明确物的归属,发挥物的效用,保护权利人的物权。

二、卫生物权法的基本原则

(一)物权法定原则

物权法定是物权法的一项基本原则,也是物权法区别于合同法的重要标志。它又称为物权法定主义,是指物权只能依据法律设定,禁止当事人自由创设物权,也不得变更物权的种类、内容、效力和公示方法。[①] 物权法也规定物权的种类和内容由法律规定。卫生物权法作为物权法的组成部分,也遵循物权法定的原则。物权法定的原则体现在:

1.物权的种类由法律规定。

物权的种类如果没有经过法律的规定,任何当事人不得创设。实际上,物权的种类是有限的,必须经过法律的规定。涉及卫生物权的种类就更加有限,并不是所有法律规定的物权种类都适用于卫生物权,只有其中的若干种类包含了卫生物权。如宅基地使用权就不属于卫生物权的种类。

2.物权的内容由法律规定。

物权的内容也必须由法律进行规定。法律对每个种类的物权内容都进行了规定,法律做出什么样的规定,在法律实践中,当事人就只能按照法律的规定从事相应的法律活动,不能超出法律规定的内容自由设定物权的内容。如法律规

---

① 王利明:《物权法论》,中国政法大学出版社 1999 年版,第 88 页。

定动产质押权的成立要件是移转物的占有，当事人就不能约定登记作为动产质押权的成立要件。涉及卫生物权，也只能在法律规定的范围内约定物权的内容，超过法律规定的内容设定的卫生物权是无效的。

（二）一物一权原则

一物一权原则，也称为物权客体特定主义，是物权法的基本原则，它是指在一个物上仅能成立一个所有权，一个所有权的客体仅为一个物。① 但实际上，我们认为一个物上不仅只能成立一个所有权，有些内容和性质不相容的他物权也不能同时设定。因此，卫生物权必须遵循一物一权的原则。

1.一物一权的原则。

（1）同一个物上不能成立两个所有权。一个物上只能设立一个所有权，不能设立两个或两个以上的所有权。在由数个物构成的一个集合物上，原则上不能成立一个所有权，但是在特别的情况下，按照交易习惯认为集合物是一个独立物的时候，可以设定一个所有权。②

（2）同一个物上不能成立两个质押权。质押权属于他物权的范畴，质押权的设定以移转质物的占有为要件。因此，一个物在时空中不能同时为两个或两个以上的主体分别占有。所以，一个物上不能同时成立两个质押权。

（3）同一个物上不能成立以占有为内容的两个用益物权。用益物权是基于对物的使用而成立的物权，对物的使用的前提条件往往是对物的占有，包括直接占有和间接占有。当两个用益物权都要以占有为内容时，同一个物显然不能同时为两个人分别占有，所以同一个物上不能成立以占有为内容的两个用益物权。

（4）一个物的部分不能成立独立的所有权，也即一个物只能在整体上成立一个所有权，而一物的某一部分如尚未与该物完全分离，就不能成为单独所有权的客体。③

2.不属于违反一物一权原则的情形。

（1）所有权和他物权可以并存。所有权有四项权能，这四项权能除了处分权之外一般都可以和所有权人分离。他物权体现了对物的利用。为了达到物尽其用的目的，实际上，现实生活中所有人的物上往往都创设了他物权。因此，在同一个物上一个所有权和一个他物权甚至数个他物权也是可以并存的。

（2）担保物权和用益物权可以并存。担保物权是针对他人对物的交换价值的使用所做的一种限制，体现的是物的交换价值。但用益物权则是对物的使用价值的利用。所以两者的内容和性质并不发生冲突。

---

① 陈华彬：《物权法原理》，国家行政学院出版社 1998 年版，第 54 页。

② 杨立新：《物权法》，高等教育出版社 2007 年版，第 17 页。

③ 王利明：《物权法论》，中国政法大学出版社 1999 年版，第 113 页。

(3)抵押权和抵押权可以并存。抵押的成立并不需要转移占有,且抵押权的内容和性质并不冲突,所以在同一个物上两个或两个以上的抵押权是可以并存的。

(4)抵押权和质押权可以并存。抵押权的成立以登记为要件,质押权的成立是以移转占有为要件。抵押权和质押权的内容和性质并不矛盾,在同一个物上可以同时成立抵押权和质押权。

(三)公示公信原则

公示公信原则实际上是公示原则和公信原则的结合。公示原则是指在物权发生变动时,必须通过一定的方式将变动的结果向社会和第三人公开。公信原则是指如果物权的变动已经通过公示的方式向社会和第三人公开,即使这种公示的结果是错误或者有瑕疵的,为了保护善意第三人的利益和交易安全,法律确定对于善意第三人而言,这种公示是有法律效力的,善意第三人基于公示的结果而为相应的法律行为是有效的。作为物权法的组成部分的卫生物权法,也遵循公示公信的原则。因为物权法中产生公示与公信原则的理由在于:一方面,透明物权关系,宣示物权归属状况,定纷止争,以维护财产的安全;另一方面,维护交易安全。物权交易常常伴随着与第三人之间的关系,所以在近代法中,合理地调整与第三人之间的关系,即对"交易安全"的保护,成了物权法中最重要的课题。① 公示产生公信的效力,所以现代法上各个国家都对公示的方法做出了规定,不动产物权的变动以登记作为公示的方法,动产物权的变动以交付为公示方法。当不动产物权的变动经过登记,动产物权的变动经过交付,就向社会产生了公信力,善意第三人就有理由相信这种公信出来的权利人是真实的,在与公示的权利人进行交易时完全不用考虑其可能不是真实权利人的情形。

三、卫生物权法的立法沿革

1986 年《民法通则》中规定了国家所有权、集体所有权、国有企业经营权、个人的财产所有权、自然资源的使用权等物权类型。1995 年 10 月 1 日《中华人民共和国担保法》开始施行,规定了保证、抵押、质押、留置、定金等内容,在实际上对物的担保做出了规定。2000 年 12 月 13 日施行的《最高人民法院关于适用〈中华人民共和国担保法〉若干问题的解释》中解释了有关担保物权的若干问题。随着社会经济的发展,制定一部专门的物权法的呼声越来越高。《物权法》的起草工作始于 1993 年,全国人大常委会对制定物权法高度重视。2002 年 12 月,第九届全国人大常委会对民法草案的物权法编进行了初次审议。第十届全国人

① [日]川岛武宜:《所有权法的理论》,第 261 页,转引自[日]铃木禄弥,渠涛译:《物权的变动与对抗》,社会科学文献出版社 1999 年版,第 171 页。

大常委会把制定物权法列入重要议程，在过去工作的基础上，花了很大精力，做了大量工作。为了把这部法律制定好，全国人大常委会坚持民主立法、科学立法，2005 年 7 月将物权法草案向社会公布，共收到人民群众提出的意见 1 万多件；先后召开 100 多次座谈会和几次论证会；还到一些地方进行专门调研，充分听取全国人大代表、基层群众、专家学者、中央有关部门等各方面的意见。在征求意见过程中，各方提出了许多意见和建议，全国人大常委会高度重视各方面的意见，对草案进行了 6 次审议，审议次数之多在我国立法史上是空前的。[①] 2007 年 3 月 16 日，第十届全国人民代表大会第五次会议通过了《中华人民共和国物权法》。与卫生物权有关的法律、法规还包括《事业单位国有资产管理暂行办法》《企业国有资产产权登记管理办法》《事业单位及事业单位所办企业国有资产产权登记管理办法》《不动产登记暂行条例》等。

课后习题

1. 试述卫生物权的效力。
2. 试述卫生物权的变动。
3. 试述卫生物权法的基本原则。

---

① 王兆国：《关于〈中华人民共和国物权法（草案）〉的说明》，载胡康生主编：《中华人民共和国物权法释义》，法律出版社 2007 年版，第 566—567 页。

第十一章　卫生物权的种类和内容

学习目标

本章主要阐述了卫生物权的种类和内容。通过本章的学习，了解卫生物权的种类，掌握卫生物权的内容，并明确其在我国卫生民事法中的重要地位和意义。

案例分析

2014年8月10日，某医院为了购买大型医疗设备，向某银行贷款1000万元，但银行要求医院提供相应的担保。为此，某医院以下列财产进行担保：现有的医疗设施一套，价值500万元；后勤车队车辆数辆，价值500万元，但未办理登记。

思考：本案中的担保物权是否成立？为什么？

第一节　卫生所有权

一、卫生所有权的概念和权能

（一）卫生所有权的概念

卫生所有权是指卫生所有权的权利人依法对自己所有的财产享有占用、使用、收益和处分的权利。所谓卫生所有权的权利人是指卫生行政机关和各级卫生机构。①

① 根据中国卫生年鉴的统计，截至2013年底，我国的卫生机构分为医院、基层医疗卫生机构、专业公共卫生机构、其他医疗卫生机构四类。按登记注册类分为公立、非公立医疗卫生机构。公立医疗卫生机构所括登记注册类型有国有和集体办的医疗卫生机构；非公立医疗卫生机构包括联营、股份合作、私营、台港澳投资和外国投资等医疗卫生机构。按主办单位分为政府办、社会办和私人办，政府办包括卫生行政和教育、民政、公安、司法、名团等行政部门办的医疗卫生机构，社会办包括企业、事业单位、社会团体和其他社会组织办的医疗卫生机构。截至2012年底，按登记注册类型分，全国的公立医院有13384家、民营医院有9786家。按主办单位分，政府办共9637家、社会办6029家、个人办7504家。

基层医疗卫生机构数：按登记注册类型分，公立的475544家、非公立的437076家；按主办单位分，政府办119661家、社会办473095家、个人办319864家。

专业公共卫生机构数：按登记注册类型分，公立的12004家、非公立的79家。按主办单位分，政府办11642家、社会办421家、个人办20家。

(二)卫生所有权的权能

卫生所有权具有四项权能,包括占有、使用、收益和处分。其中,由于不同的卫生机构的性质,卫生所有权的权能体现出不同的特点。

1.占有。

占有是指对物事实上具有管领力的一种状态。

2.收益。

收益是指收取所有物的天然孳息和法定孳息的权能。

3.使用。

使用是指根据标的物的性质和用途,在不毁损物的性质和用途的前提下对物进行使用,以满足使用人的需求的权能。

4.处分。

对所有物进行处分,包括事实上的处分和法律上的处分的权能。

所有权不是权能在量上的总和,而是一个整体的权利。因其整体性,所有权在内容或时间上不得加以分割。在所有权上设立用益物权或担保物权,不是让与所有权的一部分,而是创设一个新的、独立的物权。[①] 同时,物权法也规定:所有权人在自己的不动产或者动产上设立用益物权和担保物权,用益物权人、担保物权人行使权利,不得损害所有权人的权益。这说明了实际上所有权的权能是可以和所有人分离的。但这种权能分离只包括占有、使用、收益的权能,不包括处分的权能,一般来说,处分的权能是不能和所有人分离的。

二、卫生所有权的种类及内容

(一)国家所有权

1.概念。

国家所有权,是指社会主义条件下的一种所有权形式,是国家对国有财产的占用、使用、收益和处分的权利,本质上是全民所有制在法律上的表现。[②] 我国的卫生机构按经济类型分为国有、集体、联营、私营和其他,其中国家所有的卫生机构就属于国家享有所有权的情形。国家对国有的卫生机构的财产或者产权多元的卫生机构中属于国家所有的部分的财产依法享有所有权。如2000年6月,在北京大学医学部和北京市、区卫生局的支持下,北京大学第一医院与北京市另外七所不同级别、不同隶属关系、不同地区的医疗机构组成了北京大学医疗集团。这是第一个由中央单位所属医院与市、区县级医院和社

① 王泽鉴:《民法物权·通则·所有权》(总第1册),增补版,152页。转引自崔建远:《物权法》(第三版),中国人民大学出版社2014年版,第173页。

② 王利明:《物权法论》(修订版),中国政法大学出版社2003年版,第272页。

区医院共同组建的医疗集团。2002 年 8 月，交通部北京交通医院又并入了北京大学第一医院。2003 年初河北省涿州市人民政府为推动该市医疗体制改革进程，对涿州市医院进行股份制改造，北京大学第一医院、涿州市联合实业发展有限公司和涿州市人民政府签订合约，组建北大医院涿州联合医院。北京大学医院以冠名权、技术输出（有组织地安排专家、骨干长期到涿州出诊、查房）及管理（技术、行政指导）参股，占股份 23%，涿州市人民政府占股 5%。[①] 上述案例中，原北京大学第一医院、交通部北京交通医院都是政府办的国有医院，北京大学医院涿州联合医院则是股份制医院，其中既有国有的股份，也有其他类型的股份。

2. 特征。

(1)主体的特定性。

国家所有权的主体是国家，国家所有即全民所有，但国家作为抽象的实体无法具体行使所有权，所以国有财产由国务院代表国家行使所有权；法律另有规定的，依照规定。但国家所有权与行使公共管理职能的国家公权力不一致。国家公权力是国家行使公共管理职能的权力，国家所有权是民事法律、法规规定的民事权利。如卫生行政部门对国家所有的公立医院具有的规划、准入、监管等管理职能体现的是一种国家行使公权力的方式，但公立医院的国家所有则是国家所有权的一种体现。

(2)客体的广泛性。

如前所述卫生机构是指从卫生（卫生计生）行政部门取得《医疗机构执业许可证》，或从工商行政、机构编制管理部门取得法人单位登记证书，为社会提供医疗保健、疾病控制、卫生监督服务或从事医学科研和医学在职培训等工作的单位。医疗卫生机构包括医院、基层医疗卫生机构、专业公共卫生机构、其他医疗卫生机构。这些机构中属于国家所有的财产都是卫生机构中的国家所有权的客体。

(3)行使所有权方式具有多样性。

“为了实现国家所有权的内容，国家要通过其创设的国家机关和组织颁布法律和规范性文件，制定和落实计划，对经济生活进行必要的监督和调节并由国有企业对国有资产进行经营和管理。国家可以将财产权转移给集体组织、公民和外国投资者使用……国家也可以特殊的民事主体身份，以国库的财产为基础从事某些民事活动，如发行国库券，从事对外贸易活动等”。[②] 具体到卫生

---

① 国家科技部软科学项目《国有医院产权制度改革研究》课题组、中国卫生产业杂志社：《中国医院产权制度改革操作技巧》，中国协和医科大学出版社 2004 年版，第 9 页。

② 王利明：《物权法论》（修订版），中国政法大学出版社 2003 年版，第 276 页。

领域，我国公立医院体制改革的基本内容，一是政府以出资人的身份建立明确规范的产权关系，二是公立医院建立和完善法人治理结构，使之成为自主管理、自主经营、自我发展、自我约束的法人实体。政府作为公立医院的出资人，享有出资人权利。

3.国家所有权的行使。

(1)国家机关对其直接支配的不动产和动产，享有占有、使用以及依照法律和国务院的有关规定处分的权利。

卫生国家机关也是国家机关的一类，卫生国家机关对其直接支配的不动产和动产，享有占有、使用以及依照法律和国务院的有关规定处分的权利。从国有财产管理的意义上讲，国有财产一般应该分为三个部分：经营性财产、非经营性财产和资源性财产。由国家机关直接支配的这部分国有财产，主要是用于维持国家机器的正常运转，并非用于经营，属于非经营性资产。这类非经营性资产严格来讲只能称为财产。非经营性国有资产的特定用途的非增值性，决定了其主要由国家通过财政划拨和行政划拨的方式进行配置，由国家机关来占有和使用。① 所以国家机关对其直接占有的不动产和动产享有的权能主要是占用和使用，并不能进行收益，并且只有在法律和国务院有相关规定的时候才能按照法律的规定或者国务院的规定进行处分。卫生行政机关是职能为负责医疗、卫生等行政职能的国家机关，是基于国家整体发展和人民群众对医疗卫生事业的需要，运用法律、行政、经济等手段，通过规划、引导、协调、控制和评价的方法，对区域内全社会卫生行业进行管理，其占有、使用国家拥有所有权的财产是为了履行行政职能，其既不是这一部分财产的所有权的主体，也不需要将这部分财产进行增值。

(2)国家设立的事业单位对其直接支配的不动产和动产，享有占有、使用以及依照法律和国务院有关规定收益、处分的权利。

事业单位国有资产包括国家拨给事业单位的资产，事业单位按照国家规定运用国有资产组织收入形成的资产，以及接受捐赠和其他经法律确认为国家所有的资产，其表现形式为流动资产、固定资产、无形资产和对外投资等。事业单位负责对本单位占有、使用的国有资产实施具体管理，包括：负责本单位国有资产配置和处置，对外投资、出租、出借和担保的资产的保值增值；按照规定及时、足额缴纳国有资产收益。事业单位国有资产的使用包括单位自用、对外投资、出租、出借和担保等方式。事业单位国有资产处置，是指事业单位对其占用、使用的国有资产进行产权转让或者注销产权的行为。处置方式包括出售、出让、转

① 黄松有：《中华人民共和国物权法》条文理解与适用，人民法院出版社2007年版，第185页。

让、对外捐赠、报废、报损以及货币性资产损失核销等。卫生机构中大量的机构是事业单位。如疾病预防控制机构、医疗机构、健康教育机构、妇幼保健、精神卫生、采供血机构等。这些机构对其直接支配的不动产和动产，即国有资产享有占有、使用以及依照国务院有关规定收益、处分的权利。但值得注意的是，卫生机构中有许多机构承担的是公共卫生服务的职能，如传染病监测，即便是医疗机构也是以非营利性医疗机构为主体、营利性医疗机构为补充，公立医疗机构为主导、非公立医疗机构共同发展。这些非营利性医疗机构不以营利性为原则，以公益性为主，所以这部分卫生事业单位对其占有、使用的国有资产一般是占用、使用和处分，而不是收益。

(3)国家出资的企业，由国务院、地方人民政府依照法律、行政法规规定分别代表国家履行出资人职责，享有出资人权益。

企业国有资产属于国家所有。国家实行由国务院和地方人民政府分别代表国家履行出资人职责，享有所有者权益，权利、义务和责任相统一，管资产和管人、管事相结合的国有资产管理体制。我国绝大多数医疗机构是单一公有制，而在公有制医院中，一个最大的缺陷是所有者虚位。在履行职责过程中存在“错位、缺位”和“不到位”现象，名义上是“公有”，实际上是“无人所有”。医院的机构设置、人员编制、人事安排、录用与除名，政府都保留最高决策权，医院自主性不高，从而导致医疗机构的运行缺乏活力，效率低下。医疗机构改革面临的问题是如何在市场经济的条件下，找到某种适宜的国有产权制度实现形式。从全国的情况来看，目前的医疗机构产权制度改革主要有以下几种形式：①产权主体多元化，包括股份制、股份合作制和职工内部持股等形式。②产权职能分离，包括租赁、托管经营等。③产权转让，包括拍卖、有偿转让等。一些公立医院在公证和资产评估后实行产权转让，改制为民营或私立医院。④产权重组，由综合性医院、专科医院、社区卫生服务组织，通过联合、协作、兼并、资产重组等方式组建医疗集团。[①] 在这个过程中，要妥善解决国家所有权问题，确保国有资产不流失。履行国有财产管理、监督管理职责的卫生机构及其工作人员，应当依法加强对国有财产的管理、监督，促进国有财产保值增值，防止国有财产遭受损失。国有资产监督管理机构的职责是对所出资企业履行出资人职责，维护所有者权益，促进国有财产保值、增值，防止国有财产损失。

4. 国家所有权的保护。

国家所有的财产受法律保护，任何单位和个人不得侵占、哄抢、私分、截留、破坏。履行国有财产管理、监督职责的机构及其工作人员，滥用职权、玩忽职守，

① 原卫生部统计信息中心：《卫生改革专题调查研究》，中国协和医科大学出版社 2004 年版，第 19 页。

造成国有财产损失的，应当依法承担法律责任。违反国有财产管理规定，在企业改制、合并分立、关联交易等过程中，低价转让、合谋私分、擅自担保或者以其他方式造成国有财产损失的，应当依法承担法律责任。

（二）集体所有权

1. 概念。

集体所有权是指集体组织及其所有成员对集体所有的财产享有占有、使用、收益和处分的权利。集体所有权包括农民集体所有权和城镇集体所有权。我国的卫生机构按性质分包括集体所有的卫生机构及其他。集体所有的卫生机构对其财产享有的占有、使用、收益和处分的权利就是卫生集体所有权。集体所有的不动产和动产包括集体所有的教育、科学、文化、卫生、体育等设施。

2. 集体所有权的行使。

（1）农民集体出资的企业的所有权变动等事项、法律规定的其他事项应当依照法定程序经本集体成员决定。

如农民集体所有的卫生机构的动产和不动产的所有权的变动就应当依照法定程序经该集体成员决定。对集体所有的土地行使所有权，属于村民集体所有的，由村集体经济组织或者村民委员会代表集体行使所有权；分别属于村内两个以上农民集体所有的，由村内各该集体经济组织或者村民小组代表集体行使所有权；属于乡镇农民集体所有的，由乡镇集体经济组织代表集体行使所有权。

（2）城镇集体所有的不动产和动产，依照法律、行政法规的规定由本集体享有占有、使用、收益和处分的权利。

根据 2004 年卫生统计年鉴，全国各级各类医疗卫生机构有 29 万，按经济类型分：国有占 32%，集体占 17%，联营占 0.8%，私营占 47%，其他占 3.2%。[①]从上述数据看，集体所有的卫生机构也占有很大的比例，集体所有的卫生机构包括农民集体所有和城镇集体所有。

随着“家庭联产承包责任制”的全面推广，集体经济逐渐解体，农村卫生出现了一系列的矛盾和问题：体制改革滞后，资金投入不足，卫生人才匮乏，基础设施落后，2/3 的乡镇卫生院面临倒闭或勉强维系，相当部分村级卫生组织私有化。[②]2002 年 10 月，中共中央、国务院颁布了《关于进一步加强农村卫生工作的决定》，根据这个决定六部委发布了《关于农村卫生机构改革与管理的意见》，意见

---

① 原卫生部统计信息中心编：《卫生改革专题调查研究》第三次国家卫生服务调查社会学评估报告，中国协和医科大学出版社 2004 年版，第 6 页。

② 原卫生部统计信息中心编：《卫生改革专题调查研究》第三次国家卫生服务调查社会学评估报告，中国协和医科大学出版社 2004 年版，第 37 页。

中指出:要建设社会化的农村卫生服务网络。农村卫生服务网络是由政府、集体、社会和个人等在县(市)、乡(镇)、村范围内举办的各种医疗卫生机构组成,以公有制为主导,多种所有制形式共同发展的社会化网络;调整后多余的乡(镇)卫生院可以进行资源重组或改制,可转为医院、门诊部、诊所、村卫生室或转作他用;鼓励县级医疗卫生机构联办或承办乡(镇)卫生院、乡(镇)卫生院联办或承办卫生室。近年来,农民集体所有的卫生机构也出现了一些新的变化,如2009年河南濮阳西辛庄村村民就集资9000万自建濮阳县西辛庄民生医院,该医院是一所非营利性村级医院。另一方面,在集体企业通过企业改制,改为多元投资主体的公司制企业和股份合作制企业的背景下,城镇集体所有的部分卫生机构也进行了改制,集体所有的卫生机构也进行了各种形式的改制,出现了产权主体多元化的趋势。

3.集体所有权的保护。

集体所有的财产受法律保护,禁止任何单位和个人侵占、哄抢、私分、破坏。集体经济组织、村民委员会或者其负责人做出的决定侵害集体成员合法权益的,受侵害的集体成员可以请求人民法院予以撤销。

(三)私人所有权

1.概念。

私人对其合法的收入、房屋、生活用品、生产工具、原材料等不动产和动产享有所有权。关于"私人"的内涵和外延,不同的学者有不同的观点。第一种观点认为私人应被限缩于自然人。① 第二种观点认为私人是与国家、集体相对应的物权主体,不但包括我国的公民、也包括在我国合法取得财产的外国人和无国籍人;不仅包括自然人,还包括个人独资企业、个人合伙等非公有制企业。② 第三种观点认为,私人包括自然人的个人、个体工商户、合伙、各类企业法人、三资企业、社会团体等非公有制经济主体。③ 第四种观点认为私人包括自然人、个体工商户、个人独资企业、个人合伙企业、中外合资经营企业、中外合作经营企业、股份有限公司、有限责任公司,以及学校、医院、寺庙等主体。④ 在卫生领域,私人所有权是指个体诊所、民营医院、股份制医院中属于社会资本的部分,港台澳投资和外国投资的医院对其所有的与卫生活动有关的物占有、使用、收益和处

① 崔建远、申卫星、王洪亮、程啸:《物权法》,清华大学出版社2008年版,第114页。

② 全国人大常委会法制工作委员会民法室编:《中华人民共和国物权法条文说明、立法理由及相关规定》,北京大学出版社2007年版,第99页。

③ 王利明、杨立新、王轶、程啸:《民法学》(第三版),法律出版社2011年版,第306页。

④ 崔建远:《物权法》(第三版),中国人民大学出版社2014年版,第184页。

分的权利。[①]

2. 私人所有权的行使。

(1)私人合法的储蓄、投资及其收益受法律保护。私人因经营个体诊所所获得的储蓄和收益以及投资受法律的保护。

(2)国家、集体和私人依法可以出资设立有限责任公司、股份有限公司或者其他企业。国家、集体和私人所有的不动产或者动产,投到企业的,由出资人按照约定或者出资比例享有资产收益、重大决策以及选择经营管理者等权利并履行义务。企业法人对其不动产和动产依照法律、行政法规以及章程享有占有、使用、收益和处分的权利。企业法人以外的主体,对其不动产和动产的权利,适用有关法律、行政法规以及章程的规定。民营医院、台港澳投资和外国投资的医院对其所有的不动产和动产可以依照法律、行政法规以及章程享有占有、使用、收益和处分的权利。

3. 私人所有权的保护。

私人的合法财产受法律保护,禁止任何单位和个人侵占、哄抢和破坏。

第二节　卫生用益物权

一、卫生用益物权的概念和特征

(一)卫生用益物权的概念

用益物权是在他人所有的物上设定的物权,是他物权的一种。用益物权是指用益物权人对他人所有的不动产或者动产依法享有占用、使用和收益的权利。根据物权法和相关法律法规的规定,用益物权主要包括土地承包经营权、建设用地使用权、宅基地使用权、地役权、海域使用权、控矿权、采矿权、取水权和使用水域、滩涂从事养殖、捕捞的权利。其中,与卫生主体有关的用益物权主要是建设用地使用权、地役权。

---

① 国务院 2015 年 1 月 19 日讨论通过的《全国医疗卫生服务体系规划纲要》中明确指出:医疗卫生服务体系主要包括医院、基层医疗卫生机构和专业公共卫生机构等。医院分为公立医院和社会办医院。其中公立医院分为政府办医院(根据功能定位主要划分为县办医院、地市办医院、省办医院、部门办医院)和其他公立医院(主要包括军队医院、国有和集体企事业单位等举办的医院)。县级以下为基层医疗卫生机构,分为公立和社会办两类。根据属地层级的不同,专业公共卫生机构划为县办(包括市辖区、县级市)、地市办、省办及部门办。《规划纲要》还指出,优先支持社会力量举办非营利性医疗机构、鼓励公立医院与社会力量以合资合作的方式共同举办新的非营利性医疗机构,个体诊所的设置不受规划布局限制等措施。从这个规定来看,卫生机构(如前所述卫生机构分为医院、基层医疗卫生机构、专业公共卫生机构、其他医疗卫生机构四类)中的公立医院、公立基层医疗卫生机构、专业公共卫生机构等公立医疗机构,其性质是国家所有或者集体所有。因此,结合卫生统计年鉴对卫生机构的分类,私人范围就仅限于个体诊所、民营医院、股份制医院中属于社会资本的部分、港台澳投资和外国投资的医院。

(二)卫生用益物权的特征

1.卫生用益物权是一种他物权。

卫生用益物权是所有人之外的其他人享有的物权。

2.卫生用益物权的客体是不动产。

卫生用益物权的客体是对他人所有的不动产进行占用、使用和收益的权利,其客体是不动产,不包括动产。

3.卫生用益物权的权能包括占用、使用和收益。

卫生用益物权作为一种他物权,其权利主体不是所有人,所以卫生用益物权不包括处分的权能。

4.卫生用益物权种类的有限性。

由于卫生活动有特殊性,卫生用益物权只包括建设用地使用权和地役权等用益物权,相较法律规定的用益物权,卫生用益物权的种类较为有限。

二、卫生用益物权的种类和内容

(一)建设用地使用权

1.建设用地使用的概念。

根据土地管理法的相关规定,根据土地的用途,土地分为农用地、建设用地和未利用地。建设用地是指建造建筑物、构筑物的土地,包括城乡住宅和公共设施用地、工矿用地、交通水利设施用地、旅游用地、军事设施用地等。根据物权法的规定,建设用地使用权人依法对国家所有的土地享有占有、使用和收益的权利,有权利用该土地建造建筑物、构筑物及其附属设施。[①] 同时,地表是指依法批准的地面及其以上一定高度和地下一定深度的空间;地上是指依法批准的距地表一定高度的空间范围;地下是指经依法批准的距地表一定深度的空间范围。[②] 卫生建设用地使用权是指卫生机构依法对国家所有的土地享有占有、使用和收益的权利,该卫生机构有权利用该土地建造建筑物、构筑物及其附属设施。

2.建设用地使用的特征。

(1)建设用地使用权是对国有土地进行的一种使用权利。《土地管理法》规定:国有土地和农民集体所有的土地,可以依法确定给单位和个人使用。卫生机

---

① 梁慧星、陈华彬:《物权法》(第四版),法律出版社 2007 年版,第 29 页。建筑物,是指可以供人们在其中进行生产、生活的居住用房、生产用房、办公用房等设施。构筑物是指具有居住、生产经营功能的建筑物之外的人工建造物,主要包括道路、桥梁、隧道、堤坝、水渠、水池、水塔等设施,人工养殖设施,以及地窖、地下管网等人工构筑物。附属设施主要指附属于建筑物、构筑物并辅助其发挥功效的设施,如电线杆、电缆、变压器等电力、广播、通讯设施,以及雕塑、纪念碑等。

② 崔建远:《物权法》(第三版),中国人民大学出版社 2014 年版,第 290 页。

构作为从事卫生活动的机构或者个人，必然要占有一定的空间，即对一定的土地进行使用，如果是以建设用地的方式使用土地的，则客体一定是国有的土地，而不包括集体所有的土地。

(2)建设用地使用权可以在土地的地表、地上或者地下分别设立。建设用地使用权的使用方式主要是在土地上建造建筑物、构筑物及其附属设施，从前述我们对建筑物、构筑物及其附属设施的界定看建设用地使用权人，可以分别在土地的地表、地上或者地下建造相应的建筑。因此，建设用地使用权可以在土地的地表、地上或者地下分别设立。如一个卫生机构可能在地表上建设卫生医疗设施，但其地下可能是地下管网等市政公共设施。

(3)建设用地使用权是有期限的。根据《城镇建设用地使用权出让和转让暂行条例》，土地使用权出让最高年限按下列用途确定：居住用地 70 年；工业用地 50 年；教育、科技、文化、卫生、体育用地 50 年；商业、旅游、娱乐用地 40 年；综合或者其他用地 50 年。卫生建设用地一般的用地年限是 50 年。

3. 取得方式。

建设用地使用权的设立，可以采取出让或者划拨方式。

(1)以划拨方式取得建设用地使用权。经县级以上人民政府依法批准，在建设用地使用权人缴纳了补偿、安置等费用后可以取得某块土地的使用权或者由国家将某块建设用地的使用权无偿交付给建设用地使用权人使用。根据相关的法律、法规，可以通过划拨方式取得建设用地使用权的情形包括：①国家机关用地和军事用地，包括党政机关和人民团体用地；②城市基础设施用地，包括城市供水、供热、供气的设施用地、环境卫生设施用地、公共交通设施以及道路、广场、绿地等的用地；③公益事业用地，包括非营利性邮政设施、教育设施、体育设施、公共文化设施、医疗卫生设施、公益性科研机构的用地；④国家重点扶持的能源、交通、水利等项目的用地；⑤法律、行政法规规定的其他用地，主要包括监狱、劳教所、戒毒所、看守所、治安拘留所、收容教育所的用地。[①] 卫生机构中的国家卫生机关、公立医疗机构、公立基层卫生机构、专业公共卫生机构等的建设用地使用权都是通过划拨方式取得的。

(2)以出让方式取得建设用地使用权。是指以招标、拍卖等公开竞价方式取得建设用地使用权。工业、商业、旅游、娱乐和商品住宅等经营性用地以及同一土地有两个以上意向用地者的，应当采取招标、拍卖等公开竞价的方式出让。采取招标、拍卖、协议等出让方式设立建设用地使用权的，当事人应当采取书面形式订立建设用地使用权出让合同。其中，卫生机构中有些属于营利性机构，这类

① 王利明、尹飞、程啸：《中国物权法教程》，人民法院出版社 2007 年版，第 328—329 页。

机构的建设用地应当采用出让的方式取得。

4.登记。

作为一种以不动产为标的的物权，建设用地使用权的设立应当向登记机构申请登记。建设用地使用权自登记时设立。登记机构应当向建设用地使用权人发放建设用地使用权证书。卫生机构无论是通过划拨方式还是出让方式取得建设用地使用权的，都必须依据出让合同或者划拨用地的批准文件等材料，向登记机构提出申请。登记机构经过法定的审查程序进行审查后，将建设用地使用权的权利事项记载于不动产登记簿，此时，建设用地使用权才发生物权的效力。卫生机构的建设用地使用权也必须经过登记，权利事项记载于不动产登记簿时，才发生物权变动的效力。

5.建设用地使用权人的义务。

(1)合理利用土地的义务。

建设用地使用权人应当合理利用土地，不得改变土地的用途；需要改变土地用途的，应当依法经有关行政主管部门批准。建设单位使用国有土地的，应当按照土地使用权等有偿使用合同的约定或者土地使用权划拨批准文件的规定使用土地，确需改变该幅土地建设用途的，应当经有关人民政府土地行政管理部门同意，报原批准用地的人民政府批准。大部分的卫生机构都属于非营利性的机构，特别是公立的卫生机构，建设用地使用权一般是通过划拨方式取得的，卫生机构取得建设用地的使用权后只能按照批准文件的规定使用土地，如果要改变土地的用途，必须经过相关的政府土地管理部门同意。卫生机构的建设用地使用权是通过出让方式取得的，也不能随意改变土地的用途，如果要改变，也要取得相关政府部门的同意。

(2)支付土地出让金等费用的义务。

建设用地使用权出让金是建设用地使用权人为以出让方式取得建设用地使用权而支付的土地对价。对土地出让金的具体数额的确定，通常与出让土地的位置、用途等有关。国家通过评估确定每幅土地的最低出让价格，以拍卖等公开方式出卖土地的，出让金的数额是竞拍的最终数额；以协议方式出让的，出让的数额由当事人双方互相约定。但无论以何种方式出让，出让金的数额都不会低于国家最低的评估价。以划拨的方式取得建设用地使用权时，不需要支付土地出让金。但不需要支付土地出让金，并不是不需要支付任何费用，如果划拨的土地上有原用地人以及地上物，用地人必须缴纳补偿、安置等费用后，才可以取得土地使用权。除了土地出让金，建设用地使用权人依法还可能缴纳其他的费用，如依据《城镇土地使用税暂行条例》的规定，在城市、县城、建制镇、工矿区范围内使用土地的单位和个人，为城镇土地税纳税义务人，应当依照该条例的规定缴纳土地使用税。实践中，有一种情况是，某非营利性卫生机构通过划拨方式取得某幅土地的建设用地使用权，但该卫生机构通过改制变成了股份制的营利性机构，对于原来取得的建设用地使用权，该卫生机构应补充缴纳相应的土地出让金等费用。

6.建设用地使用权人的权利。

(1)建设用地使用权人建造的建筑物、构筑物及其附属设施的所有权属于建设用地使用权人，但有相反证据证明的除外。土地的使用权依法只能由国家和集体享有，单位和个人只能依法享有建设用地的使用权。建设用地使用权人取得建设用地使用权的目的是为了在国有土地上建设建筑物、构筑物和附属的设施，对依据合同的约定或者文件规定使用土地建设的建筑物、构筑物和附属设施的所有权属于建设用地使用权人。但这种取得不是当然取得，还必须经过登记。根据有关法律的规定，在依法取得的房地产开发用地上建成房屋的，应当凭土地使用权证书向县级以上地方人民政府房产管理部门核实并颁发房屋所有权证书。对于卫生机构而言，其无论通过什么方式取得建设用地使用权，在取得建设用地使用权的土地上建设的建筑物、构筑物和附属物，其所有权都属于卫生机构，但要注意在实践中，建设用地使用权人不能取得地上建筑物等权属的情形主要包括以下两种：①该地上建筑物等不是建设用地使用权人建造的。原建设用地使用权人将建设用地使用权转让给他人，但没有办理转让变更手续，地上建筑物等实际上是由他人受让土地后建造的；②地上建筑物等是建设用地使用权人建造的，但基于与他人设立的其他法律关系，如合资、合作等，按约定建成后的建筑物等权属应归于他人的。①

(2)建设用地使用权人有权将建设用地使用权转让、互换、出资、赠与或者抵押，但法律另有规定的除外。建设用地使用权转让、互换、出资、赠与或者抵押的，当事人应当采取书面形式订立相应的合同，使用期限由当事人约定，但不得超过建设用地使用权的剩余期限。建设用地使用权转让、互换、出资或者赠与的，应当向登记机构申请变更登记；建设用地使用权转让、互换、出资或者赠与的，附着于该土地上的建筑物、构筑物及其附属设施一并被处分；建筑物、构筑物及其附属设施转让、互换、出资或者赠与的，该建筑物、构筑物及其附属设施占用范围内的建设用地使用权也一并被处分。对卫生机构而言，建设用地使用权的转让、互换、出资、赠与或者抵押的权利是有条件和受限制的，体现在：①卫生行政机关不能用国有资产对外进行担保。②以出让方式取得土地使用权的，不符合法定转让条件的共有房地产，未经其他共有人书面同意的、具有法律、行政法

① 黄松有：《〈中华人民共和国物权法〉条文理解与适用》，人民法院出版社2007年版，第431页。

规规定禁止转让的其他情形的不能转让建设用地使用权。③学校、幼儿园、医院等以公益为目的的事业单位、社会团体的教育设施、医疗卫生设施和其他公益设施不得抵押。卫生机构一般来说是以公益为目的，所以其建设用地使用权只有在符合法律规定的情形下才能转让、互换、赠与或者抵押，即通常来说，只有营利性卫生机构或者公益性卫生机构以非用于建设医疗设施的建设用地使用权才能设定抵押。

7.集体所有的土地作为建设用地时的处理。

建设用地使用权的客体是国家所有的土地。城市规划区的集体所有的土地，经依法征用转为国有土地后，该幅国有土地的使用权方可有偿出让。一般来说，集体所有的土地不能作为建设用地，只有转变为国家所有以后才能设立建设用地使用权。所以，对卫生机构而言，如果公益性质的卫生机构需使用的土地是集体所有的土地，一般由国家通过征收将土地收归国有，然后通过划拨的方式将土地交付公益性卫生机构，卫生机构在支付补偿金等费用后取得该幅土地的建设用地使用权。

8.建设用地使用权的期限。

对卫生机构而言，建设用地使用权期限届满后可能产生以下情况：

(1)通过划拨方式取得的土地，只要作为建设用地使用权人的卫生机构没有更改土地的用途，即使建设用地使用权到期，也应当是自动续期。

(2)通过出让方式取得的建设用地使用权。建设用地使用权届满后的续期，依照法律规定办理。即土地使用权期限届满，土地使用者可以申请续期。需要续期的，应当重新签订合同，支付土地出让金，并办理登记。而且土地使用者在使用期限届满前一年要提出续期的申请。因此，非公益性的卫生机构，在建设用地使用权期限届满前一年提出申请继续使用土地，再重新签订合同，支付了土地出让金的，才能继续使用土地。否则，该幅土地上的建设用地使用权消灭。并且该土地上的房屋及其他不动产的归属，有约定的，从约定，没有约定的或者约定不明确的，依照法律、行政法规的规定办理。实际上，没有约定或者约定不明确的，根据现行的法律、法规，土地使用权期限届满，土地使用权及其地上建筑物、其他附着物所有权由国家无偿取得。

(二)地役权

1.概念。

地役权人为了提高自己的不动产效益有权按照合同的约定，使用他人的不动产。其中他人的不动产为供役地，自己的不动产为需役地。卫生机构为了提高自己不动产的效益，有权按照合同的约定，利用他人的不动产，即可以在他人的土地上设定地役权。

2. 特征。

(1)地役权只能成立于他人的不动产之上，地役权成立的客体为土地时，不限于地表，也可以是地下空间或地上空间。后者即所谓区分地役权，属于空间权的一种。[①] 不动产在我国包括土地、建筑物等土地上的附着物，所以地役权可以成立于土地、建筑物等土地附着物上。

(2)地役权成立的目的是为了需役地的便利，为了地役权人更好地使用自己的土地。

(3)地役权人既可以是不动产的所有人，也可以是不动产的使用权人。如建设用地使用权人为了更好地利用自己的土地，可以在他人的不动产上设定地役权。

(4)地役权是有期限的用益物权。地役权在设立时就会约定地役权存续的期限，因此，地役权是有期限的用益物权。地役权的期限由当事人来约定，然而，如果在需役地或者供役地上存在土地承包经营权、建设用地使用权等用益物权的，不能超过土地承包经营权和建设用地使用权等用益物权的剩余期限。

(5)地役权具有限制性。地役权的限制性体现在两个方面。一方面，对土地所有权人而言，如果其已经在自己的土地上享有或者负担了地役权，随后他人又取得该土地的土地承包经营权、宅基地使用时，土地承包人、宅基地使用权人继续享有或者负担地役权；另一方面，未经用益物权人同意，土地所有人不得设立地役权。

3. 设立。

当事人通过书面形式订立地役权合同的方式可以设定地役权。地役权自地役权合同生效时设立。地役权是否生效取决于地役权合同是否生效，因此地役权合同应当符合相关法律、法规的规定。如果地役权合同不生效，地役权也不能被设立。同时，地役权合同无效或者被撤销，地役权也随之无效。地役权自地役权合同生效时设立，但当事人要求登记的，可以向登记机构申请地役权登记；未经登记的，不得对抗善意第三人。登记并不是地役权生效的要件，当事人未经登记的，不影响地役权的效力，但未经登记的，不得对抗善意第三人。如果卫生机构欲设立地役权，必须与另一方当事人签订地役权合同，自地役权合同生效时，地役权设立；同时，如果该地役权未登记的，不能对抗善意第三人。

---

① [日]筱塚昭次：《空中权、地中权的法理——围绕土地的新利用形态》，《法学家·临时增刊·土地问题》第476号，127—128页。转引自崔建远：《物权法》(第三版)，中国人民大学出版社2014年版，第347页。

4.消灭。

地役权因为下列事由而消灭:(1)地役权期限届满,当事人双方没有续订地役权合同;(2)供役地与需役地发生混同;(3)供役地或需役地消失;(4)地役权合同被供役地人依法撤销。依法撤销包括两种情况:①地役权人违反法律规定或者合同约定,滥用地役权;②有偿利用供役地,约定的付款期间届满后在合理期限内经两次做出催告未支付费用。

第三节　卫生担保物权

一、卫生担保物权的概念和特征

(一)卫生担保物权的概念

担保物权是指担保物权人在债务人不履行到期债务或者发生当事人约定的实现担保物权的情形时,依法享有的就担保财产优先受偿的权利,但法律另有规定的除外。对于卫生机构的财产而言,是否能够设定担保物权,实际上存在着争议。当然,如果卫生机构作为债权人,其债务人为实现担保债权可以在自己或第三人所有的物上设立担保物权以担保债权的实现。而我们要讨论的是当卫生机构作为债务人时,是否可以在自己所有的物上设立担保物权。因为根据我国《担保法》和《物权法》的规定,学校、幼儿园、医院等以公益为目的的事业单位、社会团体的体育设施、医疗卫生设施和其他社会公益设施不能作为抵押的财产。根据《担保法》的司法解释,国家机关和以公益为目的事业单位、社会团体违反法律的规定提供担保的,担保合同无效。因此给债权人造成损失的,债务人、担保人、债权人有过错的,应当根据其过错各自承担相应的民事责任。然而,根据《担保法》司法解释的规定,学校、幼儿园、医院等以公益为目的的事业单位、社会团体,以其教育设施、医疗设施和其他社会公益设施以外的财产为自身债务设定抵押的,人民法院可以认定抵押有效。这实际上是允许医院等公益性卫生机构在非医疗设施、卫生设施上设定抵押权,用于担保自身的债务。如前所述,我国的卫生机构分为公益性和营利性,对于营利性的卫生机构而言,全国人大常委会法制工作委员会《关于〈建设部关于私立学校、幼儿园、医院的教育设施、医疗卫生设施能否抵押的请示〉的意见》认为私立学校、幼儿园、医院中的教育设施、医疗卫生设施也属于社会公益设施,按照《物权法》第一百八十四条规定,不得抵押。因此,卫生机构一方面可以作为担保物权人,另一方面只能以非卫生设施为自己的债务或者第三人的债务提供担保。

(二)卫生担保物权的特征

1.卫生担保物权具有从属性。

担保物权的成立是为了保证债权人债权的实现。债权不成立或者债权消灭，担保物权也将不成立或者随之消灭。所以，担保物权随债权的成立而成立，随债权的变更而变更，随债权的消灭而消灭。《担保法》就规定：主债权未全部清偿的，抵押权人可以就抵押物的全部行使其抵押权。抵押物被分割或者部分转让的，抵押权人仍以其抵押物担保数个债务人履行债务。但是第三人提供抵押的，债权人许可债务人转让债务未经抵押人书面同意的，抵押人对未经其同意转让的债务，不再承担担保责任。而《物权法》则规定，抵押权不得与债权分离而单独转让或者作为其他债权的担保。债权转让的，担保该债权的抵押权一并转让，但法律另有规定或当事人另有约定的除外。

2. 卫生担保物权成立但不一定实现。

担保物权的成立是为了保证债权的实现，但如果债权已经实现或者基于其他原因消灭，担保物权就没有实现的必要。所以担保物权可以成立但并不总是能实现。

3. 卫生担保物权具有限制性。

卫生行政机关不能对外提供担保，除非是经国务院批准为使用国际经济组织和外国政府贷款进行转贷的才能除外。卫生机构也不能以医疗卫生设施作为担保物，这样的担保是无效的。

二、担保的范围

担保物权的担保范围包括主债权及其利息、违约金、损害赔偿金、保管担保财产和实现担保财产的费用。当事人有约定的，按照约定实行。

三、担保物权的消灭

卫生担保物权是有期限的物权，当出现下列情形时，担保物权消灭：①主债权消灭，担保物权随之消灭。担保物权具有从属性，其成立就是为了保证债权的实现，当主债权消灭了，担保物权也没有存在的必要。②担保物权实现。担保物权一实现，担保物权自然消灭。③债权人放弃担保物权。无论债权人是否放弃债权，只要债权人放弃担保物权的，担保物权消灭。④法律、法规规定的其他情形。①

担保期间，担保财产毁损、灭失或者被征收等，担保物权人可以就获得的保险金、赔偿金或者补偿金等优先受偿。被担保债权的履行期未届满的，也可以提存该保险金、赔偿金或补偿金等。

---

① 如果提供担保的财产是法律禁止的财产，担保物权是自始无效的，而非担保物权消灭的情形。

四、卫生担保物权种类及内容

（一）卫生抵押权

1. 概念。

为担保债务的履行，卫生机构自己或者第三人不转移对财产的占有，将财产抵押给债权人的，债务人不履行到期债务或者发生当事人约定的实现抵押权的情形，债权人有权就该财产优先受偿。其中的债务人或者第三人为抵押人，债权人为抵押权人，担供担保的财产为抵押财产。

2. 设定。

设定抵押权，当事人必须采取书面形式订立抵押合同，债权人与债务人之间通过抵押合同而设定抵押权。抵押合同一般包括以下的条款：被担保债权的种类及数额；债务人履行债务的期限；抵押财产的名称、数量、质量、状况、所在地、所有权归属或者使用权归属、担保的范围。但要特别注意的是，禁止流押契约，也就是抵押权人在债务履行期届满前，不得与抵押人约定债务人不履行到期债务时抵押财产归债权人所有。如果设定了流押契约，则该条款无效。此外，关于抵押权的生效问题，不同的抵押权有不同的生效条件：以建筑物和其他土地附着物、建设用地使用权、正在建造的建筑物抵押的，应当办理抵押登记，抵押权自登记时设立，即此时抵押登记是抵押权生效的要件。同时，以建筑物抵押的，该建筑物占有范围内的建设用地使用权一并抵押；以建设用地使用权抵押的，该土地上的建筑物一并抵押；抵押人未依照法律、法规的规定办理抵押的，未抵押的财产视为一并抵押；如果抵押的财产是交通运输工具的，抵押权自抵押合同生效时设立，未经登记，不得对抗善意第三人。此时，登记并不是抵押权成立的要件。

3. 抵押权人的权利。

（1）保全抵押物的权利。

在抵押权成立期间，抵押人的行为足以使抵押财产价值减少的，抵押权人有权要求抵押人停止其行为。抵押财产的价值减少的，抵押权人有权要求恢复抵押财产的价值，或者提供与减少的价值相应的担保。抵押人不恢复抵押财产的价值也不提供担保的，抵押权人有权要求债务人提前清偿债务。

（2）处分抵押权的权利。

抵押权人与抵押人可以协议变更抵押权顺位以及被担保的债权数额等内容，抵押权的变更，未经其他抵押权人书面同意，不得对其他抵押权人产生不利影响。同时，如果是债务人以自己的财产设定抵押，抵押权人放弃该抵押权、抵押权顺位或者变更抵押权的，其他担保人在抵押权人丧失优先受偿的范围内免除担保责任，但其他担保人承诺仍然提供担保的除外。

(3)收取孳息的费用。

孳息的所有权归属于物的所有权人，但在原物被抵押的情形下，债务人不履行到期债务或者发生当事人约定的实现抵押权的情形，致使抵押财产被人民法院依法扣押的，自扣押之日起抵押人有权收取该抵押财产的天然孳息或者法定孳息，但抵押权人未通知应当清偿法定孳息的义务人的除外。收取的孳息应当先充抵收取孳息的费用。

(4)实现抵押权的权利。

抵押权的设定是为了保证债权的实现，当债务人到期不履行债务或者发生当事人双方在抵押合同中约定的实现抵押权的情形时，抵押权人可以与抵押人协议将抵押财产折价或者将抵押财产拍卖、变卖的，用拍卖、变卖抵押财产所得的价款优先进行受偿，以实现自己的债权。抵押财产折价或者变卖的，应当参照市场价格。同时，抵押权人与抵押人未就抵押权实现达成协议的，抵押权人可以请求人民法院拍卖、变卖抵押财产。

4.抵押权人的义务。

抵押权人在实现抵押权的过程中应基于善意不侵害抵押人的合法权益。如果实现自己的抵押权将抵押物拍卖、变卖所得的价款超过债权数额的，应当将超过部分价款返还抵押人。

5.抵押人的权利。

(1)在同一个抵押财产上设定多个抵押权的权利。

抵押权不属于内容和性质不相容的担保物权，在同一个物上设立多个抵押权并不违反一物一权的原则，因此，在同一个抵押财产上抵押人可以设定多个抵押权。

(2)出租抵押财产的权利。

抵押权的成立并不需要将抵押物的占有移转至抵押权人，换言之，抵押财产仍处于抵押人或第三人的占有之下，因此，抵押人或者第三人可以将抵押的财产出租以获取收益。但如果债务人到期不履行债务，抵押权设定时经过登记的，租赁关系不得对抗已登记的抵押权。

(3)转让抵押财产的权利。

经过抵押权人同意，抵押人可以将抵押的财产进行转让，但应当将转让所得的价款向抵押权人提前清偿债务或者提存。

6.抵押人的义务。

抵押人的义务是和抵押权人的权利相对应的，作为抵押人有义务维护抵押物的价值，不故意或者放任抵押物的价值损毁或者减少，以维护抵押权人的权益。同时,当抵押权人实现抵押权时,抵押人还应当予以配合。

7.抵押权的实现。

当抵押权人的债权到期未受清偿或者发生当事人约定实现抵押权的情形并且抵押权是有效存在时,抵押权人可以实现自己的抵押权。如果同一个财产上有两个或两个以上抵押权人的,抵押权的实现应遵行以下顺序:抵押权已登记的,按照登记的先后顺序清偿;顺序相同的,按照债权比例清偿;抵押权已登记的先于未登记的受偿;抵押权未登记的,按照债权比例清偿。

(二)卫生质押权

1.概念。

为了担保债务的履行,债务人或者第三人将其动产出质给债权人占有的,债务人不履行到期债务或者发生当事人约定的实现质权的情形发生时,债权人有权就该动产优先受偿。债务人或者第三人为出质人,债权人为质权人,交付的财产为质押财产。质押权的客体除动产之外还包括依法可以被转让的财产权利,包括债务人或第三人有权处分的汇票、本票、支票;债券、存款单;可以转让的基金份额、股权;可以转让的注册商标专用权、专利权、著作权等知识产权中的财产权;应收账款;法律、行政法规规定可以出质的其他财产权利。

2.设定。

动产质权的设定,出质人与质权人以书面的形式订立质权合同。在质权合同中应包括这些条款:被担保债权的种类和数额;债务人履行债务的期限;质押财产的名称、数量、质量和状况;担保的范围;质押财产交付的时间。但动产质权合同的签订并不代表动产质权的成立,质权自出质人交付质押财产时设立。即质权成立的生效要件是质押财产的转移占有,当质权人占有质押财产时,质权成立。但质权人在债务履行期届满前,不得与出质人约定债务人不履行到期债务时质押财产归债权人所有。

3.质权人的权利。

(1)占有质物的权利。

质权成立以质权的占有为要件,质权人占有质物,则质物成立并生效,如果质权人丧失对质物的占有,则质权消灭。所以,质权人对质物具有占有的权利。

(2)孳息收取权。

质权人有权收取质押财产的孳息,除非合同另有约定,但孳息应该先充抵收取孳息的费用。

(3)质物保全权。

如果在质权人占有质物期间,因不可归责于质权人的事由可能使质押的财产毁损或者价值贬损足以危害质权人的权益的,质权人有权要求出质人担供相应的担保；出质人不提供的，质权人可以出卖、变卖质押的财产，并与出质人通过协议将拍卖、变卖所得价款提前清偿债务或提存。同时，作为质物的合法占有人，在其他人有妨害质权人的占有时，质权人还可以行使排除妨害的请求权。

(4)转质权。

质权人在质权存续期间内，可以将质物进行转质，但这种转质必须经过出质人的同意，未经出质人的同意将质物转质的，造成质押财产毁损、灭失的，应当向出质人承担赔偿责任。

4.质押权人的义务。

(1)保管质物的义务。

质押权成立的要件是转移质物的占有，实际上，在整个质押权存续期间，质物一直处于质押权人的管领和控制之下，所以质押权人负有保管质物的义务，因质押权人保管不善导致质物毁损或者价值贬损的，质押权人应当承担相应的赔偿责任。

(2)返还质物的义务。

债务人清偿了自己的债务或者质权因其他原因消灭的，质押权人应当将质物返还给出质人。

5.出质人的权利。

(1)保全质物的权利。

在质押权存续期间，质押权人没有尽到管理的义务，可能导致质物灭失或者价值贬损的，出质人有权请求质押权人采取妥善的措施保全质物。质权人的行为可能使质押财产毁损、灭失的，出质人可以要求质权人将质押财产提存，或者要求提前清偿债务并返还质押的财产。

(2)请求返还质物的权利。

当债务人清偿债务或者质权因其他原因消灭的，出质人有权请求质权人返还质物。

6.出质人的义务。

(1)将质物转移给质权人占有的义务。

在签订质押合同后，出质人有义务将质物的占有转移于质权人，以保证质权的成立。

(2)配合质权人实现质权的义务。

当债务人不能清偿到期债权时，为了保证质权人质权的实现，出质人有义务配合质权人实现自己的质权。

7.质权的实现。

债务人不履行到期债务或发生当事人约定的实现质权的情形，质权人可以与出质人协议以质押财产折价，也可以就拍卖、变卖质押财产所得的价款优先受偿。

（三）卫生留置权

1. 概念。

债权人已经合法地占有了债务人的动产，如果债务人不履行到期债务，债权人可以依法留置该财产，并就该财产折价或者拍卖、变卖的价款优先受偿。如果当事人双方事前约定动产不能留置的，不得留置该动产。债权人即为留置权人，占有的动产为留置财产。

2. 成立。

(1)留置权人已经合法地占有债务人的动产；

(2)债权人对债务人的债权已经到期；

(3)留置权人留置的财产和留置权人对债务人的债权之间属于同一法律关系；

(4)留置权人留置的财产不属于法定财产，或者是约定不能留置的财产。

3. 留置权人的权利。

(1)留置标的物的权利。

留置权人在债权未受清偿之前有权留置留置物，实际上留置权是以留置权人占有留置物为成立要件的，如果留置权人丧失对留置物的占有或者出现留置物灭失等情形的，留置权就消灭了，所以对于留置权人而言，首要的权利就是留置标的物的权利。

(2)收取孳息的权利。

留置权人有权收取留置物的孳息，但孳息应当先抵充收取孳息的费用。

(3)优先受偿的权利。

债务人一直未履行债务的，经过法定或者约定的期间，留置权人可以就留置物折价或者拍卖、变卖的价款优先受偿。并且同一动产上已设立抵押权或者质权，该动产又被留置的，留置权人优先受偿。

4. 留置权人的义务。

(1)保管留置物的义务。

留置权成立的要件是留置权人对留置物的占有。在整个留置权存续期间，留置物一直处于留置权人的管领和控制之下，所以留置权人负有保管留置物的义务，因留置权人保管不善导致留置物毁损或者价值贬损的，留置权人应当承担相应的赔偿责任。

(2)返还留置物的义务。债务人清偿了自己的债务或者留置权因其他原因消灭的，留置权人应当将留置物返还给债务人。

5.债务人的权利。

(1)损害赔偿请求权。

在留置权存续期间,留置权人没有尽到管理的义务,可能导致留置物灭失或者价值贬损的,债务人有权请求留置权人采取妥善的措施保全质物。留置权人的行为可能使留置物毁损、灭失的,债务人可以要求留置权人承担损害赔偿责任。

(2)请求返还留置物的权利。

当债务人清偿债务或者留置权因其他原因消灭的,债务人有权请求留置权人返还留置物。

6.债务人的义务。

(1)返还保管费用的义务。

当留置权人因保管留置物而支付了必要的费用时,债务人在留置权人返还留置物时有义务向留置权人支付因保管留置物而支付的费用。

(2)配合留置权人实现留置权的义务。当债务人不履行债权时,为了保证留置权人留置权的实现,债务人有义务配合留置权人实现自己的留置权。

7.留置权的实现。

留置权人与债务人应当约定留置财产后的债务履行期间;没有约定或者约定不明确的,留置权人应当给债务人两个月以上履行债务的期间,但鲜活易腐等不易保管的动产除外。债务人逾期未履行的,留置权人可以与债务人协议以留置财产折价,也可以就拍卖、变卖留置财产所得的价款优先受偿。

课后习题

1.试述卫生所有权的内容。

2.试述卫生用益物权的种类和内容。

3.试述卫生担保物权的种类和内容。

第四篇

卫生债权篇

第十二章　卫生民事债权的概述

学习目标

本章主要阐述了卫生之债的发生和消灭。通过本章的学习，了解卫生之债的发生和消灭的原因。

案例分析

2000 年 5 月，甲因左侧股骨上段肿瘤久治不愈，住进乙医院的骨科住院部进行治疗。同年 6 月，乙为甲做肿瘤切除及左侧人工髋关节置换术，手术后伤口一直未愈合。甲后又找到其主管医生，医生简单检查以后告知甲因其年岁较高，肌体愈合能力差，愈合慢属于正常现象，甲于当年 12 月出院。2001 年 7 月，甲因伤口长期不能顺利愈合，到丙医院住院治疗，经检查清创，于左髋部发现异物，取出后见异物为纱布块。取出异物后，伤口逐渐愈合，不久甲康复出院。但经鉴定：甲左髋关节的功能丧失 40%，已经构成残疾，不能恢复到正常状态。甲在行左髋关节人工置换术后，手术伤口长期不愈，经检查发现有纱布存留，纱布对其术后恢复的影响，应考虑是造成残疾的主要原因。2001 年 12 月，甲将乙医院诉至法院，要求判决乙返还甲在乙住院期间的医疗费 89000 元，在丙处的医疗费 24000 元，甲另支付的护理费 4300 元、交通费 110 元、鉴定费 1000 元，并曾外购药品及营养品、做中医治疗等花费的 3000 元，后续治疗费 20 万元，伤残赔偿金及精神抚慰金 50 万元。

思考：本案中，甲和乙之间是什么法律关系？产生这种法律关系的原因是什么？

第一节　卫生之债的发生原因

一、债的发生原因概述

债的发生原因，又称债的发生依据，是指债发生的法律事实。依据引起卫生法律关系发生的法律事实，卫生之债根据债发生的原因主要有医疗服务合同之债、医疗无因管理之债、医疗不当得利之债、缔约过失之债等。

二、医疗服务合同

合同是当事人之间设立、变更、终止债权债务关系的协议。合同是产生债的最常见、最重要的原因。基于医患双方缔结医疗合同法律关系所产生的债是合同之债，患者和医方的关系最常态的就是医疗合同关系。因此，医疗服务合同是卫生之债中最主要的一种债的表现形式。

三、缔约过失

缔约过失，是指医方或患者在缔约医疗服务合同的过程中具有过失，从而导致合同不成立、无效、被撤销或不被追认，使他方当事人受有损害的情况。于此场合，具有过失的一方应赔偿对方受有的损失，由此形成法定债的关系。

四、卫生侵权行为

侵权行为，是指不法侵害他人的合法权益，应承担民事责任的行为。侵权行为发生，侵权人有义务赔偿受害人损失，受害人有权请求侵权人予以赔偿，形成债的关系。卫生侵权行为中最典型的是医疗侵权行为，即在医疗服务合同中，因提供医疗服务的医方有过失或者不作为使患者的生命权、健康权、知情权等民事权利受到侵害的行为。其他卫生侵权行为是违反血液管理制度、传染病防治制度、食品卫生制度、药品管理制度、化妆品卫生监督法律制度、突发公共卫生事件法律制度、医院感染管理制度、医疗器械法律制度等侵犯他人合法权利的行为。

五、医疗无因管理

无因管理是债权债务发生的根据之一，医疗关系也会基于无因管理而发生。医疗无因管理，是指医方在没有法定或约定义务的情况下，基于救死扶伤的人道主义精神，为避免患者生命健康利益受到损害，自愿为患者提供医疗服务的行为（详见第十四章）。

六、不当得利

医疗不当得利关系，是指医方因履行强制诊疗义务对特定患者进行抢救或治疗时产生的法律关系。医疗不当得利，是指没有合法根据，致使他人受有损失而自己取得的利益。由于该项利益没有法律上的根据，应返还给受害人，形成以不当得利返还为内容的债的关系（详见第十四章）。

第二节　卫生之债的消灭

一、债的消灭的概念

债的消灭，也称债的终止，是指债权人和债务人之间的权利义务关系不复存在的法律现象。卫生之债的消灭是指卫生民事法律关系主体之间权利义务关系因某种法律事实而不复存在的法律现象。

二、债的消灭的主要原因

（一）清偿

亦即履行，是指债务人按照法律的规定或者合同约定向债权人履行义务。债务人清偿了债务，债权人的权利得以实现，债的目的达到，债随之消灭。医疗合同关系中，医方履行了医疗行为，患者支付了相应的医疗费用及报酬，其合同之债消灭。

（二）抵销

是指两人互负债务时，各以其债权充当债务之清偿，而使其债务与对方的债务在对等额内相互消灭。依抵销产生根据的不同，可分为法定抵销和合意抵销。

（三）提存

是指债务人于债务已届履行期，由于债权人的原因而无法向其交付合同标的物时，债务人将该标的物交给提存机关，以消灭债务的行为。

（四）免除

是指债权人放弃债权，从而解除债务人所承担债的义务的单方行为。

（五）混同

是指债权与债务同归于一人，而使债的关系消灭的事实。

课后习题

1. 举例说明卫生之债发生的原因。
2. 简述卫生之债消灭的原因。

第十三章　医疗服务合同

学习目标

本章主要阐述了医疗服务合同的基本内容。通过本章的学习，了解医疗服务合同的概念、性质、特点、效力，熟悉医疗服务合同的订立、生效、无效、撤销、终止的原因，掌握医疗服务合同中医方和患者的权利和义务，医疗服务合同的违约责任，并明确其在我国卫生民事法中的重要地位和意义。

案例分析 1

24 岁的未婚女青年杜某，到一家不具有开展人工授精等辅助生殖技术资质的私立医院进行人工授精，并要求选择胎儿性别，两次均未能如愿怀孕。支付了手术费却依然两次以失败告终的杜某，以医院不具备进行人工授精的资质，也未对她做是否符合人工授精条件的审查，存在欺诈行为为由，要求医院双倍返还手术费共计 12 万元，并将该医院告上法院。医院称杜某未能如愿怀孕是术前已明确告知可能发生的，不是医院过错，杜某接受医疗服务就应支付医疗服务费，不同意返还费用。

思考：本案医疗服务合同是否订立并生效？被告医院是否构成违约？法院应该如何判决？

案例分析 2

1999 年 12 月 31 日，金女士出现临产迹象，因其身材较小、年龄偏大，决定做剖腹产，在得到某医院能做剖腹产手术的答复后，入住该院。31 日 23 时 45 分，产妇自然破水，但因产妇产道狭小，婴儿头部较大，婴儿无法产出而导致难产，医院为了制造新闻效应，无视家属提出的施行剖腹产手术的要求，坚持让其自然分娩，医护人员只是轮流在产妇腹外加压，促其分娩，2000 年 1 月 1 日凌晨金女士自然产下一“千年宝宝”。然而婴儿娩出后窒息，抢救半个多小时，婴儿仍不会哭。经 CT 检查显示蛛网膜下腔出血。纠纷由此发生。

思考：本案中，医院违反了何种义务？应该承担什么责任？

第一节　医疗合同概述

一、医疗合同的概念

医疗合同常又称为医疗服务合同、医患合同、医疗契约，是指医疗机构或个体医师基于医学知识、技能、技术等手段，为患者提供诊断，治疗疾病，提供护理或进行健康检查、医学美容等医疗服务，患者为此支付相关医疗费用的协议。简单地说，就是医方提供医疗服务而患方支付医疗费用的合同，它是在医疗服务过程中所结成的权利和义务关系，是民事合同的一种。医疗服务合同根据其医疗内容不同，分为一般诊疗服务合同、健康检查服务合同、实验性医疗服务合同以及其他性质的如整形手术、美容手术、修补牙齿等医疗服务合同。

医疗合同是以医疗行为为合同内容的，其中医疗行为有广义和狭义之分。狭义的医疗行为最贴近的概念是《医疗机构管理条例实施细则》第 88 条定义的诊疗活动，是指通过各种检查，使用药物、器械及手术等方法，对疾病做出判断和消除疾病、缓解病情、减轻痛苦、改善功能、延长生命、帮助患者恢复健康的活动，因此狭义的医疗行为仅指以治疗疾病为目的的诊断治疗行为。而广义的医疗行为不仅包括狭义的医疗行为的内容，还包括医方向患者提供的康复、保健以及医疗美容等内容。医疗合同是以广义的医疗行为为合同内容的。故患者的概念也是广义的范畴，因为在医疗合同中，相对方并非都是患者，如孕妇生产、正常人体检，进行健康咨询等，因此医疗合同中的患者并不一定是身体出现疾病需要救治的人。

二、医疗合同的性质

（一）医疗合同性质的学说

我国的《合同法》上并没有界定医疗合同，而学界的认识也并不统一。对于医疗合同的法律性质，理论界有着不同的学说，主要有以下几种：委任合同说、准委任合同说、承揽合同说、雇佣合同说、混合合同说、无名合同说和典型合同说。

1. 委任合同说。

大多数学者都主张委任合同说，我国台湾地区也采纳此说。该学说认为："医疗契约是以劳务给付为内容的契约，医方提供医疗诊治的行为作为事实行为，不以行为的有偿性为必要条件，以治疗行为的持续不再必要作为契约的终止条件；又因医师是基于其专业的医学知识、医疗技能、丰富的医学经验，自己决定采取何种医疗措施，不受患者意见的约束，更谈不上由患者来监督其医疗行为，故医疗契约属于委任契约。”①

2. 准委任合同说。

此说为日本通说。该学说认为:“医疗合同是运用医师所要求的临床医学的知识、技术,迅速、准确地诊断患者疾病的原因和痛苦之后,采取适当的治疗行为等事务处理为目的的合同,只要没有特别的约定,就不能将良好结果的达成包含在债务的内容里。”这种合同与以物的给付为目的、内容确定、应该达成一定结果的“结果债务”的合同不同,它是患者委托医师以医治其伤病为目的,医师给予患者谨慎的注意义务及实施适当的诊疗行为为内容的“手段债务”的合同。② 日本民法委任合同以法律行为为限,而医疗行为本质是一种事实行为,而非法律行为,故仅可称其为准委任。

3. 承揽合同说。

承揽合同是指承揽人依据定作人的意愿,在一定期限内完成劳务工作,并交付劳务成果,定作人支付相应劳务报酬的合同。该说认为,医疗合同是医方完成了医疗行为,不论疾病是否治愈,患者都应该支付相应的医疗费用的合同。因此完成医疗行为即医疗合同之目的,如修补牙齿、配备近视镜、安装义肢等。

4. 雇佣合同说。

英美法德采此学说,雇佣是指合同当事人双方约定,一方于一定或不定的期限内为他方服劳务,他方给付报酬的合同。医疗合同是医方以医疗行为为患者提供服务,患者给付报酬的一种雇佣合同。此为德国通说,因为德国民法规定,委任为无偿合同,而医疗合同大部分都是有偿合同,因而无法归为委任合同,同时医疗合同并不以疾病的治愈为合同的内容,也不适用承揽合同的规定。因此,德国法将绝大部分为有偿合同的医疗合同视为雇佣合同。在英美法上将医疗合同视为雇佣合同的观点也占主导地位。③

5. 混合合同说。

此说认为,在医药不分业的国家,医疗合同的内容极为复杂,不能一概而论。一般门诊的医疗合同是委任与买卖的混合合同。住院期间的医疗合同,是委任、买卖与雇佣的混合合同。还有一种特殊的医疗合同,是患者接受实验性医疗的合同,这类合同是委任与赠予的混合。④

6. 无名合同说。

此学说认为,从患者委托医师完成适当诊疗事务这一目的来看,将医疗合同

---

① 黄丁全:《医事法》,中国政法大学出版社 2003 年版,第 165 页。

② 艾尔肯:《论医疗合同关系》,《河北法学》2006 年第 12 期。

③ 艾尔肯:《论医疗合同关系》,《河北法学》2006 年第 12 期。

④ 王海燕:《我国医疗合同若干问题探讨》,吉林大学 2006 年硕士论文。

视为准委任契约似乎是恰当的，但具体分析医疗合同的特征，就会发现医疗合同与典型的委托合同存在很大差异，很难说医疗合同是一种典型合同。因此将它视为一种独立的无名契约更为合理。①

7. 典型合同说。

该说认为，医疗合同本质上应属于一种独立的典型合同。代表国家是荷兰，其将医疗合同作为典型合同列入《荷兰民法典》中，详细规定双方权利义务。②

（二）对医疗合同性质的认识

每种学说都有其存在的理据，也不免有其片面性。医疗行为的复杂性和专业性，导致医疗合同不同于现行的《合同法》中任一种有名合同，而是一种具有自身特点的独立的合同形态。医疗服务合同应当依据合同的给付内容确定其法律性质，具体问题具体分析，不可片面地将其归属于某一合同类型。我们认为，医疗合同在总体上应当属于无名合同，而医疗合同不仅包括处理医疗事务的委任合同的内容，而且还包括买卖、租赁、雇佣等关系，如患者在住院过程中购买相关药品、医疗器材，从而建立买卖合同关系；患者因治疗需要而租用医疗器械而形成租赁合同关系，因此医疗合同又是一种综合性的合同。因其具有特殊性，法律应将医疗合同作为一种新的有名合同在法律法规中加以立法规定，明确医患双方当事人的权利和义务关系，合理界定医患双方的责任承担，以利于缓解医患矛盾，解决医患纠纷。

三、医疗合同的特点

作为民事合同的一种，医疗合同具有民事合同的一般特征，但由于医疗活动的特殊性，医疗合同在缔约、主体、客体、内容、履行等方面还具有独特之处。医疗合同无论从内容还是性质上看，其特殊之处都是显而易见的，因此，其除了具有一般合同所具有的特征以外，还具有自身的一些特征。

（一）医疗合同主体的专业性

一般的民事活动中，完全民事行为能力人都可基于自己的意思和他人缔结合同，即对合同主体并没有限制。然而，医疗行为具有复杂性和特殊性，必须具有医学专业知识并取得相应的从业资格才能进行，因此，医疗合同中提供医疗行为的医方主体必须具有专业性。医疗合同应当以合法医师或医疗机构为一方主体。不具备相应的专业知识而擅自从事医疗活动为违法行为，情节严重的构成非法行医罪。

---

① 艾尔肯：《医疗损害赔偿研究》，中国法制出版社2005年版，第35页。

② 王海燕：《我国医疗合同若干问题探讨》，吉林大学2006年硕士论文。

（二）医疗合同订立的强制性

意思自治原则是民法的基本原则，在合同领域主要表现为合同自由原则，合同的成立以当事人的真实意思表示为前提。医疗合同作为私法上的合同，双方当事人也应享有意思自治，但医疗合同的订立有时无法真正体现意思自治原则，因医疗服务具有公共性，因此医疗合同的当事人在享有一定意思自治的同时，还要受到公法的约束。医疗合同与病人的生命、健康利益密切相关，医方因其具有专业医学知识、技能和拥有健全的医疗器械、设备而占据优势地位，而患者则处于弱势地位，为了保障患者的利益，追求利益均衡，现代民法对合同自由做了适当限制，规定缔约双方中有优越地位的一方负有应相对人的请求，与其订立合同的义务。即医师对患者请求诊疗的要求无正当理由不得拒绝。世界各国和地区的立法大都规定了医师的强制缔约义务，如日本医师法规定："从事诊疗之医师，在诊察治疗之请求存在的场合，若无正当理由，不得拒绝该请求。"我国《执业医师法》也有类似规定。这种公法上强制缔约义务的规定立足于医师负有治病救人的社会职责，为了充分保护患者的生命健康权，对医师的缔约自由给予一定的限制。①

（三）医疗合同内容的特殊性

一般民事法律关系中主体的权利和义务完全是双向对应和对等的，即一方的权利是另一方的义务，一方的义务是另一方的权利。但医疗合同则不同，权利和义务难以真正双向对等。人们的健康权、生命权神圣不可侵犯，任何非法损害他人健康、剥夺他人生命的行为都应当受到法律的制裁。但是由于诊治行为的探索性，在维护患者合法权益的前提下，在医疗合同的权利义务设定上赋予医方较高的自由裁量权，使医方可以不按照患者的要求和指示而进行诊治。该权利的合理行使具有一定的适法性，也即在医方施行医学上认为是合理和适当诊疗的过程中，如果对患者的健康造成危害，该诊治行为可以不受法律追究。我国虽在《刑法》中无明文规制，但是在《执业医师法》第21条和《医疗事故处理条例》第33条中都对此做出了规定。由于诊治行为是以患者自身不可替代的生命、身体为对象进行的，且双方不能对治愈结果进行约定，为了对抗和平衡医患双方的权利义务，应赋予患者自我决定权，使患者不仅对疾病的诊断方法和结果、治疗原则和方案以及可能的预后有"知情的权利"，而且对于医方的诊疗措施具有最后的"同意或否决的权利"，医方对此须以说明义务等保证患者自我决定权的行使。②

由于医疗行为救死扶伤、治病救人的道德特性，因此医疗合同权利义务还具

---

① 周光涛：《论医疗合同》，中国政法大学2005年硕士论文。

② 李海洋、薛雷：《论医疗合同的特征》，《法制与社会》2011年第3期。

有伦理性的特点。《希波克拉底誓言》长期以来被医学界奉为圣经,“余必依余之能力与判断,以救助病人,永不存损害妄为之念”是医学伦理的最早体现,《日内瓦宣言》更是将“吾必本良心与尊严而行医”,“吾最关心者,为病人之健康”作为医师的信条。强制缔约义务、转诊义务、保密义务等医疗伦理规范已经上升为国家法律法规。此外,“安乐死”、脑死亡、试管婴儿、器官移植等生物医学新问题和新技术的出现,对医疗机构医疗合同权利义务的约定和履行提出了新的更高的医学伦理要求。

(四)医疗合同客体的探索性和手段性

医疗合同客体的探索性,在临床实践中普遍存在,突出地体现在医疗过程中的“边观察、边治疗”上。同样的症状、体征可见于不同的疾病,同样的疾病又可以表现出不同的症状、体征,同样的药物对甲患者有效而对乙患者可能无效,同样的治疗方法对该患者以前有效但现在可能无效等情形是临床实践的常态。由于人体是生物—心理—社会的复杂结合体,加上疾病本身的不可预测性、医学发展的局限性、因果关系的不确定性,疾病的诊治过程很独特,许多时候需要渐进的探索。即使是在了解疾病本质的情况下,医务人员按自己或前人的经验积累进行诊治,有时因为个体差异等因素,仍会产生预期以外的结果。在不了解疾病本质的情况下,医务人员便只能根据患者当时病情或伤情所发展的实际情况,“边观察、边治疗”,探索性地选择和实施适当的诊疗行为。这一探索过程必然具有不确定性,因此,在评价治疗行为时不能对某一阶段做独立考察,必须对诊疗行为的整个过程进行考察。获得确实可靠和详细的病情资料是正确诊治的第一步。为了实现这一步,难免会出现一些在以后看来是不必要的检验。临床实践中,无论医方动用多少医疗资源,也不一定能查清疾病的本质,所采取的诊治措施并不能保证每个患者都能实现治愈,同一种疾病可能会出现多种转归。因此,医疗合同的债务并非是达成使患者实现治愈这一特定结果,而只能是作为治疗疾病的手段(美容医疗等除外),但这并不意味着结果并不重要,在价值方向上结果仍然是努力追求的目标。是否如约履行的关键在于医疗机构所实施的医疗行为是否是医学上认为的适当诊疗,而不以疾病的治愈与否为判断标准,是为手段债务,而非结果债务。①

(五)医疗合同履行的侵袭性和风险性

医疗合同的履行通常需要借助各种检查手段、需要借助药物和手术等,这些诊疗措施具有侵袭患者身体甚至生命的可能。在疾病诊断中,放射性检查或治疗、血液检查、活体检查等会对人体造成损害。在药物治疗中,一方面是药物剂

① 李海洋、薛雷:《论医疗合同的特征》,《法制与社会》2011年第3期。

量的问题，所谓“是药三分毒”，任何药品达到一定的剂量都可能成为毒物；另一方面是药物固有的药理作用，需避免或减轻毒副作用产生的危害，甚至要使用拮抗药物。[①] 在手术治疗中，通常需要在正常完整的组织上实施切口，充分暴露手术视野；可能出现无法保全正常组织、器官缺失、功能受限、终生需要辅助药物维持等情况；也可能发生切口感染、延期愈合、顽固性含气残腔等并发症。侵袭性是医疗合同履行过程中的基本特点之一，只是在具体医疗合同履行过程中方式和程度有所不同而已。

医疗合同履行过程中的风险性主要体现为难以预测性、不确定性。医疗风险一定程度上来自于患者本身，包括患者抵抗病痛和创伤的能力等身体健康因素、组织器官结构是否变异等人体解剖因素、是否有其他原发疾病和并发症等。疾病的发生、发展和转归有其自身规律，早期症状不明显容易造成误诊误治，中期病菌可能出现耐药性、病理组织产生抵抗性，晚期可能多器官转移成为不治之症。还有由于履行上的侵袭性、科学技术的局限性、医生认知的局限性、实验性治疗、医疗器械设备和血液等带来的潜在风险，但是该风险具有拯救生命或恢复健康利益的极大潜在价值，有时甚至是唯一的挽救手段。从这个意义上讲，医疗风险是必须面对的、无可避免的事实。[②]

四、医疗合同的内容

合同的内容即合同当事人的权利和义务，具体表现为合同的条款。医疗合同的内容就是指患者和医方基于医疗合同应享有的权利和承担的义务。它们既可由双方约定，也可由法律直接规定。

（一）医方的权利

这里所说的医方权利是指医疗机构和医师享有的合同权利。

1. 治疗主导权。

这是医方最重要的权利，指在治疗过程中，医师享有疾病调查权、诊断权、处方权、处置权等权利。医方有权询问患者的家族病史、患者个人生活情况，有权建议要求患者做各种检查，有权就治疗、处置方案做出医学上的判断和合理建议。治疗主导权来源于患者的授权和法律的规定，因此其既是一种约定权利也是一种法定权利。对于医患双方而言，虽然法律地位平等，但是在医学知识与技能等方面，医方具有绝对的优势，所以尽管患者具有自我决定权，但只有充分尊

---

① 拮抗药(Antagonist)：能与受体结合，具有较强的亲和力而无内在活性($\alpha=0$)的药物。它们本身不产生作用，但因占据受体而拮抗激动药的效应，如纳洛酮和普萘洛尔均属于拮抗药。少数拮抗药以拮抗作用为主，同时尚有较弱的内在活性($\alpha<1$)，故有较弱的激动受体作用，如β受体拮抗药氧烯洛尔。

② 李海洋、薛雷：《论医疗合同的特征》，《法制与社会》2011年第3期。

重和配合医方的治疗主导权，才能使患者消除疾病、恢复健康。

2. 拒绝治疗权。

虽然医疗合同在缔约过程中医方有强制缔约的义务，但这并不意味着医方也有强制治疗的义务。医方在特殊情况下可以行使拒绝治疗权。主要总结为以下六种情况。第一，医务人员的人格和人身权利受到威胁和不法侵害的情况；第二，患者经催告无合理理由依然未及时按约定缴付医疗费用；第三，患者或家属严重违反了医院的规章制度，经劝解无效的情况；第四，患者故意不配合医治的情况；第五，患者提出无理治疗要求的情况；第六，特殊疾病应转让专科医院的时候。[①] 如果以上情形消失，医方不能拒绝对患者的诊疗。

3. 医疗费用及报酬请求权。

医疗服务合同是双务有偿合同，因此医方提供医疗服务后，有权要求患者支付相应的医疗费用和报酬。虽然现在我国大部分医疗机构仍然具有社会公共福利性，但我国医疗机构向社会提供的医疗服务通常是有偿的。医方可按照约定或者惯例要求患者支付医疗费用和报酬。

（二）医方的义务

合同义务体系中有主给付义务、从给付义务和附随义务，根据民法原理，医疗合同关系作为一种民事法律关系，医方履行的义务也同样存在这样的义务体系。

1. 主给付义务。

诊疗义务是医方负担的最重要的义务。指医生根据患者的诊疗要求，运用医学知识和技能，正确诊断患者的病情并施以适当的治疗。这里所说的诊疗是指广义上的诊疗，包括诊断、治疗、麻醉、手术、输血等具体的诊疗过程。[②] 医生在履行诊疗义务的过程中，应以保护患者的利益为最终的目的，尽可能地减轻病人的痛苦，使用具有最佳医疗效果的医疗方式。对于具体的患者应给付什么样的诊疗义务，应根据诊疗护理规范、现有的技术条件、患者的病情和身体状况等全面考虑，因人而异，制订出最有效、最周密的方案。对于急危患者，应当采取紧急措施进行诊治，不得拒绝处置急危患者。

医方的诊疗行为必须符合以下三项要求：第一，医方提供的诊疗护理服务应当符合保障患者安全的要求，对可能危及人身安全而又必需的治疗方法，应当向患者做出真实的说明和明确的警示；第二，诊疗护理服务既要有利于患者的身体健康，又要尽量为患者的利益考虑，严禁开出超出病情需要的大处方以谋取经济利益（但在医疗服务过程中，由于患者方专业知识的欠缺、医方受经济利益的驱

---

① 张赞宁：《医方有权拒绝治疗权和强制治疗权》，《医院院长论坛》2007 年第 4 期。

② 艾尔肯：《论医疗合同关系》，《河北法学》2006 年第 12 期。

动以及缺乏有效的规制措施,此种情形难以避免。这也是医患关系紧张、不信任的根源之一);第三,未经审批和患者方的同意,不得进行实验性的临床医疗。①

2.从给付义务。

从给付义务是对合同目的的实现起着辅助作用的义务,医疗合同中的从给付义务包括告知义务、转诊义务、制作和保管病历的义务、提供检查报告资料的义务等。

(1)告知义务。

告知义务,也称作说明义务,是医师对患者就患病状况、治疗措施及治疗所伴随的有关风险以及其他应考虑的措施等加以详细说明的义务。该项义务相对的是患者的自己决定权。我国现行法律法规对医师告知义务有明确规定。《执业医师法》第26条规定:"医师应当如实向患者或者其家属介绍病情,但应注意避免对患者产生不利后果。"《医疗事故处理条例》第11条规定:"在医疗活动中,医疗机构及其医务人员应当将患者的病情、医疗措施、医疗风险等如实告知患者,及时解答其咨询;但是,应当避免对患者产生不利后果。"《侵权责任法》第55条规定:"医务人员在诊疗活动中应当向患者说明病情和医疗措施。需要实施手术、特殊检查、特殊治疗的,医务人员应当及时向患者说明医疗风险、替代性医疗方案等情况,并取得其书面同意;不宜向患者说明的,应当向患者的近亲属说明,并取得其书面同意。"

医生在对患者进行手术等医疗行为时,为使患者或者其监护人或者近亲属能够合理选择治疗方案,医方应当就决定治疗方案所必要了解的信息,对患者或者其监护人或者近亲属做合理的说明。医方应当向患方说明的内容包括:患者所患疾病的诊断结果、症状及原因,针对该疾病可供选择的治疗方案以及利弊,医方对该疾病的实际诊疗能力,建议治疗方案及其内容、效果和成功的概率,可能产生的风险及对策,不及时治疗可能发生的后果,治疗所需要的费用及后续治疗费用等。但医方根据疾病的特殊性和患者的个人承受能力等情况,认为告知某些信息对患者显然不利的,可不直接告知患者本人,但应告知其家属或其他关系人。

告知义务可以从三个方面进行理解:①得到患者有效承诺的告知义务。当医生准备对患者采取侵袭性的医疗行为时,应首先取得患者的承诺,从而阻却该项医疗行为的违法性。②回避不良结果的告知义务。这种义务主要包括对疗养方法的指导义务以及转诊劝告义务。医生在医疗行为过程中,预见到或应当预见到有相当盖然性发生不良结果的危险时,应对患者或其亲属就医生的诊断与

① 董晓飞:《医疗合同研究》,山东大学2010年硕士论文。

目前症状、治疗状况等进行说明，对具体的疗养方法与遵守事项进行指导，以回避上述预见的不良结果的义务。③报告义务。医疗合同虽被认为不同于委任合同，但却具有民法上委任契约的性质。因此，医方作为受托人有向患者及其家属报告病情的报告义务，这种报告义务主要是让患方及时了解治疗进程、病情的状况及相关事宜，从而减轻患者的心理压力和不安情绪，使患方作为合同一方主体获得相应的知情权。①

(2)转诊的义务。

转诊义务是指医方限于设备或技术能力的限制导致无法对患者进行明确诊断或难以实施有效治疗的，应当将患者转到其他有条件的医疗机构进行救治的义务。我国《医疗机构管理条例》第 31 条规定："医疗机构对危重病人应当立刻抢救，对限于设备或者技术条件不能诊治的病人，应当及时转诊。"《医院工作制度》中第 30 项工作制度即"转院、转科制度"，其对医方履行转诊义务做了较为具体详尽的规定。转诊义务具体包括转院、转科、调换医师及提供资料的义务。转诊的情况主要为：医疗设备、医疗条件、医疗人员有限以及特殊疾病等。在目前的情况下，一般医疗机构对大多数患者的疾病可以进行妥善的治疗和医学处理，但是由于存在专业差别、医疗水平以及不同医疗机构硬件条件的差异，不是任何医师对一切复杂的疾病都能进行正确的诊断和治疗。当患者出现非本专业的疾病或病情不明的情况时，应及时转诊或请其他专科医师会诊，以免耽误患者及时诊断、治疗的时机，从而更好地保护患者的合法权益。因此，医疗转诊是医师应有的义务。如果医方无条件和能力为患者治疗，故意拖延以至耽误了患者的病情，则应以违反转诊义务为由追究医方的责任。

(3)制作、保管病历的义务。

病历是指患者在医疗机构中接受问诊、诊断、治疗、检查、护理等过程中所形成的医疗文书资料的总和，包括门急诊病历和住院病历。2010 年修订的《病例书写基本规范》第 1 条规定："病历是指医务人员在医疗活动过程中形成的文字、符号、图表、影像、切片等资料的总和，包括门(急)诊病历和住院病历。"由于医疗合同的特殊性，医师在诊疗疾病时，应按规定对患者疾病诊断、病情发生变化、诊断及治疗意见、治疗过程及效果、实行特殊处理的方法和时间等做清晰、翔实、完整的纪录。医院必须建立病案，收诊的患者必须有完整的病历。病历作为患者病情和病史的记载体，在处理医疗纠纷时具有证据功能，依据病历的有关记载内容可以判断医方有无过失。

医方应按照规定妥善保管好病历资料。对此义务我国相关的法律法规较

---

① 张奇：《医疗合同研究》，复旦大学 2008 年硕士论文。

多，如《医疗机构管理条例》第 53 条规定：“医疗机构的门诊病历的保存期不得少于 15 年；住院病历的保存期不得少于 30 年。”《执业医师法》第 23 条规定：“医师实施医疗、预防、保健措施，签署有关医学证明文件，必须亲自诊查、调查，并按照规定及时填写医学文书，不得隐匿、伪造或者销毁医学文书及有关资料。”《医疗事故处理条例》第 8 条规定：“医疗机构应当按照国务院卫生行政部门规定的要求，书写并妥善保管病历资料。”

(4)高度注意的义务。

医方履行诊疗义务，为患者提供诊疗护理服务时应当高度注意自己的职责是否到位，这些职责包括：①遵守各种规章制度和技术操作规范。医护人员必须知道，现有的规章制度和技术操作规范是医学知识和技术的经验和结晶，代表了现代的医学水平，是评判医疗行为适当的重要标准，必须严格遵守。如首诊负责制、医生查房制度、护士巡回制度、三查七对制度、交接班制度等。②时刻关注患者的病情变化和治疗效果，及时采取相应的处理措施。③从患者利益出发，选择合理的诊疗护理方案，尽量减少负面作用。④不断学习，掌握国内外医学的最新研究成果，提高专业技术水平。①

(5)其他义务。

除了上述义务以外，医方还负有忠实的义务，对患者和对社会忠实，不得超越核准登记的诊疗项目开展诊疗活动，必须向患者提供有关医疗服务的真实信息，不得做引人误解的虚假宣传的义务，以及各种证明文件的交付义务、依照特别法和特殊内容的医疗契约所负担的各种义务等。

3. 附随义务。

附随义务是在合同关系的形成、发展过程中，基于诚实信用原则，根据合同的性质、目的和交易习惯，以保护相对人固有的人身、财产利益而产生的通知、保密、保护等辅助性义务。附随义务具有内容上的不确定性，也无合同明文约定，主要体现在相关法律、法规和规章制度中，主要有保护义务，疗养指导说明义务，保密义务等。

(1)保护义务。

在接受医方诊疗护理服务的时候，患者作为医疗合同的权利主体，医方首先必须对其履行保护义务。所谓保护义务，亦称照料义务或照顾义务，是指契约当事人一方，于契约履行过程中负有的顾及契约相对人人身、财产等权益不受侵害的义务。医疗的保护义务主要是指继续治疗的义务和保护患者安全的义务。这一义务主要体现在三个方面：

---

① 董晓飞：《医疗合同研究》，山东大学 2010 年硕士学位论文。

第一，不得任意停止医疗护理服务的义务。一般情况下，患者因缺乏专业医学知识，对自己病情的了解停留在感性认识阶段，往往病情并未治愈而自我感觉良好，甚至有的患者由于经济方面的原因，希望尽快结束治疗。医方应从医学专业的角度，客观全面地分析患者的病情，判断决定是否终止医疗服务，以尽可能地保护患者的生命权和健康权。

第二，保护患者生命安全的义务。除了必须提供安全的诊疗措施外，医方还负有保护患者安全的义务，主要是指保护患者免于危险。例如，地板、楼梯有水路滑，病人容易滑倒，医方就有义务把地面处理干净，做好防滑措施；在手术、检查等过程中不得遗留医用器械、非必需的医疗用品等在患者体内；医方有义务采取必要的安全措施将患有传染病的病人与其他病人隔离，尤其是恶性传染病患者，务必做好防护措施，以免扩大传染源，危及其他患者的健康；等等。

第三，遗体保护义务。患者死亡，医方的诊疗护理义务也相继终止，但是，医方还必须履行合同终止后其所应承担的附随义务①，主要是保护患者遗体的完整性。如太平间的安全防护应该严密，温度适合，以免造成病人遗体的腐烂；未经患者家属同意或者患者留下的遗嘱声明，不得擅自做出解剖遗体、摘取、捐赠、买卖死者遗体器官等损害遗体的行为。

(2)保密义务。

医务人员在为病人提供医疗诊治服务的过程中，经常会在病人向医方提供与病情相关信息时了解、知悉患者的一些隐私情况，对此，医务人员应当承担为患者保密的义务。医务人员保密义务的渊源可归溯到著名的《希波克拉底誓言》："凡我所见所闻，无论有无业务关系，我认为应守秘密者，我愿保守秘密。"我国《合同法》第60条规定："当事人应当按照约定全面履行自己的义务。当事人应当遵循诚实信用原则，根据合同的性质、目的和交易习惯履行通知、协助、保密等义务。"《执业医师法》第22条第3项规定："医师应关心、爱护、尊重患者，保护患者的隐私。"根据上述规定，医务人员在为患者医疗过程中，医方应注意保护患者的隐私权。若因过失或故意将患者的隐私情况公开、泄露，即违反了保密义务，就构成了违约或者侵权，应当承担相应的民事赔偿责任。我国《侵权责任法》第62条对医疗机构与医务人员对患方的隐私保密义务以及违反该义务所应承担的法律责任也做出了明确规定。

---

① 陈曦：《医疗合同中医方附随义务研究》，《商洛学院学报》2014年第5期。

(3)疗养指导说明义务。

患者在停止医方的直接治疗并终止合同的履行而转为疗养阶段时,诊疗义务作为主给付义务一般也相应终止,但此时医方应履行其相应的附随义务即疗养指导说明义务。[①] 因此患者出院前,经治医师应告知患者出院后的注意事项,如服药的方法和时间、病情发展及预后、饮食起居生活中应注意的问题以及复查事项如复查时间、复查项目等,使患者能掌握有关疾病的自我保健知识,使疗效得到巩固。还有对一些特殊疾病的疗养的注意事项进行说明,使患者能掌握自我保护知识,避免不必要的损害,更好地巩固治疗效果。在实践中,这种附随义务容易被医方忽视,有些医师更是不予详细说明。履行这种义务是医方作为具有专业知识及技能的专家所必须负有的责任。

(三)患者的权利

1.获得适当医疗的权利。

这项权利包括:(1)拟就医的患者拥有得到导医服务以获知有关医疗信息的权利。医疗信息是指医疗机构诊疗范围、有关专家及其特长等。(2)患者有获得为治疗其疾病所必需的基本医疗服务的权利。(3)患者,尤其是急诊患者,有得到及时的医疗服务的权利。(4)患者有获取适当诊疗、护理行为的权利。根据《医疗机构管理条例》第33条之规定,未经患者同意,不得使用可能危害患者安全的治疗措施,患者的生命健康权不受不正当的侵害。(5)患者有要求医方高度注意并保障其在治疗过程中的生命健康的权利。[②] (6)患者有获得费用节省的医疗服务的权利。

2.合理的选择权。

即患者享有合理限度的医疗自由权。这项权利包括:(1)有权选择提供医疗服务的医疗机构,自主选择医生。(2)除法律、法规规定传染病必须实行强制医疗外,有权选择是否接受医疗机构提供的任何一项医疗服务,不管是否有益于患者。(3)有权出院及转院。在治疗过程中,对可能限于设备或技术而治疗不能的情况,患者有要求转诊的权利。转诊可分为变更经治医师、转换科室、转换医疗机构三种方式,前两种并未引起医疗服务主体的变化,而转院则引起合同主体变更,实质上是解除原合同。(4)有权决定其遗体或器官如何使用。患者死亡后,其遗体应被依法保护,防止损伤,这是由法律规定的,医疗机构无权占有、处分。患者死亡后,其近亲属可以行使此项权利。[③]

---

① 陈曦:《医疗合同中医方附随义务研究》,《商洛学院学报》2014年第5期。

② 董晓飞:《医疗合同研究》,山东大学2010年硕士论文。

③ 董晓飞:《医疗合同研究》,山东大学2010年硕士论文。

3.知情同意权。

知情同意权是指行为人在社会行为中特别是民事行为中，要求对相关信息了解和知悉，并在此基础上选择是否同意对方行为的权利。患者的知情同意权是指患者对自己的病情、医疗决定所依据的信息有足够充分的了解，最终决定自己医疗事宜的权利。① 该权利的基础是患者的自我决定权，患者自我决定权是现代医患关系中患方权利中的核心权利。由于医疗行为具有高度专门性的特点，医师在履约中具有高度裁量权。他们通常不需要按照患者的要求和指示来履行义务。由于诊疗是以患者自身不可替代的生命、身体为对象进行的，而且通常会对患者身体产生侵袭和损害，而双方又无法对医疗结果进行约定，随着社会文化、文明程度的提高和医学知识的普及，越来越多的病人要求参与医疗，尊重病人的自主权已成为医学道德的重要原则，成为构建现代医患关系的基础。病人不仅对自己疾病的病因、诊断方法、治疗原则以及可能的预后向经治医师要求"知情的权利"，而且对医师治疗上的决定，还要行使同意或否决的"权利"，医师有义务尊重患者本人的自主权。这就是"知情同意"(Informed Consent)理论的内涵。②

知情同意权由知情、理解、同意三个要素构成。告知是同意的前提，即医生应对医疗行为相关的事实进行充分的说明；告知后真正的理解才能叫作知情，因此理解是知情同意的核心要素；在理解的基础上患方进行的选择才是同意权的行使。此项权利包括：(1)患者有权了解医疗机构的治疗科目、诊疗时间和收费标准。(2)有权知道为其提供医疗服务的医疗人员，尤其是负责对其治疗的医生的身份和专业地位。(3)有权知悉自己所患疾病，包括实施的检查、诊断、治疗、处理及预后等方面的情况，并有权要求医生做出通俗易懂的解释。(4)有权知道处方的内容，出院时有权索要处方副本或影印件。(5)患者有权获得记录其客观疾病状况及相关信息的病历资料和医疗记录(但对一些不宜告知其病情的患者，此项权利得由其家属行使)。(6)患者有权拒绝为了医学科研和科研活动，而不是为了诊疗对其进行的检查或处理。(7)有权检查医疗费用，并有权要求医方逐项做出详细解释。(8)有权在出院前一天接到即将出院的通知，并有权要求由一位主治医师以上的专业人士就出院后的疗养问题提供咨询。(9)语言不通的患者有得到译员的权利。③

4.安全保障权。

患者除接受诊疗护理保障生命健康权外，还享有要求医方履行保护职责的

---

① 古津贤、强美英：《医事法学》，北京大学出版社2011年版，第187页。

② 董晓飞：《医疗合同研究》，山东大学2010年硕士论文。

③ 张跃铭：《试析医疗合同法律关系》，《法律与医学杂志》2007年第2期。

权利，患者在医疗机构诊疗行为范围外的安全，有要求医方提供保护的权利。如果医方疏于管理而对患者造成损害，医方要承担法律责任，这一点在住院患者身上体现得更为明显。例如，住院患者有权要求院方提供安全、合理的住院条件，保证患者在住院期间人身、财产安全不受非法侵害。[①] 患者因接受医疗服务受到人身、财产损害的，享有依法获得赔偿的权利。

5.隐私权。

患者在治疗过程中被医务人员获悉的个人隐私，不受医方不法侵犯的权利。医护人员不得擅自公开患者的隐私，如不得将患者个人信息、既往史、心理生理缺陷及疾病状况、检验结果等非法泄露；医疗机构或医护人员欲将患者的病例作为科研成果或新闻报道时，必须征得患者的同意，并不得披露姓名及其他特征性的信息。

（四）患者的义务

医患关系的维系不仅需要医方履行自己的职责，正确行使自己的权利，也需要患方自觉全面地履行自身的义务。患者的义务主要包括以下三种：

1.配合医方诊疗的义务。

医疗服务合同是医患双方真实意思达成一致的民事协议，以医治患者的疾病、恢复其身体健康为合同目的。医疗行为是一种依靠医患双方互动以达到预期治疗效果的行为。所以，医疗合同的履行，需要患者积极配合诊疗护理活动，同心协力使诊疗护理行为达到预期的效果。《荷兰民法典》第7：452条规定了病人的合作义务："病人应当尽最大能力向健康照护提供者提供信息，并在照护者履行医疗合同时提供合理的合作。"如果患者不配合医师的治疗，纵使有再丰富的医疗资源、再先进的医疗水平，也无法达到协议的目的。由此导致患者生命权、健康权等人身权利的不利后果，医方无须承担责任。

其主要内容包括：第一，患者如实陈述病史、病情的义务。患者在求诊时应如实告知病情、病史，在住院期间及时向医护人员陈述病状和异常情况，同时，患者应如实回答医师询问，如病状、痛感、生活习惯及家庭生活、工作环境等有关影响患者身体健康的情况。如果由于患者的错误陈述而导致医师判断错误，医方不承担责任。第二，听从指导的义务。患者听从指导的义务，是指患者在诊疗及康复阶段，要遵从医护人员的指导。如按医嘱进行各项检查，并按医师的指示进行各项检查和接受治疗，按时打针服药，按时复诊，并且在饮食起居方面服从医师的指导意见。[②] 如果患者不及时接受治疗，应视为债权人受领迟延，医方不承担债务不履行责任，但应承担权利减损或丧失所带来的不利后果。

---

① 董晓飞：《医疗合同研究》，山东大学2010年硕士论文。

② 董晓飞：《医疗合同研究》，山东大学2010年硕士论文。

然而上述义务也不是一种真正的义务，即权利人不得请求履行，违反它也不发生损害赔偿责任，仅使负担该义务的一方遭受权利减损或丧失的不利益。因此，如果由于患者的错误陈述而导致医师判断错误，患者不配合医师的治疗，由此导致患者生命权、健康权等人身权利的不利后果，医方无须承担责任。

2. 支付医疗费用的义务。

医疗服务合同属于双务有偿合同，医方提供了有偿医疗服务行为，患者理应承担相应的付费义务。这是合同履行中典型的给付义务，患方如不履行，医方可以请求司法机关强制要求履行。医疗费用包括诊疗、护理、检验、药品、手术、住院等各类费用。实施诊疗后，只要医方尽职尽责，无过失，即使未达到预期的救治效果，患方都应当支付相应的医疗费用（“包疗合同”除外）。医方应当开列明细清单交给病人，患者应如数缴付（滥收、错收等情况除外）。医疗费用的支付时间，如有特别约定的从其约定，如无特别约定的则从习惯，二者都没有时，一般在医疗行为完成时支付。按照我国《合同法》第 67 条关于先履行抗辩权的规定，医方未给付医疗服务前请求患者支付医疗费用，患者可行使先履行抗辩权，医方由于负有先行给付的义务，不得因患者未支付医疗费主张而拒绝诊疗。但在实践中，门诊治疗时患者是先挂号再由医师接诊，开出检查单或处方，患者依检查单或处方划价交费，再可进行检查或取药。住院时患者亦是先交押金办理入院手续进院治疗，出院时结算。期间如押金不足支付费用时，经治医师将催款或动员出院，因此，实践中很多采用付费在先的原则。危急患者，以医师接受患者视为合同成立的时间，此时，根据《执业医师法》第 24 条之规定，医方不得以患者未付费而拒绝治疗。患者在医方展开救治的同时，应积极筹集资金，尽快履行交费义务。否则，当患者脱离险境后，仍不付费，医方有抗辩权，要求患者出院并追偿所欠费用。对非危急患者，如果患者不履行付费义务，则治疗活动无法开始，已开始的也可能中断或终止。①

3. 遵守医院规章制度的义务。

患者在治疗过程中，应自觉遵守医方制定的与患者有关的规章制度，依据医疗机构制定的规章制度办事，尊重医疗机构的医师、护士等工作人员及其提供的服务。为发挥医院职能，提高医疗质量和工作效率，保障正常工作秩序，患者必须自觉遵守医疗卫生机构的各种规章制度，尊重医务人员的辛勤工作，以表示其对医务人员的尊重。如门诊挂号制度、进出院登记制度、医院探视制度等。② 根据原卫生部、公安部联合发布的《关于维护医院秩序的联合通知》第 1 条之规定，任何人不得利用特权故意破坏医疗机构的规章制度，干扰、破坏医疗机构服务行

---

① 董晓飞：《医疗合同研究》，山东大学 2010 年硕士论文。

② 李雅君：《医疗服务合同研究》，河南大学 2013 年硕士论文。

为的正常进行。

此外，患者还有接受强制治疗的义务。如病人所患之病为严重精神疾病或法定传染病，因前者对他人可能构成危害，后者有传染之虞，为预防起见，有关法律法规均规定其有接受强制检查或强制治疗的义务。另外，患者还有遵守医院规定、费用预支、费用偿还以及损害赔偿或其他约定的义务等。

第二节　医疗合同的订立和效力

案例分析3

张某在一家外资企业上班，工作时间比较忙，最近他母亲心脏不好，孝顺的他想带母亲去西南医院看病，但挂号排队很花时间，对工作本身十分繁忙的他来说，是件苦恼事。他听说可以在网上预约挂号，因此他选择了网上挂号，点开西南医院网站，找到“虚拟医院”，点击“预约挂号”，选择科别——心血管内科，选择了心内科名医门诊，预约了周五上午的何医生，发现还有号可以挂，然后输入就诊者姓名、身份证号、手机号、家庭住址，然后用支付宝支付了挂号费。到了预约看病日期，他带着母亲带到了医院，用身份证取了号，顺利地在约定时间内见到了何医生。

思考：张某母亲和医院之间的医疗服务合同是在何时订立的？

一、医疗合同的成立

合同的订立和成立不是同一法律概念，合同订立是合同成立的基础和前提，没有合同的订立就没有具体合同的成立。合同订立是指缔约人做出意思表示并达成合意的状态。合同订立的基本目标就是合同成立，合同成立标志着合同的产生和存在，指当事人对合同的主要条款达成一致意见，即形成合意。合同为双方法律行为，当事人双方意思表示一致，合同即告成立。这是诺成合同成立亦即一般合同成立的规则。合同生效是指已经依法成立的合同在当事人之间产生一定的法律约束力，亦即法律效力。成立的合同是否生效，取决于合同是否符合法律规定的有效条件。

（一）医疗合同的订立

合同当事人达成合意的过程分为两个阶段，即要约和承诺。所谓要约，“是指一方当事人以缔结合同为目的，向对方当事人提出缔结合同的条件，希望对方当事人接受的意思表示”。所谓承诺，“是指受要约人做出的同意要约以成立合同的意思表示”。承诺生效时合同成立。与普通合同一样，医疗合同具有诺成性特征，医患双方意思表示一致，医疗合同即告成立。

医疗合同订立过程一般表现为患者前往医疗机构挂号就诊，这是患者想要和医方订立医疗合同的一种意思表示，医疗机构接受患者就诊，因此确立合同关系。一般认为患者方为要约人，其挂号行为是要约行为，医方为承诺人，医方接受挂号，发给挂号单为承诺。

医疗机构负有强制缔约的义务，一般情况下不得拒绝病人，但是当医疗机构出现预约或已挂号的患者数量超过其所能承受的医疗能力，或者对要求住院治疗的病人因病床已满无法安排，或者出现患者的疾病属疑难病症而医疗机构因技术水平限制而无法诊治等情形时，医疗机构是有权拒绝患者的。这种拒绝只是对要约（患者求诊行为）的拒绝。

（二）要约形式和内容

要约可以是明示，也可以是默示。通常情形，患者前往医疗机构就诊，大都须经过挂号程序，挂号就可认为患者是以明示的方式提出要约。患者挂号时，一般都是根据自己的病情，确定挂哪个专科或哪个医师的号，如果医疗机构挂号人员认为在其业务范围之内，就给出挂号单。这种情形应认为患者已将主要的症状告诉了挂号人员。如果患者不清楚自己应去哪个科室诊治，就将自己的主要症状告诉挂号人员，挂号人员根据其症状建议其挂哪个科。在这种情形下，更应认为患者已将主要症状告诉了医疗机构的挂号人员。因此，挂号就是患者以明示的方式提出要约。挂号行为不必限由患者本人亲自为之，患者的亲友、代理人或第三人，都可向医疗机构办理挂号。目前，很多医院为方便群众就医、提高自身医疗服务水平，实行了医院预约挂号系统，采取电脑上网预约、手机上网预约、手机短信预约、自助预约机预约、热线电话预约等方式方便群众挂号就医。其中，网上挂号看病成为一种新型的看病挂号模式，目前很多医院都已经实行网上挂号制度，如北京建立了预约挂号统一平台，可以在该平台上预约挂号的医院一共有147家，患者及其亲友可以通过网上预约的方式进行挂号。在少数情形如外伤急诊，患者进入医院后，直接向医师展示其伤病处，或未设有挂号制度的私人诊所，医师对前来求诊的病患直接施以诊疗，这些都是默示的要约。医方对患者实施的诊治行为，即为默示的承诺。因此，医疗合同要约的形式有：挂号、向无挂号制度医疗机构递交病历或要求诊治、急诊患者被抬进或扶进急诊室、在注射室向护士递交注射单等。这些都是要约行为，其中挂号包括书面、口头、电话以及网络等多种方式。

患者要约的内容是概括性地请求医师为其主诉的症状加以诊断和治疗，但并不是要求医师对其所有的疾病加以诊断和治疗，医方则根据患者主诉的症状，对其加以诊断和治疗。不同的疾病，常常有相同的症状表现，对于患者主诉的症状，医师应根据医学上的知识，找出可能的病因，再针对此病因加以治疗。至于医学上与该症状没有关系的其他疾病，则非要约的范围。对于不在要约范围之内的疾病，医师可以根据患者的要求顺便治疗，也可劝告其转诊。

（三）承诺的形式和内容

承诺作为一种意思表示，明示或默示均可。明示是指医院通知患者，医院给患者的挂号单就是通知，即明示的承诺。默示的承诺指未经挂号就直接接受了的医方人员实施的医疗行为，无挂号制度如私人诊所医生对患者直接诊疗的行为；有挂号制度的医院急诊室，对紧急的患者，医师立即采取紧急救护的行为，该行为做出，医疗合同即成立。医师不得主张无承诺的意思表示，因为急救行为本身就可以是一种承诺。在合同法上，有通过行为而实现承诺的规定。我国《合同法》第 22 条规定："承诺应当以通知的方式做出，但根据交易习惯或者要约表明可以通过行为做出承诺的除外。"承诺的内容和范围与要约相同。患者提出的要约，若内容已经确定或可以确定时，医师即可根据已经确定或可以确定的要约内容加以承诺。①

（四）各种医疗合同的订立

一般认为患者方为要约人，患者方的挂号行为是要约行为，医方为承诺人，医方接受挂号，发给挂号单为承诺。然而，因为医疗合同有各种不同的类型，因此对于不同类型的医疗合同的要约和承诺过程应分别进行考察。

1. 普通门诊医疗合同的订立。

这是最典型、最常见的一种医疗合同类型。医院向社会发出关于本院的各种广告行为，如张贴、发布医疗服务价目表应视为向社会公众发出的要约邀请，表示愿意提供诊疗服务。患者到医院看病就诊请求予以治疗的挂号行为应当为要约，即患者向医院发出希望与医院订立医疗合同的意思表示。医方同意接受患者交付的挂号费，向患者交付挂号单的行为即是愿意和患者成立医疗合同的意思表示，即构成医方承诺的意思表示，合同即告成立。特殊情况下，患者未挂号而医方直接对其实施诊疗行为，如私人诊所、私人医生一般无挂号制度，急诊科对急诊病人实施紧急抢救的情形，虽无挂号，医疗合同依然成立生效。

2. 医疗急救合同的订立。

医疗急救合同，又称"120"合同，是指"120"急救中心或医疗机构与求救患者之间成立的，为患者施行紧急救治和运输的合同，它也属于医疗服务合同。但它具有不同于一般合同关系的两个特点。其一，这类合同是患方在危难时刻与医

---

① 龚赛红：《关于医疗合同若干问题的探讨》，《岳麓法学评论》2000 年第 1 期。

疗机构签订的。其二，患方对合同的内容没有机会和能力讨价还价，处于弱势地位。因此，接到“120”呼叫的医疗机构负有强制救治义务，并不得以任何借口拒绝出诊救治。

关于医疗急救合同的订立，有学者认为，拨打“120”电话求救行为是要约，急救中心和医院接到电话后出车急救是承诺。但这一观点值得商榷，因为“120”急救中心作为政府开办的公益性事业单位，其社会职责是为急症患者提供院前急救、对辖区范围内的意外灾害事故中伤病者进行现场急救及在护送途中进行抢救治疗、接受上级指派的临时急救任务等。“120”急救合同不是一般的合同，它关系患者的生命安危。如果将拨打“120”求救行为作为要约，急救中心或医院就有权利拒绝出诊且无须通知求救者。这样的结果有悖于“120”的宗旨。我们认为，医疗机构设置“120”急救电话或者与“120”急救网络联网的行为是要约，表明该医疗机构有接诊急救患者的能力、技术及设施条件，并向社会上不特定的人发出愿意缔结急救医疗服务合同的建议，该建议的内容具体、确定，即对急危患者进行紧急救治的医疗处置，至于救治的方法、费用等在所不问，该建议的性质是要约。患者或他人拨打该急救电话的行为应属承诺，即患者或他人确信该医疗机构的急救能力和急救条件，愿意到该医疗机构接受急救服务，向医疗机构做出接受其要约的承诺。关于“120”急救合同的成立时间，应明确只要患者拨打“120”求救，急救合同就成立、生效，急救中心或医院须立即出诊。对于他人直接将急危患者送到医院、未经“120”接诊的情形，急危患者被运送医院的行为是承诺，从患者被送至医院的救治场所时起医疗合同即告成立，如值班医师脱岗，延误了紧急救治即属违约。①

3.住院医疗合同的订立。

门诊医师向患者提出住院治疗的建议并开具住院单的行为为要约，即希望与患者订立住院医疗服务合同的意思表示，且表明一经患者的承诺，医院受该意思表示约束。患者办理住院手续，并交付住院治疗费与押金的行为是承诺，即患者愿意与医院订立住院医疗服务合同，从办理住院手续时起，医疗服务合同便告成立。需要说明的是，医疗机构在履行突发公共卫生事件所负的“防疫”义务时，医患双方当事人的意思表示受到较大限制，缔约的方式、过程主要依据法律的规定。我国《执业医师法》第28条规定：“遇有自然灾害，传染病流行、突发重大伤亡事故及其他严重威胁人民生命健康的紧急情况时，医师应当服从县级以上人民政府卫生行政部门的调遣。”②

---

① 周光涛：《论医疗合同》，中国政法大学2005年硕士论文。

② 周光涛：《论医疗合同》，中国政法大学2005年硕士论文。

二、医疗合同的生效

合同的生效要件是法律评价当事人合意的标准，不同于合同的成立要件。我国《合同法》第44条规定："依法成立的合同，自成立时生效。"《民法通则》第55条规定了民事法律行为的三个实质要件：(1)行为人具有相应的民事行为能力；(2)意思表示真实；(3)不违反法律或者社会公共利益。第56条规定："民事法律行为可以采取书面形式、口头形式或其他形式。法律规定是特定形式的，应当依照法律的规定。"医疗合同行为也是民事法律行为，并且医疗合同无特定形式要求且非附条件或附期限，因此医疗合同必须首先符合这三个基本条件才能生效。通常情况下，医疗合同生效，与一般合同的生效基本相同，即医疗合同成立时该医疗合同即生效，双方即受合同条款的约束。但是，如果订立医疗服务合同后，发现不符合法律所规定的生效要件，如患者或者家属的意思表示不真实，合同的内容是违法的，利用医学手段鉴别胎儿的性别等，那么医疗合同虽然成立但也不能产生法律效力。

医疗合同的法律约束力可主要体现为以下三个方面：(1)一旦医患双方订立了医疗合同，双方都要接受医疗合同条款的约束；(2)通常情况下，在医疗过程中，非因患方之过错或法定事由，医方不得单方解除合同；(3)除不可抗力等法律规定的情况以外，医患双方不履行合同义务或履行合同义务不符合约定的，应承担违约责任。

三、医疗合同的无效

合同无效是指合同虽然已经成立，但因其违反了法律、行政法规的强制性规定和社会公共利益而无法律效力。医疗合同的无效是指医疗合同欠缺法律规定的有效要件，不能按当事人合意的内容赋予法律效果，产生法律效力。《合同法》第52条规定："有下列情形之一的，合同无效：(1)一方以欺诈、胁迫的手段订立合同，损害国家利益；(2)恶意串通，损害国家、集体或者第三人利益；(3)以合法形式掩盖非法目的；(4)损害社会公共利益；(5)违反法律、行政法规的强制性规定。"第53条规定："合同中的下列免责条款无效：(1)造成对方人身伤害的；(2)因故意或者重大过失造成对方财产损失的。"医疗合同的无效情形包括：

1. 医疗合同中的医方不符合法律规定，主体不合格而无效。

如医疗机构未取得医疗机构执业许可证，不具备开展诊疗活动的主体资格，或医疗机构不具有开展某种诊疗行为的资质，如人工授精等辅助生殖技术的资质，却违规开展人工授精等诊疗项目，其与患者订立的医疗合同无效。

2. 医疗合同签订时医患双方恶意串通，损害国家、集体或者第三人利益的，合同无效。

如医患双方串通，将不符合基本医疗保险或者商业保险规定的患者、诊疗项目、费用纳入保险支付范围，骗取保险金，损害国家或保险人利益的，应属无效合同。

3. 医疗合同内容因违反法律和行政法规强制性规定和损害社会公共利益而无效，如医患双方约定给孕妇做胎儿性别鉴定，或为生育男胎而进行选择性终止妊娠手术，或选择胎儿性别的人工授精手术等，皆属无效合同。本章所列的案例分析1，法院审理后认为，被告医院不具有开展人工授精等辅助生殖技术的资质，其违规开展人工授精等诊疗项目，与杜某之间的医疗服务合同因损害社会公共利益，应为无效，医院对合同的无效具有主要过错。此外，杜某本人尚未结婚，其在明知或应知自己并不符合进行人工授精的条件以及国家存在禁止非医学必要选择胎儿性别的规定的情况下，仍先后两次想要借助科学手段来实现个人不正常的生育目的。法院认为，杜某的行为属滥用辅助生殖技术的行为，对合同的无效也具有一定过错。法院经审理认定双方间的医疗服务合同因损害社会公共利益而无效，判决医院返还部分医疗费并赔偿杜某损失 4.5 万元。

4. 医疗合同中存在违法免责条款，该条款无效，由于医疗行为多具人身侵害性，有的人身侵害是在实施医疗行为时不可避免的并发症，因此在规定或者约定医疗合同的免责条款时，可将上述人身损害的规定做限制解释为：造成患者不必要的、可以避免的、与治疗目的无关的人身伤害的免责条款无效。

四、医疗合同的撤销

合同的撤销，是指当事人在订立合同的时候，因意思表示不真实，法律允许撤销权人通过行使撤销权，使已经生效的合同归于无效。《合同法》第 54 条规定："下列合同，当事人一方有权请求人民法院或者仲裁机构变更或者撤销：(一)因重大误解订立的；(二)在订立合同时显失公平的。一方以欺诈、胁迫的手段或者乘人之危，使对方在违背真实意思的情况下订立的合同，受损害方有权请求人民法院或者仲裁机构变更或者撤销。当事人请求变更的，人民法院或者仲裁机构不得撤销。"我国的《民法通则》第 59 条也规定："下列民事行为，一方有权请求人民法院或者仲裁机构予以变更或者撤销：(一)行为人对行为内容有重大误解的；(二)显失公平的。被撤销的民事行为从行为开始时起无效。"它有如下特征：(1)从撤销的对象看，是当事人意思表示不真实的合同，但不损害国家利益，损害国家利益的合同本身是无效的合同。(2)合同撤销权的行使由撤销权人自主决定，权利人有选择权，可以选择行使和放弃权利，合同撤销由撤销权人行使撤销权来实现。(3)可撤销的合同在未被撤销前，是有效的合同，撤销权行使后，合同才归于无效。根据《合同法》规定，可撤销的合同类型有重大误解，显失公平，因欺诈、胁迫订立的或者乘人之危订立的合同。

（一）因重大误解订立的合同

所谓重大误解，是指患者对订立合同的主要内容发生了误解，因误解而做出了不真实的意思表示。一般情况下，患者的一般误解并不会导致合同无效。意思表示不真实，对合同效力的影响应视具体情况而定。在一般误解等情况下，合同仍有效。在患者重大误解时，合同则可被变更或者撤销。由于医疗行为的专业性强，医患双方医学信息不对称，加之医学术语晦涩，如医方故意夸大病情，对患者的知情同意制度落实不到位，患者对医疗合同内容存在重大误解的情形较为普遍。

（二）显失公平

显失公平的合同是指一方在订立合同时因情况紧急或缺乏经验而订立的明显对自己有重大不利的合同。显失公平的合同往往是双方当事人权利和义务极不对等、经济利益上不平衡，因而违反了公平合理原则。① 毕竟医学科学是一门较为专业的学科，因患方对疾病及其后果的认识和理解存在偏差，因此很难保证患者订立医疗合同时的正确性与合理性。如果医患之间订立医疗合同时显失公平，合同可被变更或者撤销。

（三）因欺诈、胁迫而订立的合同

因欺诈、胁迫而订立的合同分为两类，若出现患者受欺诈的情形，国家利益受到损害，合同无效；如果未损害国家利益，合同可被变更或撤销。欺诈、胁迫的情形主要表现为医方故意夸大病情，恐吓患者，让患者接受不必要的检查。医方发布不实医疗广告，夸大疗效或者对不可能治愈的疑难病症承诺肯定能治愈，诱使患者接受没有实际疗效的治疗以牟利的行为即属欺诈行为。

（四）乘人之危的合同

乘人之危是指医方利用患者的危难处境和紧迫需要，强迫患者接受某种明显不公平的条件并做出违背其真实意思的意思表示。“一个生命垂危的病人被一个手拿定式合同的医生挡在门口并问他是否愿意接受合同条件时，病人回答的肯定性是可想而知的。单从表面上看，这种接受也是自愿的。但这是扭曲的自愿。”饱受病痛折磨的病人难保不会“病急乱投医”。② 对于患者，尤其是身患急病、重病的患者来说，在生死关头，求生的欲望和医疗知识的匮乏导致订立医疗合同的时候无法进行选择。

---

① 王利明、房绍坤、王轶：《合同法》，中国人民大学出版社 2013 年版，第 129 页。

② 江平：《民法学》，中国政法大学出版社 2000 年版，第 600 页。

五、缔约过失责任

合同不成立、无效、被撤销或不被追认，只是不发生当事人所预期的法律效力，即不发生合同履行的效力，并非不产生任何法律效果，但当事人一方因此受有损失，对方当事人对此有过错时，应赔偿受害人的损失，这种责任就是缔约过失责任。

医方故意隐瞒与订立合同有关的重要事实或者提供虚假情况，如医疗机构故意隐瞒未取得医疗机构执业许可证的事实，不具备开展诊疗活动的主体资格却谎称具有执业许可证而欺诈患者；医方未尽通知、保密等义务给对方造成损失时的缔约过失责任，如将患者在预约或者咨询时获取的关于患者的特殊病史、性生活情况、情感史等资料泄露，给患者造成名誉损害；医方违反诚实信用原则，对危重病人能够初步进行救治而拒绝收诊致使尚未收诊而造成不良后果的，此时合同尚未成立，患方的合法权益因医方的不当行为而导致损害，医院方应当承担缔约过失责任。

第三节　医疗合同的终止

案例分析 4

2011 年 6 月 22 日，韦某之母陈某因肝炎肝硬化乙型失代偿期等入住解放军某医院。2011 年 7 月 6 日下午，陈某行肝移植术，因术后病情危重转入 ICU 外科病房继续抢救治疗，后于次日下午死亡。韦某为救治其母陈某共向解放军某医院预交 46.8 万元，因治疗花费 14.2 万元，解放军某医院在 2011 年 7 月 8 日通过银行转账方式退还 12.6 万元，余款 20 万元未退。于是韦某起诉至法院，请求法院判令解放军某医院退还其预交金 20 万元。

思考：该医疗服务合同是否终止？如果终止，其终止原因是什么？法院应该如何判决？

一、医疗合同终止的概念和原因

医疗合同的终止，又称医疗合同的消灭，是指医疗合同当事人双方在合同关系建立以后，因具备法定情形或当事人约定的情形，使合同确立的权利义务关系归于消灭。医疗合同的终止使基于合同而形成的医疗法律关系消灭。《合同法》第 91 条规定：“有下列情形之一的，合同的权利义务终止：(一)债务已经按照约定履行；(二)合同解除；(三)债务相互抵销；(四)债务人依法将标的物提存；(五)

债权人免除债务；(六)债权债务同归于一人；(七)法律规定或者当事人约定终止的其他情形。”

二、医疗合同终止的原因

医疗合同作为一种特殊的民事合同，引起其终止的原因主要有五点：

(一)合意终止

合意终止即当事人双方协议终止合同。医疗合同基于医患双方的合意而成立，也可依双方当事人的意思而终止。终止医疗合同是一种意思表示，其中转诊也是终止医疗合同的一种类型，其具体表现有两种方式：一种是明示方式，如医师建议患者转诊，但医师不得拒绝患者的求诊，也不得单方面终止对患者的诊疗行为。另一种是默示方式，如医师停止治疗而直接将患者转诊，依照患者具体病情，应于一定期限内就诊而未就诊时等都视为是默示的意思表示。[①]

(二)单方解除

我国现行《合同法》将解除作为合同终止的事由之一，即将解除作为终止的下位概念，且将合同区分为继续性合同与非继续性合同。继续性合同的解除不具有溯及既往的效力，而非继续性合同的解除则有溯及既往的效力，使合同关系自始消灭。医疗合同的根本目的是维护患者的健康。基于这一目的，法律上赋予医疗合同双方不同的解除权，患者方可以随时解除合同，包括中止治疗、出院和转院治疗，但由于医疗行为的专业性和复杂性特点，患者不可能真正完全了解中止治疗、出院和转院治疗的结果对自己是否真正有利，这就要求医务人员在患者行使解除权时要客观详尽地告知后果，以使患者正确行使解除权。

对医方来说，除非出现了法定的解除事由，否则不得单方解除合同。这些法定事由包括：患者收治后发现因患法定传染病依法应进入指定的传染病医院治疗而医方并非政府指定的传染病医院；患者所患疾病属疑难病症而医方因技术、设备条件限制不能诊治；患方有能力支付医疗费用而拒绝支付并经催告在合理的期限内仍拒绝支付(患者并非处于生命危险期)；患者疾病已治愈而无正当理由拒绝出院(由医疗保险付费或非患者本人及其家属付费)等。对此，医方有权解除合同。

赋予医患双方不同的解除权的根本原因在于，生命健康权及身体权是患者的人格权利，患者对自己的生命健康及身体有支配权，也只有患者才最能了解自己的健康状况，医疗合同的最基本的目的是治疗患者的疾病，赋予患者自由解除合同的权利，有利于患者的利益实现。医方的宗旨是救死扶伤，治病救人，通过

① 艾尔肯：《论医疗合同关系》，《河北法学》2006年第12期。

医疗合同，医方的宗旨具体化为给患者提供医疗服务的义务，对医方解除合同权利加以严格的限制，是人道主义的法律体现。①

（三）合同履行完毕

当事人依照合同约定履行所承担的义务，合同的目的得以实现时，合同权利义务归于消灭。医疗合同的目的是治疗疾病，但由于医方的义务具有手段债务而非结果债务的特点，因此医疗合同的目的并非治愈疾病。因此，医疗合同因履行而终止，并不以完全治愈为标准，患者病情好转或基本痊愈出院，甚至只要医方按规定或者约定提供了医疗服务，即使未达到预期的治疗目的，医疗合同也告终止。

（四）患者死亡

患者死亡，医疗合同关系因一方主体资格消灭而终止。但患者丧失行为能力如植物人样存活、脑死亡患者并不消灭医疗合同关系，因为我国法律采取心肺死亡标准，即心跳和呼吸功能完全消失方可宣告临床死亡，不承认脑死亡标准，脑死亡患者的人格并未消灭，其缔结医疗合同的能力依然存在。医疗合同的特质重在医疗，而不在患者有无行为能力，无行为能力人或限制行为能力人也有缔结医疗合同的主体资格。

（五）医疗机构解散及医师死亡或丧失医师资格

医疗合同当事人一方为私人诊所的，诊所医师死亡的或医疗机构解散均引起医疗合同关系的消灭。医方当事人为医疗机构，在有其他医师的情况下，即使主治医师死亡，合同关系并不消灭。只有在医疗机构解散时，医疗合同关系才告消灭。

作为医疗合同的合同履行辅助人即医师在其资格被撤销时，医疗合同关系即告消灭。我国《执业医师法》第 31 条规定："对考核不合格的，由县级以上人民政府卫生行政部门注销注册，收回医师执业证书。"合同当事人是医疗机构的，主治医师在丧失医师资格时，原医疗合同关系并不消灭，患者可由该医疗机构的其他医师诊治。合同当事人是个体开业医师的，在其丧失医师资格时，医疗合同关系消灭，但其对患者仍负有转诊的后合同义务。

第四节　医疗合同的违约责任

案例分析 5

患者男性，48 岁，因"车祸致右小腿疼痛，活动受限 1 小时"于 2005 年 4 月 6 日急诊入院，入院诊断：(1)右胫腓骨多发粉碎性骨折；(2)左踝关节脱位。当天

① 周光涛：《医疗合同的订立、效力及终止》，《医院管理论坛》2007 年第 3 期。

进行了"右胫腓骨切开复位内固定术"。4月22日伤口愈合拆线处理，期间，患者曾诉有右患肢疼痛、足背皮肤麻木症状，主管医生给予对症处理后症状缓解，未再行详细专科检查。5月16日，患者转院治疗。6月7日外院X光片显示：右髋关节脱位。6月8日CT检查显示，右股骨头粉碎性骨折、右髋臼粉碎性骨折伴右髋关节脱位。6月25日行人工全髋关节置换。后患者以原转出医院过失造成人身损害为由要求赔偿10万元。2006年8月18日，医学会鉴定结论为，医院未做细致、全面的检查，对患者症状判断不准确，造成漏诊。但是，医院漏诊行为与患者右股骨头及右髋臼粉碎性骨折无因果关系，且未造成新的损害事实，因此不构成医疗事故。最后患者与医院协议解决该纠纷。

思考：原转出院是否应承担赔偿责任？为什么？

一、医疗违约责任的概念

违约责任，是指合同当事人一方不履行合同义务或者履行合同义务不符合约定所应当承担的责任。违约责任即违反合同义务的民事责任，是指合同当事人违反合同的约定所应承担的民事责任。医方与患方任何一方当事人的履行不符合医疗合同所应承担的合同义务所产生的民事责任，即医疗违约责任，既包括医方未履行或不适当履行诊疗义务、在提供医疗服务过程中因过错造成患者人身伤害，也包括患者不配合医方的治疗、患者因医方未治愈疾病不支付医疗费用等违约行为所产生的民事责任。

二、医疗违约责任的构成要件

所谓违约责任的构成要件是指违约当事人应具备何种条件才应承担违约责任。违约责任的构成要件可分为一般构成要件和特殊构成要件。所谓一般构成要件，是指违约当事人承担任何违约责任形式都必须具备的要件，所谓特殊构成要件，是指各种具体的违约责任形式所要求的责任构成要件。[①] 一般构成要件主要包括：(1)违约行为；(2)不存在法定和约定的免责事由。医疗合同因具有特殊性和复杂性，以医疗违约责任为特殊构成要件，主要包括以下三个要件：

(一)违约行为

违约行为是产生违约责任的基础和前提，医疗合同具有一定的特殊性，合同义务包括法定义务和约定义务，以法定义务为主。审查医方的诊疗行为是否构成违约行为，一般主要审查医方是否违反法定义务，违反法定义务则推定医疗机

① 王利明、房绍坤、王轶：《合同法》，中国人民大学出版社2013年版，第202页。

构主观上有过错。合同当事人只有在违反所承担的合同义务的情况下，才可能承担违约责任。合同当事人的行为如不构成违约，则不承担责任。在医疗合同中，医方不依其应尽的高度注意履行其义务，即构成违约行为。

（二）损害后果

损害后果是违约方承担赔偿损失责任的必要条件。当事人一方违约时，只有在造成他方财产损失时，才承担赔偿损失的责任。患方对存在损失，以及损失的大小要承担举证责任。医疗过程中，如果医师未按照诊疗规范为患者诊疗，导致患者病情加重；延长治疗时间，增加患者医疗费用；因治病而造成患者经济收入的减少，以及因此而给患者造成的精神损害，都是医方对患者造成的损害。医疗合同的违约责任不同于一般合同违约责任，在司法实践中，一般合同违约不会发生精神损害承担民事责任的问题，然而基于医疗合同的特殊性，有少数法院支持了精神损害。

（三）违约方有过错

关于过错，归纳起来主要有两种学说：主观过错说和客观过错说。主观过错说认为过错是指行为人具有的一种应受非难的心理状态，并不包括行为人的外部行为，每个具有意志能力和责任能力的人都具有意志自由，因此应对自己选择行为的后果负责。客观过错说则是以某种客观的行为标准来衡量行为人的行为，进而认定行为人有无过错。对于从事某种专业性和技术性活动的行为必须按照专业技术人员通常应有的注意标准向行为人提出要求，行为人缺乏必要的技能与知识而从事某种专业性、技术性活动，本身就是一种过错。医方的过错在一般情况下应就是否已尽客观上的注意义务而加以判断。从充分保护患者的利益和利于医疗技术的发展出发，医方应尽的注意义务应当是民法上善良管理人应尽到的注意义务。具体而言，医方在从事诊疗护理行为时，应具有合理的注意及适当的技术。所谓"合理的注意及适当的技术"，其判断标准是"医疗水平"，即医师于医疗之际，其学识、注意程度、技术以及态度应符合具有一般医疗专业技术水平的医师在同等情况下所应具备的标准。我们认为应采客观过错说，只要医方的行为违反了注意义务，违反了操作规程，就认定其有过错。①

三、违约行为形态

各个国家法律对违约行为形态的划分不尽相同，我国《合同法》对违约行为形态是根据违约行为违反义务的性质、特点而对违约行为进行分类。从总体上说，根据履行期限是否到来而将违约行为区分为预期违约和实际违约两种类型。

① 董晓飞：《医疗合同研究》，山东大学2010年硕士论文。

（一）预期违约

预期违约也称为先期违约，它是指在履行期限到来之前，一方无正当理由而明确表示其在履行期到来后，将不履行合同，或者以其行为表明其在履行期到来以后将不可能履行合同。我国《合同法》第108条规定："当事人一方明确表示或者以自己的行为表明不履行合同义务的，对方可以在履行期限届满之前要求其承担违约责任。"

预期违约包括两种形态，即明示毁约和默示毁约。所谓明示毁约，是指一方当事人无正当理由，明确肯定地向另一方当事人表示他将在履行期限到来时不履行合同。如对有手术指征的肿瘤患者，入院时医患双方约定手术切除肿块，但入院后医方向患者表示因医方并无做肿瘤手术的设施和技术人员，只能为其实施保守的化疗方案治病，不能实施切除肿瘤的手术疗法。所谓默示毁约，是指在履行期限到来之前，一方以自己的行为表明其将在履行期到来之后不履行合同，而另一方有足够的证据证明一方将不履行合同，而一方也不愿意提供必要的履行担保。医疗合同通常表现为丧失商业信誉，丧失履行能力的情形，如医患约定以创伤少、痛苦小的腹腔镜手术切除患者病变的胆囊，但患者入院后在接受术前检查的过程中，医方的腹腔镜设备因出故障短期内不可能修理好，只能改行传统的创伤大、风险高、痛苦大的手术。①

（二）实际违约

在履行期限到来以后，当事人不履行或不完全履行合同义务，都将构成实际违约。实际违约有以下几种类型：

1.拒绝履行。

拒绝履行，是指在合同期限到来以后，一方当事人无正当理由拒绝履行合同规定的全部义务。拒绝履行的特点是：一方面，一方当事人明确表示拒绝履行合同规定的主要义务，如果仅仅是表示不履行部分义务则属于部分不履行的行为；另一方面，一方当事人拒绝履行合同义务无任何正当理由。学理上通常认为，一方严重违反合同使另一方订约目的不能实现，或者造成期待利益的重大损失，此种根本违约行为也等同于拒绝履行行为。如医方接到"120"求救电话，称一乞丐被车撞伤，车已逃逸，请求急诊出车救治，医方担心其医药费无人承担，即借口说救护车因故障检修，以无法派车为由拒绝出诊。因"120"急救服务合同于患方打通120电话时即已成立，医方无正当理由拒绝出诊的行为构成拒绝履行。同时医方负有高度注意义务，使"120"急救车随时处于良好车况状态，便于随时出诊，如医方在接到求救电话后才发现救护车故障，不能及时出车的，也构成拒绝履行

① 周光涛：《论医疗合同》，中国政法大学2005年硕士论文。

或迟延履行，应负违约责任。①

2. 迟延履行。

迟延履行，是指合同当事人的履行违反了履行期限的规定。迟延履行的情况下，关键是要确定合同中的履行期限。如果合同明确规定了履行期限，则应依合同的规定履行。如合同未规定履行期限，则根据《合同法》第 61 条的规定，双方应根据合同的有关条款和交易习惯来确定。《民法通则》第 88 条规定："债务人可随时向债权人履行义务，债权人也可以随时要求债务人履行义务，但应当给对方必要的准备时间。"

一般医疗合同，并未约定确定履行期限，根据每个患者疾病的轻重缓急以及诊疗规则，医疗合同的履行期限不同。对门诊医疗合同，医师应依据挂号先后顺序进行诊疗，如属急诊患者，医师应及时为病患诊治，不得迟延。对于预约门诊医疗合同，则属订有确定履行期限，应以预约日期为履行期。对住院医疗合同，一般应视患者的病情和发展的情况进行及时的治疗。但具体履行期限的确定较为复杂，且易被医方人为迟延，患方不易觉察，如对将行手术的患者，增加手术前住院日期，增加术前检查项目和用药，推迟施行手术的时间，从而延长住院日期，增加医疗费收入。

在迟延履行的情况下，非违约方有权要求违约方支付迟延履行的违约金，如果违约金不足以弥补违约方所遭受的损失，非违约方还有权要求赔偿损失。而且依我国《合同法》第 94 条的规定，非违约方在两种情况下可行使解除权，一是"当事人一方迟延履行重要债务，经催告后在合理期限内仍未履行"；二是"当事人一方迟延履行债务……致使不能实现合同目的"。只有在这两种迟延的情况下，非违约方才能解除合同。如果诊断和治疗迟延，致使患有癌症等危害后果严重病症的患者错过了最佳手术治疗时机，以致肿瘤细胞转移，只能采取放疗和化疗以延续生命，医方不仅要承担迟延履行的责任，还应负人身及财产损害赔偿等违约责任。

3. 不适当履行。

不适当履行，是指当事人给付的标的物不符合合同规定的质量要求，可区分为瑕疵给付和加害给付。我国《合同法》没有采取大陆法系的瑕疵担保责任，而认为瑕疵给付是一种独立的违约行为。根据《合同法》第 14 条，"债务不符合约定的，应当按照当事人的约定承担违约责任。对违约责任没有约定或者约定不明确，依照本法第 61 条的规定仍不能确定的，受损害方根据标的的性质以及损失的大小，可以合理选择要求对方承担修理、更换、重作、退货，减少价款或者报

① 周光涛：《论医疗合同》，中国政法大学 2005 年硕士论文。

酬等违约责任”，加害给付则为给付有瑕疵并因此造成债权人的权益受侵害的情形。加害给付是指履行对债权有积极的侵害，也就是超过履行利益或者于履行利益之外发生的其他损害的违约形态。对于医疗合同，因医疗行为的对象为患者的身体、健康、生命，如有债务不适当履行的情形，大多属未依债务之本旨给付的加害给付类型，加害给付可产生损害赔偿责任。如对医方和孕妇之间的孕产保健项目的医疗合同，医方对高龄孕妇未进行尿蛋白检查及高危评分，而孕妇产下一21-三体综合征的孩子，则医方构成加害给付的违约行为。再比如美容不成反毁容，把急性胃穿孔患者误诊为阑尾炎而行阑尾切除术，等切开腹腔方发现误开了刀，后又改行胃修补术，患者腹部无故受到切割的损害等。①

不适当履行还有两种特殊形态，即防御性医疗与过度医疗。防御性医疗行为(Defensive Medicine, DM)是指医生在诊疗疾病的过程中为避免医疗风险和医疗诉讼而采取的防范性医疗措施。防御性医疗作为一种诊疗程序而存在，它并非严格按照医学规则来执行，而是为了构造一个完整的防御体系，以应付可能的医疗诉讼。防御性医疗的主要表现有：从实际病情看实施并非必要的各种化验、检查；回避收治高危患者、回避高危手术及难度较大的特殊处理；带有摆脱责任性的转诊及会诊等。防御性医疗的目的在于保护医生自我利益，却以损害患者利益为代价，本质上也是一种违约行为。② 过度医疗是由于多种原因引起的超过疾病实际需要的诊断和治疗的医疗行为或医疗过程。过度医疗的主要表现为小病大医、多检查、多开药、多治疗、长住院，由于医方的过度医疗造成了医疗资源的浪费和患者经济负担的增加，并且患者要承受不必要的检查治疗所引起的身体、心理的损害。因此，过度医疗也是一种违反医疗合同的违约行为，医方应承担违约责任。

四、违约责任的承担

(一)医方违约责任的承担

我国《民法通则》及《合同法》都规定了相应的违约责任，《合同法》中共规定了五大类违约责任形式，即继续履行、采取补救措施、赔偿损失、定金责任、违约金责任。我国医疗合同违约责任中医方违约责任的承担方式主要有赔偿损失、继续履行、支付定金或违约金责任、采取补救措施。其中最主要的方式是赔偿损失，继续履行在一定情况下也可适用。支付违约金和定金责任在目前医疗实践中比较少见，主要依照双方的约定，但随着人们法律意识的提高，在医疗合同中约定定金和违约金会越来越多。另外，医方还可以根据实际的情况采取补救措施。

---

① 周光涛:《论医疗合同》，中国政法大学2005年硕士论文。
② 周光涛:《论医疗合同》，中国政法大学2005年硕士论文。

1. 赔偿损失。

所谓损害赔偿，又称为违约损害赔偿，是指违约方不履行或不完全履行合同义务而给对方造成损失，依法和依据合同的规定应承担损害赔偿的责任。我国《合同法》第107条规定："当事人一方不履行合同义务或者履行合同义务不符合约定的，应当承担……赔偿损失等违约责任。"违约损害赔偿具有以下特点：第一，损害赔偿是因债务人不履行合同债务所产生的责任。第二，损害赔偿原则上仅具有补偿性而不具有惩罚性。其主要目的在于弥补或填补债权人因违约行为所遭受的损害后果。赔偿损失是医方违约责任最主要的形式。医方违反合同义务时，应当对因此给患者方造成的损失予以赔偿。赔偿损失的目的在于补偿患者方所受到的财产损失，因此承担赔偿损失的违约责任大小取决于患者方是否受到损失以及损失的大小。

医方违约应承担的赔偿范围包括直接损失和间接损失。直接损失，是指患者方因医方的违约行为所造成财产的实际减少，如因患者病情恶化而延长治疗期限所导致的治疗费用的增加；间接损失，是指可得利益的损失，即在合同得到履行时患者本可以得到的利益，由于医方的违约而没有得到从而受到的财产损失，如患者因治病而不能正常工作导致收入的减少。间接损失的赔偿，应当是违约方订立合同时已经预见到或应当预见到的，间接损失是否属于违约方订立合同时应当预见，应根据当事人缔约时的相互关系等具体情况加以确定。

违约损害赔偿受到一定限制，即损害赔偿的可预见性规则和损害赔偿的减轻。根据《合同法》第113条，损害赔偿不得超过违反合同一方订立合同时预见到或者应当预见到的因违反合同可能造成的损失。根据这一规定，只有当违约所造成的损害是违约方在订约时可以预见的情况下，才能认为损害结果与违约行为之间具有因果关系，违约方才应当对这些损害负赔偿责任。如果损害不可预见，则违约方不应赔偿。采用可预见性规则的根本原因在于，只有在交易发生时，订约当事人对其未来的风险和责任可以预测，如果未来的风险过大，则当事人就难以从事交易活动。可预见性规则将违约当事人的责任限制在可预见的范围之内，这对促进交易活动的发展，具有重要意义。

对于医疗合同更是如此，较之一般合同，由于医疗行为的高风险、变数大、不确定因素多，医方在订约时对于其违约的风险和责任更是难以预料，如医方的违约赔偿责任过大，因惧怕巨额赔偿，医护人员为逃避风险，则会采取防卫性医疗，即尽量采取风险小的、保守性诊疗行为，不采用风险大但疗效更优的治疗方案，不求有功，但求无过，对于一些本可以实行手术治疗的患者，由于手术风险大，医生不敢尝试，致使患者死亡或残疾。采取可预见性规则，可在一定程度上避免或减少防卫性医疗行为的发生。所谓损害赔偿的减轻，是指在一方违约并造成损害后，另一方应及时采取合理的措施以防止损失的扩大，否则，应对扩大部分的损害负责。我国《合同法》第119条规定："当事人一方违约后，对方应当采取适当措施防止损失的扩大；没有采取适当措施致使损失扩大的，不得就扩大的损失要求赔偿。"另外，患者方对于所发生的损失也有过错的，应当按照双方的过错程度大小具体确定医方的赔偿责任。

2. 实际履行。

实行履行也称为强制实际履行、依约履行或继续履行。作为一种违约后的补救方式，实际履行是指在一方违反合同时，另一方有权要求其依据合同的规定继续履行。我国《合同法》第107条规定："当事人一方不履行合同义务或者履行合同义务不符合约定的，应当承担继续履行……等违约责任。"

实际履行的基本内容是，要求违约方继续依据合同规定而为履行义务。实际履行也是我国《合同法》第60条关于"当事人应当按照约定全面履行自己的义务"规定的具体体现。不过对实际履行的适用，我国《合同法》区分了金钱债务和非金钱债务两种情况。对金钱债务，如果一方不支付价款或报酬的，另一方当然有权要求对方支付价款和报酬。在患者方面，最常见的违约行为就是不支付或者拖欠医疗费，医方有权要求患者支付。而对于非金钱债务，非违约方原则上虽可以请求实际履行，但在法律上有一定的限制。医疗合同多为继续性合同，医方违约后如患者的疾病未缓解或者病情加重，则医方应当负继续治疗的义务。《医疗事故处理条例》第15条规定："发生或者发现医疗过失行为，医疗机构及其医务人员应当立即采取有效措施，避免或者减轻对患者身体健康的损害，防止损害扩大。"

实际履行的构成要件包括：

第一，必须有违约行为存在。

第二，必须要由非违约方在合理期限内提出继续履行的请求。对医疗合同来说，医方的实际履行除了患者方提出请求之外，还有基于法律的规定和医疗伦理原则、医生职业道德的要求，因为患者可能是无行为能力人、限制行为能力人或丧失行为能力人，不可能提出继续履行请求，当患者方对医疗行为不了解时，即使完全行为能力人也无法在继续履行与其他补救措施之间做出正确选择，医方的继续履行不必赖于患者方提出请求。

第三，依据法律和合同的性质必须能够履行。一般来说，在非金钱债务中，如果依法律和合同的性质不能实际履行，则违约方可以拒绝非违约方的继续履行的请求。对于提供个人服务的合同，或者债务标的不适于强制履行的合同，抑或一些基于人身信赖关系产生的合同，就不能采取实际履行。因为如果采取实际履行措施，则将对个人实施某种人身强制，这与我国宪法和法律关于公民的人身自由不受侵害的规定相违背。对于医疗合同来说，它是医师提供医疗服务的合同，债务标的是提供服务和劳务的医疗行为，由于医疗行为是一种带有人身性质的行为，医师不愿继续为患者医疗的，不得强制其履行义务。但由于医疗合同中医方的债务履行事关患者的生命健康权利，即自然人的最高权利，对于病情危重的患者，医方的债务履行还具有分秒必争的紧迫性、不可替代性以及不继续履行后果的不可逆转性，因此，对于医疗合同来说，医方拒绝患者实际履行请求的权利应受到严格限制，除非采取其他违约责任不影响患者的生命健康且更有利于患者的权利救济。①

第四，实际履行在事实上是可能的和在经济上是合理的。根据《合同法》第110条，在非金钱债务中，如果在事实上不可能实际履行，或者债务的标的不适于强制履行或履行费用过高的，则不能采取实际履行措施。在医学领域尚有很多未知领域，限于现有医学水平和技术手段，对许多疾病如癌症、艾滋病、禽流感等目前尚无确切有效的治疗方法。即使对于高血压、糖尿病、乙肝等常见多发的慢性病，也只有终身防治的治疗方法，尚无药到病除的根治办法。如继续履行费用过高、经济上不合理，也不适宜继续履行（当然要由患者行使选择权）。如对晚期肝硬化患者实施肝脏移植手术，如果手术成功率低，预期生存期限较短，患者经济承受能力有限，一般认为不宜实际履行，当然也有例外情况。②

3. 支付违约金。

违约金，是指当事人一方违约时按照合同约定应当支付给对方一定数额的金钱。违约金作为违约责任的形式，是当事人在合同中事先约定的。如在医疗合同中，如果患者为了得到某位名医的亲自上门治疗，提前向医方特别约定名医出诊时间和费用并与医方约定违约方应向另一方交付违约金，后来名医因紧急情况去外地，不能履约，此时医方应向患者支付违约金。

4. 采取补救措施。

《合同法》第111条规定："质量不符合约定的，应当按照当事人的约定承担违约责任。对违约责任没有约定或者约定不明确，依照本法第61条的规定仍不能确定的，受损害方根据标的的性质以及损失的大小，可以合理选择要求对方承担修理、更换、重作、退货、减少价款或者报酬等违约责任。"违约方不完全履行合同时，请求其采取补救措施，使合同得以完全履行，如修理、重作、更换等。医疗合同违约责任中采取补救措施的范围受到极大限制，一般限于医方提供的药品、器械、日常生活消费品以及可重复实施的诊疗服务，如药品质量不符合规定标准，要求退药。对植入患者体内的义肢、义眼、假牙以及其他人工材料等，如出现

① 周光涛：《论医疗合同》，中国政法大学2005年硕士论文。

② 周光涛：《论医疗合同》，中国政法大学2005年硕士论文。

不符合合同约定的品质要求，患者也有权要求修理、重做或者更换。植入骨折患者体内的劣质钢板断裂，需重新更换符合质量标准的钢板。给患者安装的假肢的质量不符合双方约定的使用期限，予以退货。第一次切除肿瘤手术未把恶变的组织切除干净，残存有病变组织，再次手术切除残存的恶变组织，清扫淋巴组织。对于不可逆的、不可重复实施的有瑕疵的诊疗行为，原则上不可采取上述补救措施。如接受了矫治近视眼睛的准分子激光术后，患者视力未有多大改善，反而出现了并发症，引发了新的症状，如再行准分子激光术，视力不会有较大提高，还可能加重对眼睛的伤害，这种情形下，医方就不能采取修理、重作这种补救方式。由于医疗行为的对象是自然人，故医疗合同的瑕疵履行和加害给付一般会导致患者健康权、生命权等人身权利或财产权利的损害，修理、重作、更换的补救措施往往与损害赔偿并用。①

（二）患方违约责任的承担

患者与医疗单位之间，是一方给付医疗费用，另一方提供医疗服务的合同关系。患者既然接受了医疗服务，就有付费的义务。患方违约主要表现为不支付或者拖欠医疗费。如医院接收的无主病人，缴费困难的病人，以及突发事件进行抢救造成的欠费等。患者医疗违约责任的承担方式主要是继续履行。

五、免责条件与免责条款

《合同法》虽然采取严格责任原则，但并不意味着违约方在任何情况下均须对其违约行为负责。在法律规定有免责条件的情况下，当事人不承担违约责任；在当事人以约定排除或限制其未来责任的情况下，也可能不承担违约责任或只承担一部分违约责任。

（一）免责条件

免责条件是指法律明文规定的当事人对其不履行合同不承担违约责任的条件。我国法律规定的免责条件主要是不可抗力。但患者的过错，如隐瞒病史、不遵医嘱、擅自在院外自行服药以及患者自身病情特殊等情况也可在一定程度上免除医方的违约责任。

我国《合同法》第117条规定："因不可抗力不能履行合同的，根据不可抗力的影响部分或者全部免除责任，但法律另有规定的除外。当事人迟延履行后发生不可抗力的，不能免除责任。"可见，我国法律并不认为不可抗力发生后，当事人就自然被全部免除责任。在某些情况下，不可抗力的事由只是导致合同部分不能履行或暂时不能履行，这样，当事人只能部分被免除责任，或者暂时停止履

---

① 周光涛：《论医疗合同》，中国政法大学2005年硕士论文。

行，在不可抗力事由消除以后如能够履行还要继续履行。所以，不可抗力是否导致当事人被免除责任，应视具体情况而定。

不可抗力虽为合同的免责事由，但有关不可抗力的具体事由很难由法律做出具体列举式的规定。按照合同自由原则，当事人可以在订立不可抗力条款时，具体列举各种不可抗力的事由，一旦出现这些情况，当事人便可以被免责。国务院制定的《医疗事故处理条例》第 33 条规定了 6 种不属于医疗事故的情形，即 6 种免责条款：（一）在紧急情况下，为抢救垂危患者生命而采取紧急医学措施造成不良后果的；（二）在医疗活动中由于患者病情异常或者患者体质特殊而发生医疗意外的；（三）在现有医学科学技术条件下，发生无法预料或者不能防范的不良后果的；（四）无过错输血感染造成不良后果的；（五）因患方原因延误诊疗导致不良后果的；（六）因不可抗力造成不良后果的。《中国民法典·合同编条文建议稿》（分则）第 1369 条“免责和责任限制”规定：在下列情形，医方无过错的，不承担损害赔偿责任；医方有过错的，应当按照过错程度承担相应的损害赔偿责任：（一）发生难以避免的并发症和诊疗意外的；（二）因患者的特异性体质发生难以预料或者难以防范的不良后果的；（三）因患者一方的原因延误治疗致发生不良后果的；（四）因输血感染造成不良后果的。因涂改、伪造、隐瞒、销毁病历资料及毁弃药物或者输液、输血、注射等医疗器具，致无法认定事实真相的，推定医方具有过错。

（二）免责条款

免责条款，即当事人以协议排除或限制其未来责任的合同条款。其一，免责条款是合同的组成部分，是一种合同条款；其二，免责条款的提出必须是明示的，不允许以默示方式做出，也不允许法官推定免责条款的存在。在合同法中，法律允许自行设立免责条款，但当事人不得预先免除故意或重大过失的责任。在医疗活动中，医方往往单方面设立许多免除自己责任的“霸王条款”，如有的入院协议书约定“患者住院期间发生的一切人身或者财产损害由患者自己承担，概与医院无关”；手术协议约定“手术过程中发生的一切不良后果，由患者负担，医方无责任”；对患者提出解除住院医疗合同的，让患者签字认可“患者自动出院，一切后果自负”；等等，诸如此类，不胜枚举。由上述免责条款引发的争议，在处理时要么认定医方单方面设定的免责条款无效，要么按不利于格式条款提供者即医方的利益进行解释，从而追究医方的违约责任。《合同法》第 53 条规定：“合同中的下列免责条款无效：（一）造成对方人身伤害的责任条款无效；（二）因故意或者重大过失造成对方财产损失的责任的。”对于医方来说，应严格限制其免责条件和免责条款的适用。①

① 周光涛：《论医疗合同》，中国政法大学 2005 年硕士论文。

课后习题

1. 试述医疗合同的概念和特点。

2. 列举说明医疗合同中医方的主给付义务、从给付义务和附随义务。

3. 简述医疗合同无效的情形。

4. 试述医疗合同终止的原因。

5. 试述医疗合同的违约责任。

6. 对本章第四节案例再思考:

(1)原转出院的漏诊行为是否构成违约?

(2)如果构成违约,原转出院违反了医疗合同的什么义务?其违约行为的形态是什么?可以哪些责任承担方式来解决纠纷?

第十四章　不当得利和无因管理

学习目标

本章主要阐述了不当得利和无因管理的基本内容。通过本章的学习，了解医疗不当得利和无因管理的概念，掌握医疗不当得利和无因管理的构成要件、无因管理之债的内容。

案例分析

2001年9月25日凌晨，孤身一人在广州做生意的陕西省某村村民景某因乘出租车不付款，司机请求民警给予帮助。民警见景某精神异常，遂将其送到广州市精神病医院，诊断为“精神分裂症”。随后将其转送到临时收治“盲流”患者的广州白云精神康复医院。景某住院后，拒绝进食。医护人员除对症治疗、护理外，采用鼻饲实施“支持疗法”，但每次都遭到景某的强烈反抗。只要医护人员让他进食，景某就大闹不已，还整日大呼小叫，多次与同室病人发生打斗。半月后，景某出现频繁腹泻，大便呈红色胶冻状。医生考虑其患上“器质性精神障碍合并中毒性痢疾”，为防止颅内压增高出现意外，开始限制他的输液量。景某身体每况愈下，17天后死亡。

景某的尸体由中山医科大学法医鉴定中心解剖后，做出的结论为“因饥饿致死”，同时发现颅内有一个拳头大小、严重压迫脑组织的团块状灰白色肿瘤。根据尸检结果，死者家属以白云精神康复医院“对患者诊治及护理严重不负责”为由，将医院告上了法庭，索赔各种费用。广州市白云区法院经审理认为，在景某住院期间，因其拒绝进食处于饥饿状态，而医院没有采取正确的医疗措施，如及时注射葡萄糖，导致其因饥饿而死亡。对景某与同室病人发生打斗的情况，医院也未及时采取措施，使其多次被打伤，加速了死亡。所以，医院存在重大过失。2003年4月30日，白云区法院做出判决：白云精神康复医院须赔偿景某家人各类费用约10万元。

思考：广州白云精神康复医院与景某之间成立了什么关系？医院对景某是否存在义务？如果存在义务是何种义务？

第一节 不当得利之债

一、医疗不当得利的概念

人的生命、健康高于一切，医师既然悬壶济世，自应广施仁术、造福苍生，不应因病人的具体情况不同而区别对待。因此在医学伦理上自古便有救死扶伤的要求，如世界医学会采用的《国际医学伦理典章》规定："医师对于急症，必须施以所需的治疗，除非确知其他医师必能为之处理。"近代以来，各国法律都规定了在一定情况下医师有强制医疗义务，将救死扶伤的道德要求转变为法定义务。我国《执业医师法》第 24 条规定："对急危患者，医师应当采取紧急措施进行诊治，不得拒绝急救处理。"《医疗机构管理条例》第 31 条规定："医疗机构对危重病人应当立即抢救。对限于设备或技术条件不能诊治的病人，应当及时转诊。"如果危急患者与医方之间没有契约关系，医方因履行法定义务对患者进行抢救或诊治，对于两者之间的法律关系主要有两种不同的观点：

1. 公法关系说。

此学说为日本通说，认为强制诊疗的法律性质，属于公法上的义务，是医方对国家所负的义务，患者只在医方履行义务时，才能享受到此种义务的反射利益。"所以医方对于患者并无私法上的义务，患者亦不因此而直接取得医疗给付之债权。""患者所享受的，是一种反射利益，而非私法上的债权。"

2. 无因管理关系说。

此说认为医方在履行强制诊疗义务时，如果医患双方不存在契约关系，医方属于无法定或约定的义务管理他人事务，构成私法上的无因管理关系。医方在履行义务之后，可以管理人的身份向作为本人的患者主张权利。

我们认为，强制诊疗义务的确属于公法上的义务，是医方基于其特殊职业对国家负有的一种义务。国家为权利人，医方为义务人，患者本身不参与这一法律关系，不能据此向医方主张权利，只能消极享受上述义务所带来的利益。但当医方基于上述规定，对没有契约关系的患者进行抢救或诊治后，就在医患双方间形成了一种新的关系。此种关系发生在平等的民事主体之间，彼此没有隶属关系，属于私法调整的范围，因此公法关系说并不妥当。第二种学说虽然认为医患双方形成私法关系，但将之定性为无因管理，其不足之处也是十分明显的。无因管理要求没有法定或约定的义务管理他人事务，而医方对危急患者的抢救或诊治都是为了履行法定义务。虽然这种义务不是私法上的义务，但无论公法义务还是私法义务都足以排斥无因管理的成立。事实上，当医方因履行法定义务对没有契约关系的患者进行抢救或诊治，患者因接受诊疗服务受有利益，医师因提供诊疗服务受有损害，利益与损害都是基于诊疗服务的提供而发生，已在两者间形成不当得利关系。医方基于不当得利对患者享有利益返还请求权，而患者则因不当得利的发生对医方负担特定义务。①

二、医疗不当得利的表现形式

医疗不当得利发生在医方因履行强制诊疗义务向特定患者提供诊疗服务，而患者与医方之间还没有建立契约关系的情况下，主要的表现形式有：

1.医方自行发现昏迷的危急患者而加以救治；

2.危急病人因某种原因不愿意赴医就诊，医方对其实施强制治疗；

3.患者的监护人或近亲属以外的第三人将意识不明或无法做意思表示的危急患者送到医院。送医行为本身虽然构成无因管理，但第三人不会与医方订立契约、承担治疗费用，医方根据强制诊疗义务对患者实施抢救或治疗，就在两者间形成不当得利关系。

三、医疗不当得利的构成要件与法律效力

不当得利是指没有法律上的原因受有利益，致他人受有损害的事实。由于利益的取得没有法律上的依据，又建立在他人受损的基础上，属于利益的不当变动。遭受损害者有权请求利益取得者返还所受利益。医疗不当得利基于医方提供的诊疗服务而发生，属于不当得利中的给付不当得利，其构成要件、法律效力与普通不当得利基本相同，具体有：

1.受益人受有财产上的利益。

受有财产利益是不当得利的一个重要条件，所受利益不必具有金钱或者物的形态，但应当具有可以计算的经济价值。受益人是否受有财产利益应当通过利益变动前后受益人财产总额的变化比较判断。如果现有财产总额高于原有财产，属于受有积极利益；如果原有财产应当减少而没有减少，属于受有消极利益。在医疗不当得利关系中，危急病人因身患疾病需要入院治疗，其财产总额处于应当减少的状态。如果因医方提供的诊疗服务使其康复或者部分康复，没有再行治疗的必要，其财产总额属于应当减少而没有减少，所受利益就是身体康复部分需要花费的医疗费用。但如果因医方提供的诊疗服务没有使患者的病情发生任何好转，患者仍需接受治疗，其财产总额就仍然处于应当减少的状态，与接受诊疗服务之前没有发生任何变化，就不属于受有利益。由于不当得利以受益人获

① 王怡红：《论医疗关系的认定及法律救济》，华东政法学院2003年硕士论文。

得利益为构成要件，运用于医疗关系上就要求医方提供的治疗、抢救具有效果，这与医疗契约只讲究服务的提供、不重视结果的发生有明显的不同。[①]

2.受损人受有损害。

损害系指发生在财产上的不利益，既包括现存利益的失去，也包括能够获得的利益而没有获得。在医疗关系中，医方因履行法定义务向患者提供诊疗服务，自然有所花费，属于受有损害。但医方的损害应该如何计算，是按照该诊疗服务的成本价进行计算还是按照市场价进行计算，即有没有必要在损害中包括医方可以获得的利润？考虑到医方以提供诊疗服务为宗旨，医方的可得利润属于能够获得而没有获得的利益，应当包括在损害的范围之内。计算损害时应按照通行的市场标准进行计算，没有必要扣除医方的合理利润。

3.收益与受损之间具有因果关系。

按照通说，不当得利的因果关系仅限于直接因果关系，不包括间接因果关系。只有同一事实一方面使受益人获得利益，一方面使受损人遭受损害，才承认两者之间具有因果关系。如果收益与受损是基于两个不同事实发生的，或者收益与受损之间介入了第三者的行为，两者之间就不构成不当得利。在医疗关系中，使患者受有利益和医方受有损害的必须是同一诊疗服务，才可以认定两者之间具有不当得利关系。

4.受益人获得利益没有法律上的原因。

医疗不当得利是基于诊疗服务的提供而发生的，属于因给付而发生的不当得利。在给付不当得利中，只要受领给付者没有保持所受给付的权利，即受领给付者与做出给付者之间没有债的关系，就可以认为其获得利益没有法律上的原因。在医疗不当得利中，医方虽然根据公法的规定有实施抢救或治疗的义务，但这属于医方对国家而不是患者的义务，患者没有权利要求医方为其提供诊疗服务。因此，只要医患双方不存在契约关系，患者就没有权利保持医方所提供的诊疗服务，属于没有法律上的原因而获得利益。[②]

不当得利属于利益的不当变动，受损人有权请求受益人返还所受的利益。至于返还利益的范围，则因受益人主观状态的不同而有所不同。概言之，如果受益人为善意，其返还利益的范围以遭受请求返还时的现存利益为限；如果收益人为恶意，则不仅应当返还受领时所得的全部利益，还应包括本于该利益所受的利益，如果返还的利益不足以弥补受损人的损失，还应当赔偿其损失。在医疗不当得利关系中，患者在通常情况下为善意受益人，向医方返还的利益应当以现存利

① 王怡红：《论医疗关系的认定及法律救济》，华东政法学院2003年硕士论文。

② 王怡红：《论医疗关系的认定及法律救济》，华东政法学院2003年硕士论文。

益为限，即返还身体康复部分需要花费的医疗费用，无须考虑医方遭受的损失数额。①

第二节　无因管理之债

一、医疗无因管理的概念

我国《民法通则》第93条规定："没有法定或者约定的义务，为避免他人利益受损失进行管理或服务的，有权要求受益人偿付由此而支付的必要费用。"没有法定的或约定的义务，管理他人事务的行为，就是无因管理。无因管理是债权债务的发生根据之一，医患关系也会基于无因管理而发生。医疗无因管理是指，在医患关系中，医师在没有约定义务或法定义务的情况下，为避免患者的生命健康利益受到损害，自愿为患者提供医疗服务的行为。

二、医疗无因管理产生的情形

医疗无因管理关系的出现，主要是基于以下三种情形：一是医师在医院外，发现昏迷或危急的患者而加以治疗，如医生在路上遇到快要分娩的孕妇，为其提供相应的诊疗行为；二是对自杀未遂而不愿意就医者予以救治；三是特定的第三人将意识不清或不能做意思表示的患者送往医院，而该第三人却无负担诊疗报酬的意思，或无监护人在场的情况下，医院直接针对无行为能力的"非急危"患者进行的诊疗行为。② 在这些情形下，医院并无法定和约定的义务，而是基于医生救死扶伤的人道主义精神对患者进行救治，因此构成无因管理。如患者恢复意识，有意思表达的能力，表示愿意接受医院的治疗或亲属表示愿意接受治疗，则无因管理关系可以转化为医疗合同关系。

三、医疗无因管理应具备的要件

关于医患诊疗事务中无因管理的要件，依据《民法》关于无因管理的构成要件的理论，成立医疗无因管理应当具备以下要件：

（一）管理他人医疗上的事务

所管理的事务是本人（患者）的疾病诊疗，是依附于患者身体上的，与其本人并未分离。

---

① 王怡红：《论医疗关系的认定及法律救济》，2003年同等学力人员申请硕士学位论文。

② 赵巨西：《医事法研究》，法律出版社2008年版，第123页。

（二）无约定的或法定的义务

医方救治危重患者的强制义务，如我国《执业医师法》第24条规定："对急危患者，医师应当采取紧急措施进行诊治，不得拒绝急救处置。"这是法律规定医方救治急、危、重患者的强制诊疗义务，这种强制义务是公法义务，但其使用范围是有限的，仅适用于急危、危重病人，并不适用于所有的患者，它并不妨碍无因管理关系的成立。当医方为急危、危重以外的患者提供医疗服务，而两者间又不存在契约关系时，属于无法定或约定的义务管理他人事务，应当构成无因管理。当患者处于昏迷状态无意思能力，而由除患者配偶、法定代理人或其他亲属之外的第三人送医时，患者与医方可成立无因管理关系。

（三）管理人有管理的意思表示

医师具有以其诊治行为所生事实上的利益即患者之生命、健康利益归属于他人的意思。

四、医疗无因管理的种类

根据无因管理是否违反本人意思和管理结果是否有利于本人，无因管理可分为适当的无因管理和不适当的无因管理。适当的无因管理为符合本人意思而结果有利于本人的无因管理。对于不适当的无因管理，情形有所不同：其一，违反本人意思，结果有利于本人，本人仍享有无因管理所得之利益，本人所负义务，则以其所得利益为限；其二，违反本人意思，结果不利于本人，管理人对于因其管理所生之损害，负无过失责任；其三，虽符合本人意思，但结果不利于本人，医师管理所支付的费用，不得请求本人偿还。

五、医疗无因管理之债的内容

因医疗无因管理行为，医疗无因管理关系即成立，在医院与患者之间即产生一种债权债务关系。医疗纠纷中为医疗事务而形成无因管理的管理人员应当享有必要费用的请求权，但是传统民法理论对此并未做出明确规定。我们认为，现代民法倾向于直接规定管理人的必要费用请求权。因此参照现代民法理念，医方基于无因管理关系，对于患者的诊疗服务，完全可以请求相应的必要费用。

（一）医方的义务

1. 适当管理义务。

这一义务表现在三个方面：(1)实施诊疗行为时，依本人的意思（明知或可推知的意思）或有利于本人的方法管理。医方应根据实际情况，作为不违背本人的可以推定的意思的管理行为。广州白云精神康复医院救治景某案例中医方的救治行为，可以推定是其监护人的意思，且不违背景某本人的意思。(2)医方应对患者做最有利的适当管理,其注意程度和医疗合同中的注意程度并无不同。医方应尽到一个善良管理人的注意义务管理事务,如在管理中,医方因故意或重大过失造成本人的损害,则因承担侵权责任。广州白云精神康复医院救治景某的案例中,医方采取的救治行为存在一定的过错,医方的管理方法是否有利于景某,其评价的标准应当以是否在客观上避免了景某利益受损失为准,而不以医方主观上认为其管理方法有利于景某判断其管理是适当的。(3)医方应根据本人利益的需要进行继续管理,不得随意中止管理事务,如果任意停止救治或消极管理,未适当转诊,则属于未尽注意义务,构成债务不完全履行。

2.通知义务。

日本《民法》第699条规定:"管理人应将其开始管理从速通知本人。"医方在进行管理后,应将管理事务通知本人。如果管理人不知本人是谁,或不知本人的住址或因其他原因无法通知,则不负通知义务。如等候本人的指示会使本人的利益受到损失时,则不应坐等指示,应直接管理。

(二)患者的义务

无因管理的管理人员应当享有必要费用的请求权,主要是请求患者偿还费用。无因管理,系无偿法律关系,管理本无报酬请求权可言。但是,为了鼓励医方的救治行为,从社会和患者本人利益出发,承认医方因无因管理获得报酬请求权,与社会认识并无冲突。

课后习题

1.试述医疗不当得利的概念及构成要件。

2.列举说明医疗无因管理的医方义务。

第五篇

卫生侵权责任篇

第十五章　卫生侵权责任概述

学习目标

本章主要阐述了卫生侵权责任的基本内容。通过本章的学习，了解卫生侵权的概念、特征，掌握卫生侵权责任的构成，并明确其在我国卫生民事法中的重要地位和意义。

案例分析

患者王某出生15月后，因生长缓慢1年，于1999年7月入住某医院内分泌病区，根据染色体检查结果，王某被诊断为患有Turner综合征，在该院治疗10日后出院，并于同年10月至该院门诊复诊，医院开始给予患儿生长激素治疗。2001年1月，经过某医院内分泌专科门诊复诊后，该患儿在其他医院就诊、用药。2005年初，因出现乳房发育，再次到该院就诊。查脑垂体CT正常，骨龄提示8岁半。智力测试IQ64分，嘱临床观察。

思考：本案是否构成侵权责任？为什么？

第一节　卫生侵权责任的概念

一、卫生侵权行为

（一）概念

卫生是指保护生命，守护健康。这个词汇的含义十分广泛，与保护生命、守护健康有关的活动都可以包括在内。卫生活动的主体包括了行政主体、民事主体和其他主体。

“医疗”是与“卫生”比较相近的一个概念，在日常生活中，我们经常将两个概念结合在一起使用，如医疗卫生。但“卫生”这个概念的范畴大于“医疗”这个概念，在本书的概念使用中，“医疗”是卫生的一个下位概念，为“卫生”所包含。医疗活动是卫生活动的组成部分，并且是卫生活动中最重要的一类活动。

卫生侵权行为是民事侵权行为的一种特殊种类[①]，广义的卫生侵权行为是指卫生机构及其人员在与卫生有关的民事活动当中侵害他人的合法权益，依法应当承担侵权责任的行为。狭义的卫生侵权行为则指与医疗活动有关的，医疗机构及其医务人员在医疗活动中侵害他人合法权益的行为。

(二)卫生侵权行为与其他相关行为的区别

1.卫生侵权行为与国家机关及国家机关工作人员侵权行为的区别。

国家机关和国家机关工作人员的侵权行为是指国家机关和国家机关工作人员行使职权，违反相关法律、法规的规定侵犯公民、法人和其他组织合法权益的情形。造成损害的，受害人有权取得国家赔偿。与卫生活动有关的国家机关及国家机关工作人员，在执行职务的活动中，违反相关法律、法规的规定侵犯公民、法人和其他组织合法权益，造成损害的，受害人有权取得国家赔偿。卫生医疗机构中的国家工作人员行使职权的行为侵犯公民、法人和其他组织合法权益的情形，可以适用国家赔偿。但卫生医疗机构中的大部分人员是非国家机关工作人员，他们的行为只能构成民事侵权行为，承担民事侵权责任。卫生民事侵权行为与国家机关及国家机关工作人员侵权行为的区别在于：

(1)两者承担责任的前提不同。

卫生侵权行为与国家机关及国家工作人员侵权行为都是违反法定义务的行为，但卫生侵权行为违反的法律、法规主要是民事法律、法规。而国家机关及国家机关工作人员侵权行为违反的法律法规主要是行政法律法规和刑事法律法规等相关的法律法规。

(2)两者的归责原则不同。

卫生侵权行为的归责原则主要是过错责任原则，包括过错推定责任原则、无过错责任原则作为补充在法律规定的情况下予以适用。国家机关及国家机关工作人员的侵权行为的归责原则主要是违法责任原则、无过错责任原则、过错责任原则。

(3)责任主体不同。

卫生侵权行为，特别是涉及医疗领域的侵权行为的直接加害主体是医疗机构的医务人员，但承担侵权责任的主体是医疗机构。因此，卫生侵权行为的责任主体主要是医疗机构，其承担的是一种替代责任。国家机关及其工作人员的侵权行为的责任主体是国家，而不是具体实施侵害行为的国家机关及国家机关工作人员，即国家机关及国家机关工作人员的侵权行为的责任主体和侵权行为的实施主体不一致。但国家是一个抽象的实体，不能具体地承担

---

① “侵权”是一个私法上的概念，属于民事领域。所以对于卫生侵权责任这个概念我们主要指的是民事领域的卫生侵权行为。

赔偿义务，所以国家机关及国家机关工作人员的侵权行为的责任承担是“国家责任，机关赔偿”的特殊模式，国家机关及国家机关工作人员侵权行为的赔偿费用由国家财政支出，当然国家机关在承担其赔偿责任后，可以责令在履行职务过程中有重大过失的卫生行政机关工作人员承担赔偿金额的一部分或者全部。

(4)赔偿的计算标准不同。

卫生侵权行为赔偿的计算标准主要是依据相关的民事法律、法规。而国家机关及国家机关工作人员的赔偿的计算标准主要是依据《中华人民共和国国家赔偿法》的相关规定，两者在具体的计算标准和依据上有所不同。

(5)两者的免责事由不同。

卫生侵权行为的免责事由是由相关的民事法律、法规明确规定的。如限于当时的医疗水平难以诊疗的，医疗机构对患者的损害不承担责任。同样，国家机关及国家机关工作人员的侵权责任的免责事由也是由《国家赔偿法》等相关法律法规明确规定的。如因公民自己故意做虚伪供述，或者伪造其他有罪证据被羁押或者被判处刑罚的，国家不承担责任。

2.卫生侵权行为与卫生违约行为的区别。

卫生违约行为是指与卫生有关的合同中当事人违反合同的约定或法律的规定，不履行或者没有完全履行合同的约定或法律的规定，依法应当承担违约责任的行为。卫生侵权行为和卫生违约行为的区别在于：

(1)两者违反的义务不同。

卫生侵权行为违反的多是法律规定的义务，卫生违约行为违反的则多是合同约定的义务，违约责任的承担以权利人与赔偿义务人之间存在合法有效的合同关系为前提。

(2)两者的归责原则不同。

卫生侵权行为的归责原则主要是过错责任原则，包括过错推定责任原则。卫生违约行为的归责原则主要是严格责任原则。

(3)两者的赔偿范围不同。

卫生侵权行为的赔偿范围包括精神损害赔偿，卫生违约行为的赔偿一般不包括精神损害赔偿。

(4)两者的时效期间不同。

卫生侵权行为如果是身体受到伤害的，其时效期间为一年，卫生违约行为的时效期间一般是两年。

(5)两者的免责条款不同。

卫生侵权行为违反的是法定义务，因此，当事人双方一般事前不能约定免责条款，但卫生违约行为的当事人双方事前可以约定免责的条款。

(6)两者的请求权主体不同。

卫生侵权行为在受害人死亡或其他情形下，可以由其近亲属行使请求权。但卫生违约行为的请求权一般由当事人双方自行行使。

3.卫生侵权行为和与卫生有关的犯罪行为的区别。

与卫生有关的犯罪行为是指违反《刑法》的规定，依法应受刑法处罚的与卫生有关的犯罪行为。卫生侵权行为和与卫生有关的犯罪行为既有区别又有联系，实际上，犯罪行为往往是侵权行为的进一步发展。但卫生侵权行为和卫生犯罪行为也有区别，体现在：

(1)两者的法律依据不同。

卫生侵权行为的法律依据是民法，特别是侵权责任法等相关法律、法规的规定。而与卫生有关的犯罪行为的法律依据是刑法。只有刑法规定了是犯罪行为的，才能被认定为犯罪，如医疗事故罪。

(2)两者侵害的客体不同。

卫生侵权行为所侵害的客体是民事主体的人身、财产权益。但犯罪行为所侵害的客体则主要是受法律保护的一定的社会关系。

(3)两者的社会危害程度不同。

卫生侵权行为作为一种侵权行为不必具有社会危害性，只需要具有违法性就可以构成，但与卫生有关的犯罪行为则必须具备社会危害性，不具有社会危害性的不能构成犯罪行为。

(4)行为人的主观恶性不同。

卫生侵权行为的行为人的主观恶性并不一定很大，医疗侵权行为主观上大部分都是过失，而不是故意。但与卫生有关的犯罪行为的行为人主观恶性必须达到一定的程度，如果没有达到一定的程度，是不会构成犯罪行为的。

二、卫生侵权责任

(一)概念

卫生侵权责任是指在卫生活动中，侵权人一方对自己的侵权行为造成受害者一方人身、财产和精神等损害而依法所应承担的民事责任。

(二)特征

1.卫生侵权责任是一种民事责任。

卫生侵权责任是指违反民事法律、法规所规定的民事义务而应承担的一种不利后果。卫生侵权责任是一种违反民法义务而必须承担的民事责任，所以卫生侵权责任符合民事责任的特征。

2.卫生侵权责任的责任承担方式多样。

卫生侵权责任是民事责任的一种，由于民事责任的承担方式形式多种多样，所以卫生侵权责任的责任承担方式也是多种多样的。

三、卫生侵权责任法

(一)概念

广义的卫生侵权责任法是指调整与卫生活动有关的侵害他人人身、财产等合法权益的侵权行为的法律、法规的总和。

(二)卫生侵权法在卫生民法中的地位

侵权法是民法中一个具有相对独立地位的法律部门，卫生侵权法则是侵权法的组成部分，特别是医疗损害责任在侵权责任法当中进行类型化的规定借鉴了世界先进立法的经验，是侵权责任法的立法亮点。同时由于卫生侵权行为的范围较为广泛，在《民法通则》《产品质量法》《消费者权益保护法》等相关的法律、法规中都有关于卫生侵权的相关规定，所以卫生侵权法属于广义的侵权法的组成部分，同时也构成了我国民法的一个重要组成部分。作为对受害人权利受到侵害时的救济方式，侵权行为对保障权利人的权利具有十分重要的作用。一方面，同为卫生民法组成部分的卫生物权法、卫生人身权法等相关法律法规赋予当事人与卫生有关的权利，而当这些权利受到侵犯时，卫生侵权法则对受到侵害的合法权益进行救济。

(三)立法沿革

1986 年 4 月 12 日，第六届全国人民代表大会第四次会议正式通过了《民法通则》。《民法通则》虽然不是民法典，却是我国第一部调整民事关系的基本法律。《民法通则》中有关于民事责任的相关规定，一直被视为解决侵权责任的法律依据，所以此一阶段处理卫生侵权行为的法律依据主要是《民法通则》。1987 年，国务院颁布了我国第一部专门用来处理医疗损害责任的行政法规《医疗事故处理办法》(以下简称《办法》)，在办法当中对医疗事故的分类和等级、医疗事故处理程序、医疗事故的鉴定、医疗事故的处理等内容进行了规定，此后与医疗有关的侵权行为就适用《办法》的规定，直到后期由于《办法》规定的赔偿标准已经不适应实践的发展，所以逐渐转向适用《民法通则》的相关规定来计算损害的赔偿。2001 年 3 月 10 日，《最高人民法院关于确定民事侵权精神损害赔偿责任若干问题的解释》施行，其中对侵权造成的精神损害赔偿进行了明确的规定，被视为精神损害赔偿立法的一个里程碑，实践中因侵权而造成的精神损害就依据其进行计算，卫生侵权中造成精神损害的也按这个司法解释的规定计算赔偿的数额。

《办法》实施几年后，其中的一些规定已经不能适应实践的需要，国务院于2002年4月4日以国务院第351号令颁布了《医疗事故处理条例》(以下简称《条例》)，自2002年9月1日起实施。《条例》包括了总则、医疗事故的预防与处置、医疗事故的技术鉴定、医疗事故的行政处理与监督、医疗事故的赔偿和罚则等内容。《条例》与《办法》相比，扩大了医疗事故的范围，放宽了医疗事故的认定标准，鉴定机构和人员相对中立，赔偿标准大幅提高。但《条例》没有对除医疗事故之外的一般医疗侵权损害做出规定，而且《条例》是行政法规，其法律位阶低于作为法律的《民法通则》。因此，最高人民法院在2003年1月6日下发了法〔2003〕20号《关于参照〈医疗事故处理条例〉审理医疗纠纷民事案件的通知》。通知中规定：条例施行后发生的医疗事故引起的医疗赔偿纠纷，诉到法院的，参照条例的有关规定办理；因医疗事故以外的原因引起的其他医疗赔偿纠纷，适用《民法通则》的规定。人民法院在民事审判中，根据当事人的申请或者依职权决定进行医疗事故鉴定的，交由《条例》所规定的医学会组织鉴定。因医疗事故以外的原因引起的其他医疗赔偿纠纷需要进行司法鉴定的，按照《人民法院对外委托司法鉴定管理规定》组织鉴定。

此外，在2002年最高人民法院发布《最高人民法院关于民事诉讼证据的若干规定》以前，医疗侵权的举证责任一直由患者来承担，但2002年4月1日最高人民法院发布《证据规则》明确规定：因医疗行为引起的侵权诉讼，由医疗机构就医疗行为与损害结果之间不存在因果关系及不存在医疗过错承担举证责任。这一规定被视为医疗损害责任中实行举证责任倒置的开始。

《条例》的规定相比《办法》有了一些新的进步，但《条例》的规定也存在相应的问题，具体来说，就是导致了医疗损害责任的三个“二元化”，即医疗损害案由的二元化、医疗损害鉴定的二元化和医疗损害赔偿的二元化。为了解决这三个“二元化”，同时由于医疗纠纷也越来越成为社会关注的热点问题，2010年生效的《中华人民共和国侵权责任法》以专章的形式规定了医疗损害责任。该章规定涉及医疗损害责任的归责原则，患者知情同意权的规定，关于紧急情况下知情同意权的特殊规定，在诊疗活动中如何界定医务人员过错的规定及在什么情况下推定医疗机构有过错的规定，因药品、消毒药剂、医疗器械的缺陷或者输入不合格的血液造成患者损害的责任的规定，医疗机构免责的规定，医疗机构对住院志、医嘱单等病历资料的制作、保存及向患者提供的义务的规定，患者隐私保护的规定，过度检查的规定，维护医疗机构及其医务人员合法权益的规定等。为了配合《侵权责任法》，2010年6月30日，最高人民法院发布了《关于适用〈中华人民共和国侵权责任法〉若干问题的通知》，明确规定涉及医疗损害鉴定的，按照《全国人民代表大会常务委员会关于司法鉴定管理问题的决定》进行。结合《侵权责任法》的规定来看，其解决了医疗损害责任概念和损害赔偿的二元化问题，但仍然没有解决鉴定二元化的问题。

医疗侵权的立法是卫生侵权立法的重要组成部分，历经上述四个重要的阶段，但与卫生侵权有关的法律、法规不限于上述几个方面。与卫生侵权有关的法律还包括《执业医师法》《药品管理法》《全国人民代表大会常务委员会关于司法鉴定管理问题的决定》《传染病防治法》《献血法》《母婴保健法》《消费者权益保护法》《精神卫生法》等相关法律。与卫生侵权有关的重要的行政法规包括《医疗机构管理条例》《乡村医生从业管理条例》《护士条例》《医疗事故技术鉴定暂行办法》《医疗事故分级标准（试行）》《医疗机构病历管理规定》《病历书写基本规范（试行）》《中华人民共和国药品管理法实施条例》《中医药条例》《麻醉药品和精神药品管理条例》《医疗器械监督管理条例》《血液制品管理条例》等相关法规。

第二节　卫生侵权责任归责原则

一、概述

（一）概念

归责原则，是指以何种根据或基础确认和追究侵权人的侵权责任，它所解决的是侵权责任的伦理和正义性的基础问题。[①] 归责原则归根结底解决的是侵权人承担侵权责任的基础性问题。作为侵权责任的一类，卫生侵权责任的归责原则指的是在卫生侵权行为中，根据何种准则和基础要求卫生侵权责任人承担卫生侵权责任。卫生侵权归责原则在《卫生侵权责任法》中具有十分重要的地位，是卫生侵权责任中的基础性问题。

（二）体系

从世界范围看，侵权责任法的归责原则经历了由单一原则向多元归责体系发展的历程。对于我国侵权责任归责原则的体系，学者也历来有不同的主张：

1. 一元归责原则说。

该归责原则说主张侵权责任的归责原则为过错责任原则。[②]

2. 二元归责原则说。

该归责原则说主张侵权责任的归责原则为过错责任原则和无过错责任原则。[③]

---

① 张新宝：《中国侵权责任法》（第二版），中国人民大学出版社 2010 年版，第 16 页。

② 王卫国：《过错责任原则：第三次勃兴》，中国法制出版社 2000 年版，第 185 页。

③ 米健：《再论侵权责任法的归责原则》，《政法论坛》1991 年第 2 期。

3.三元归责原则说。

三元归责原则说又可以分为两种观点。第一种观点为过错原则、危险责任原则和公平责任原则;[①]第二种观点为过错责任原则、过错推定责任原则和无过错责任原则。[②]

4.四元归责原则说。

四元归责原则说认为我国侵权责任的归责原则包括过错责任原则、过错推定原则、严格责任和公平责任。[③]

对于我国的《侵权责任法》规定了哪些侵权责任的归责原则,学者也有不同的看法,争议主要集中在是否将公平原则也作为一类独立的归责原则在《侵权责任法》中有所规定。一类主张认为《侵权责任法》确认的归责原则包括过错责任原则、过错推定责任原则、严格责任原则和公平责任原则。其中过错责任原则是一般的归责原则,过错推定责任原则和严格责任原则是特殊的归责原则,公平责任原则属于辅助性的归责原则。[④] 另一类主张认为《侵权责任法》中的归责原则就是过错责任原则与无过错责任原则,过错推定责任原则与公平责任原则都不属于独立的归责原则。[⑤] 具体到《侵权责任法》对医疗损害侵权的归责原则的规定,有学者认为,在第七章"医疗损害的归责体系"中,一般医疗损害责任适用过错责任原则,特定情形下适用过错推定责任原则,医疗产品损害责任适用无过错责任原则。[⑥] 因此,我们认为,卫生侵权责任的归责原则包括过错责任原则、无过错责任原则,过错推定责任原则是过错责任原则的一种特殊情形。

二、卫生侵权归责原则

(一)过错责任原则

卫生侵权过错责任是指在卫生活动中,以行为人主观上是否存在过错作为判断行为是否承担卫生侵权责任的依据。"有过错,则有责任;无过错,则无责任",行为人过错的大小也决定了行为人责任的轻重程度和责任范围。《民法通则》《侵权责任法》中都对过错责任原则有明确的规定,过错责任原则作为侵权责任的一般归责原则得到了普遍的适用。作为人类特有的一类行为,卫生活动与人们的健康和社会的发展息息相关,卫生领域的许多活动充满风险,同时又对人类社会具有十分重要的意义。如医学新技术的使用,一方面可能会给患者带来

---

① 孔祥俊:《论侵权行为的归责原则》,《中国法学》1992年第5期。

② 杨立新:《侵权法论》,人民法院出版社2004年第2版,第119页。

③ 王利明:《侵权责任法研究》(上卷),中国人民大学出版社2010年版,第195页。

④ 王利明:《侵权责任法研究》(上卷),中国人民大学出版社2010年版,第200页。

⑤ 程啸:《侵权责任法》,法律出版社2011年版,第145页。

⑥ 石悦:《医疗侵权法》,北京师范大学出版社2011年版,第59—60页。

未知的风险，但另一方面，其使用主要是为了造福人类，挽救更多患者的生命。我们应该鼓励医疗机构的医务人员开展这些新技术的探索和使用。社会应该达成这样的共识，当这些新技术的开发者、使用者在主观上没有过错时，即使造成了一定程度的损害，也不应当要求其承担侵权责任。只有这样，才能鼓励更多的人没入这些创新和研发活动中，这样的结果必然会造福我们自己。幸运的是，由于过错责任原则的保驾护航，我们正在实践着这一共识。因此，过错责任原则是卫生侵权责任的一般归责原则。在法律没有特别规定的情形下，一般的卫生侵权行为都适用过错责任原则作为归责原则，以判断行为人是否要承担相应的侵权责任。

（二）过错推定责任原则

1.概念。

卫生侵权过错推定责任原则是指在卫生活动中，根据法律的规定推定行为人有过错，行为人不能证明自己没有过错的，应当承担侵权责任。过错推定责任原则的出现，是《侵权责任法》的一种进步体现。一方面，它考虑到特殊情形下受害人在证明能力上的弱势地位；另一方面，它又赋予了加害人以事实自辩而免责的可能性。

2.特征。

(1)卫生侵权过错推定责任原则是过错责任原则的一种特殊情形。

卫生侵权过错推定责任原则并不是一种独立的归责原则，而是过错责任原则的一种特殊情形。在过错责任的归责原则之下，受害人必须证明加害人主观上存在过错，加害人才承担相应的侵权责任。但在卫生领域，卫生活动的特点决定了卫生活动往往具有专业性，这意味着有时作为受害人来说不可能或者不可能完全证明加害人在主观上有过错。所以，作为过错责任原则的一种补充，过错推定责任原则在卫生侵权归责中的出现就是一种必然。如《侵权责任法》第58条规定了医疗机构在三种情形下对患者的损害实行过错推定的归责原则。但过错推定责任原则只有在法律有明确规定的情况下才能予以适用，综观我国与侵权有关的法律、法规的规定，对过错推定责任原则的规定并不是很普遍，所以过错推定责任原则只是过错责任原则的一种补充。

(2)卫生侵权过错推定责任原则是一种法律规定的推定。

卫生侵权过错推定责任原则是由法律进行规定的，如果根据法律的规定可以推定行为人主观上有过错的，一旦行为人不能证明其没有过错，就应当承担侵权责任。但这毕竟是一种法律的推定而不是事实，当行为人有证据证明其主观上没有过错，就可以推翻这种法律的预设。如《侵权责任法》规定："患者有损害，医疗机构隐匿或者拒绝提供与纠纷有关的病历资料的，推定医疗机构有过错。”这种规定只是法律上的一种推定，与事实的真相可能存在差距。如果医疗机构能证明其实际上没有过错，就不需要承担侵权责任，实践中也不乏这样的案例。

(3)卫生侵权过错推定责任原则必然导致加害人的举证责任倒置。

过错推定会产生举证责任倒置的后果，而且过错推定与举证责任倒置都必须由实体法规范加以规定，法官在诉讼中不得随意进行举证责任倒置。[①] 举证责任倒置是一个诉讼法上的概念，它也是一种推定。即一般情况下，在诉讼过程中应由提出主张的一方就其提出的主张举证证明，另外一方则需证明提出主张的一方主张不存在或者不真实。如果提出主张的一方不能证明其主张，则由其承担败诉的后果。但在举证责任倒置的情形下，如相对方不能证明提出主张的一方的主张不存在，则由相对方承担败诉的不利后果。卫生侵权中的医疗侵权的举证责任就经历了从“谁主张，谁举证”到“举证责任倒置”，而后又回归到“谁主张，谁举证”、特殊情形下的“举证责任倒置”的变化历程。在2002年之前，医疗损害一直实行“谁主张，谁举证”的举证原则，但由于在实践中，医患双方的信息极不对称，患者很难甚至无法完成自己的举证责任。所以自2002年4月1日开始实施的《证据规则》被视为医疗损害责任中实行举证责任倒置的开始。根据《证据规则》的规定，由医疗机构就医疗行为与损害后果之间不存在因果关系及不存在医疗过错承担举证责任。这种情形持续至《侵权责任法》的颁布。基于这样的观点：“首先，在医疗损害责任中一律采取过错推定，并不一定就有利于患者，它会导致医疗机构采取保守医疗，不利于医学科学的发展。至于患者在发生纠纷时与医疗机构信息不对称的问题，可以通过信息公开的方式加以解决。”[②]《侵权责任法》实际上取消了《证据规则》的做法，使医疗损害的举证责任又回归到了“谁主张，谁举证”、特殊情形下的“举证责任倒置”的方式。对于这种立法的变化，学界有不同的看法，有的学者认为这是一种进步，有的学者则认为这是一种倒退。对此，我们持一种折中的观点，我们认为，进步与否需要实践的检验；一方面，这种回归是否就能改善医疗机构实施过度诊疗、防御性诊疗、保守治疗的行为尚待实践的检验；另一方面，如果相关的制度，如鉴定制度、专家辅助人制度、专家人辅助人(鉴定人)出庭质证的制度能够得到完善，则这种举证责任的实行是一种进步，如果相关的制度不能得到完善，没有相关的制度能起到弥补患者处于医学信息弱势者地位的事实，那很难说这种回归是一种进步还是一种退步。

---

① 王利明：《举证责任倒置研究之二：举证责任倒置必须法定化》，《人民法院报》2002年12月20日。

② 王胜明：《中华人民共和国侵权责任法解读》，中国法制出版社2010年版，第272页。

三、无过错责任原则

（一）概念

卫生侵权无过错责任原则是指在卫生活动中，行为人损害了他人的合法权益，不论行为人主观上是否有过错，法律规定行为人应当承担责任的，行为人应当承担相应的责任。

（二）特征

1. 卫生侵权无过错责任的成立不以行为人主观上存在过错为要件。

无过错责任并不是指行为人主观上没有过错，而是不考虑行为人在实施行为时主观上是否有过错，即无论行为人主观上有过错还是没有过错，都不是法律考虑的范畴，只要行为人实施了某种行为，造成受害人的损害，行为人就要承担相应的侵权责任。这意味着，对于受害人而言，他不需要如过错责任一般必须证明加害人在主观上具有过错。

2. 卫生侵权无过错责任并不意味着绝对责任。

卫生侵权无过错责任中的无过错指的是不考虑行为人实施某种行为时主观上是否有过错，而并不是指行为人结果上的绝对责任。在民法领域中对无过错归责原则下的减轻责任或免责的事由也有相应的规定。当出现这些事由时，即便行为人实施了某种行为造成受害人的损害，也可以减轻或免除责任的承担。

3. 卫生侵权无过错责任的范围限定性。

卫生侵权无过错责任对于行为人来说无疑苛以较为严格的责任。正因为如此，法律对无过错责任的适用范围采用明确规定的方式，如没有法律的规定，无过错责任是不能得到适用的。

四、公平责任

卫生侵权责任中的公平责任是指在卫生活动中，当事人双方对损害后果的出现在主观上都没有过错的情况下，根据公平的观念，考虑相关的因素，由加害人和受害人对损害加以分担的一种责任方式。公平责任是否是一种独立的侵权责任的归责原则，在理论上和立法实践中一直有争议。我们认为公平责任不是一种独立的侵权责任的归责原则，但并不妨碍它作为一种特殊情况下的适用情形在某些特殊的侵权行为中得到适用。特别是在卫生活动中，由于某些卫生活动充满着高风险性，损害的发生往往是在双方当事人都没有过错的前提下出现的，如果由一方当事人独自承担这种损害后果是不符合法律正义特别是分配正义的原则的。所以应当由双方当事人根据具体的情形来分担损失。但如果公平原则在适用过程中不考虑双方的情况，一味采用平均分担损失的做法，这也是不符合公平责任原则的内涵的，公平并不等于平均。所以涉及卫生侵权中公平责任的适用情形，应充分考虑双方当事人的具体情况。

第三节　卫生侵权责任构成

一、概述

（一）概念

卫生侵权责任的构成又称为卫生侵权责任的构成要件，是指承担卫生侵权责任所必须具备的各种因素。行为人的行为如果具备这些因素，则要承担侵权责任，行为人的行为不具备这些要素，则不需要承担相应的侵权责任。

关于侵权责任的构成要件，世界上不同的立法采用了不同的态度。主要包括法国法上的损害、因果关系和过错的三要件说和德国法上的违法行为、损害、因果关系和过错的四要件说。两者的区别在于是否将违法行为作为侵权责任的构成要件。关于这一点，我国的学者也有不同的观点。有学者认为应当采用三要件说，有学者认为应当采用四要件说。我们认为，卫生侵权行为的构成要件应当包括违法行为、损害后果、因果关系和过错四个要件。

二、卫生侵权责任构成

（一）违法行为

卫生违法行为是指在卫生活动中，卫生行为的主体违反相关的卫生法律、法规的行为。

卫生违法行为作为一种“违法”行为，其出现的先决条件为存在与卫生活动有关的法律、法规。如果没有相关法律、法规的存在，可能就不存在“违法”的行为。在我国，与卫生活动有关的法律、法规种类多样、层次不同。但我们必须强调的是违法行为是一种违反法律、法规的行为，因为卫生活动是一类特殊的活动，如作为卫生活动一种的医疗活动就存在许多的行业规范，这些行为规范或者标准是用来指导医疗机构和医务人员的诊疗活动的，违反这些行为规范不一定构成违法行为，但大多数情况下，对诊疗常规的违反也是一种“违法”行为。

（二）损害后果

损害后果是指在卫生活动中，因加害人的加害行为使受害人遭受财产、人身或者精神上的不利后果。没有损害，就没有责任。损害是承担侵权责任的前提，但这种损害必须是法律上的损害。“任何人身或者财产上的不利益,只有在法律上被认为具有补救的可能性和必要性时,才产生民事责任。”[①]“法律的损害也就是具有可赔偿性的损害应符合以下两个条件:首先,可赔偿的损害必须是能够通过侵权人承担赔偿责任得到补偿,而非通过其他方式得到补偿。其次,基于法律价值上的考量,该损害应当由侵权人承担。易言之,一方面,该损害是由于侵权人侵害受害人的民事权益所致;另一方面,该损害并非过于遥远以至于不应由侵权人加以赔偿”。[②] 卫生侵权责任的损害后果是一种法律上的损害。特别是对于卫生侵权责任而言,主要的责任承担方式是财产责任,这更要求卫生侵权的损害后果要在法律上具有补救的可能性和必要性,也就是可赔偿的损害。如果在卫生活动中出现的损害不是法律上的损害,那么就不能作为卫生侵权行为的构成要件。如医疗活动中出现的有些损害就不属于法律上的损害。[③]

一般而言,民事领域的损害按照不同的分类方式可以分为不同的损害,按侵犯权益的内容可以分为财产损害、人身损害和精神损害;按损害是否由加害行为直接造成,可以分为直接的损害和间接的损害。在卫生侵权的损害中,同样可以分为财产损害、人身损害和精神损害;直接的损害和间接的损害。

(三)因果关系

卫生侵权行为中的因果关系是指在卫生活动中,加害行为与损害之间的引起与被引起的关系。侵权人自己的加害行为、他人的加害行为或者物之内在危险的实现是损害发生的原因,被侵权人遭受的损害则是前者的结果。[④] 在实践中,因果关系的类型包括:一因一果,一因多果,多因一果,多因多果。两大法系的不同国家关于因果关系的认定也有不同的理论。大陆法系的因果关系的主要理论包括条件说、相当因果关系说、盖然性因果关系说;英美法系中的因果关系的主要理论包括法律上的因果关系和事实上的因果关系。我国理论上关于因果关系的理论曾经采用过“必然因果关系说”,即“因果关系,是指各个客观现象之间的一种必然联系。即某一现象的出现,是在一定条件下必然由另一已经存在的现象所引起的,这前一现象称为原因,而后一现象称为结果,它们之间存在的这种客观的必然联系,就是因果关系”。[⑤] 而与必然因果关系说相对应的是相当因果关系说,相当因果关系说是指:侵权人必须对以他的不法行为为相当条件的

---

① 王利明:《侵权责任法研究》(上卷),中国人民大学出版社 2010 年版,第 354 页。

② 程啸:《侵权责任法》,法律出版社 2011 年版,第 170 页。

③ 医学的特点是部分诊疗手段具有侵袭性,当患者接受这些诊疗手段的诊疗时,通常认为患者认可了这些行为所伴随着的损害。这种损害就不属于法律上的损害,患者在诊疗活动中即使出现这些损害,医疗机构及其医务人员也不用承担相应的侵权责任。

④ 张新宝:《中国侵权责任法》(第二版),中国人民大学出版社 2010 年版,第 33 页。

⑤ 佟柔:《民法原理》,法律出版社 1983 年版,第 227 页。

损害负赔偿责任，但是对于超出这一范围的损害后果不负民事责任。相当原因必须是损害后果发生的必要条件，并且具有极大增加损害后果发生的可能性即“客观可能性”。[①] 目前，学者主张我国因果关系的认定应当采取相当因果关系说：“与必然因果关系说不同的是，相当因果关系说不要求法官对每一个案件均脱离一般人的知识经验和认识水平，去追求所谓‘客观的、本质的必然联系’，只要求判明原因事实与损害结果之间在通常情形下存在可能性。这种判断非依法官个人主观臆断，而是要求法官依一般社会见解，按照当时社会所达到的知识和经验，只要一般人认为在同样情形有发生同样结果之可能性即可。因此，相当因果关系说不仅是现实可行的，而且符合法律维护社会公平正义之精神。毫无疑问，作为一种法律学说，相当因果关系说是科学的，而必然因果关系说是不科学的。”[②]我们认为卫生侵权的因果关系的认定也应当采用相当因果关系说。这是因为许多卫生活动都具有专业性，对于卫生活动的相对人而言，如果按必然因果关系说，许多时候当事人无法完成证明责任。如果采用相当因果关系说，卫生活动的相对人的证明不必达到完全精确的程度，对法官行使自由裁量权也提供了可能性。[③]

（四）过错

卫生侵权中的过错是指行为人在实施卫生侵权行为时的主观心理状态，一般来说，行为人的这种主观状态分为故意和过失两种。是否将过错和违法性相区别，是侵权责任的构成是三要件还是四要件说的争议焦点。认为过错是一种主观心理状态的学者认为过错和违法性不是一个概念。主张过错是一种客观结果的观点，认为过错和违法性在实质上并无区分的必要。我们认为，过错和违法性是有区别的，特点是在卫生侵权行为领域，过错就是一种主观心理状态，而不是一种客观结果。过错分为故意和过失两种，故意是指行为人明确其行为会发生侵害他人民事权益的后果，仍有意为之的一种主观心理状态。[④]过失是指行为人因疏忽或轻信而未达到应有的注意程度的一种不正常或不良的心理状态。[⑤]

---

① 张新宝：《中国侵权责任法》（第二版），中国人民大学出版社 2010 年版，第 33 页。

② 梁慧星：《雇主承包厂房拆除工程违章施工致雇工受伤感染死亡案评释》，《法学研究》1986 年第 6 期。

③ 我们认为采用相当因果关系说也可以解决实践中为人诟病的法官判案主要依靠鉴定结论，鉴定人成为“事实上的法官”的情况，而将最终判断案件的权利交给法官。

④ 程啸：《侵权责任法》，法律出版社 2011 年版，第 198 页。

⑤ 张新宝：《中国侵权责任法》（第二版），中国人民大学出版社 2010 年版，第 39 页。

第四节　卫生侵权责任方式和损害赔偿

一、责任方式

卫生侵权责任方式，是指侵权人应当对自己的侵权行为依法承担的责任的种类和方式。

《民法通则》第134条第1款规定的承担民事责任的方式主要有：(1)停止侵害；(2)排除妨碍；(3)消除危险；(4)返还财产；(5)恢复原状；(6)修理、重作、更换；(7)赔偿损失；(8)支付违约金；(9)消除影响、恢复名誉；(10)赔礼道歉。并不是所有的种类和方式都可以适用于侵权责任的承担。《侵权责任法》第15条规定的承担侵权责任的方式主要有：(1)停止侵害；(2)排除妨碍；(3)消除危险；(4)返还财产；(5)恢复原状；(6)赔偿损失；(7)赔礼道歉；(8)消除影响、恢复名誉。《侵权责任法》的规定排除了不适用于侵权责任的民事责任的承担种类和方式，所以卫生侵权的民事责任的承担方式主要包括上述八种。上述这些责任的承担可以单独适用，也可以合并适用，这是因为有的侵权行为造成的损害需要两种或两种以上的方式才能予以弥补。如侵犯患者隐私权的行为，可能承担的民事责任包括：如果损害没有停止的，要停止损害；造成损害的还要进行赔偿损失、赔礼道歉等。在卫生活动中，由于卫生活动的主体的过错行为侵害他人生命、身体、健康权益，造成他人人身损害的侵权责任的承担体现在：首先，损害是对生命有机体的侵袭或破坏，它直接造成肉体组织的破坏、生理机能的毁坏或功能紊乱，并可能同时造成被害人肉体痛苦或者心理痛苦。对此种损害的救济，首先是治疗和康复；经治疗恢复健康的，即属恢复原状。但因治疗、康复等支出的费用，则造成财产上的损害，对这种损害，只能通过赔偿损失的方法进行救济。此外，如果造成他人残疾或死亡的，原状已无法恢复，也只能通过赔偿损失的方式对患者及其近亲属的权利进行救济。

二、卫生侵权损害赔偿

（一）概念

卫生侵权损害赔偿是指卫生侵权行为人实施了侵犯他人人身、财产权益的行为，造成他人人身、财产权益损害的，依法应当承担的赔偿责任。损害是卫生侵权行为的构成要件之一。有损害就有赔偿，无损害则无赔偿。对卫生侵权行为造成的损害，加害人可以请求赔偿。《侵权责任法》上的损害主要包括财产损害、人身损害和精神损害，而财产损害又可以分为直接损失和间接损失，人身损害和精神损害都属于非财产性损害。对于财产性损害,根据侵权责任法填平损害的原则直接进行赔偿以填补损害,是普遍适用的。但对非财产性损害,则不可能得到普遍的适用。这是因为社会生活中因个人心理承受能力不同而引发的各种心理不适应或痛苦差异很大。如果精神损害赔偿可以普遍适用,将使侵权赔偿责任漫无边际,妨害人们的合理行为自由。此外,“非财产损害无法精确地按照较为客观的市场价格加以计算,只能在考虑精神痛苦的严重程度、受害人的个人因素等具体情况的基础上予以估算。这就使法官在精神损害赔偿数额的确定上具有很大的自由裁量权”①。卫生侵权损害也包括财产损害、人身损害和精神损害。对受害人的财产损害,侵权责任人要予以完全的赔偿;对于受害人的非财产损害,侵权责任人在法律有规定时也要进行赔偿。

(二)种类和计算方式

卫生侵权损害赔偿的种类是指根据法律、法规的规定,卫生侵权的受害人可以要求侵权责任人承担的具体费用的种类。

关于卫生侵权损害赔偿的种类在以下的法律、法规中均有规定,《民法通则》规定:“损坏国家的、集体的财产或者他人财产的,应当恢复原状或者赔偿;受害人因此遭受其他重大损失的,侵害人并应当赔偿损失。侵害公民身体造成伤害的,应当赔偿医疗费,因误工减少的收入、残疾者生活补助费等费用;造成死亡的,并应当支付丧葬费、死者生前扶养的人必要的生活费等费用。”但《民法通则》只规定了财产性损害的内容。2001 年《最高人民法院关于确定民事侵权精神损害赔偿责任若干问题的解释》对精神损害的内容进行了规定:“自然人因人身权益受到损害的可以要求精神损害赔偿。”这个司法解释同时规定了精神抚慰金的方式:“致人残疾的,为残疾赔偿金;致人死亡的,为死亡赔偿金;其他损害情形的,为精神抚慰金。”上述法律法规虽然规定了损害赔偿的项目,但并未对损害赔偿各个项目的计算标准做出明确的规定。

2002 年出台的《医疗事故处理条例》规定了医疗费、误工费、护理费、交通费、住宿费、住院伙食补助费、残疾赔偿金、残疾辅助器具费、被扶养人生活费、精神损害赔偿金、交通费、丧葬费等费用,并对每一项费用的计算方式都进行了规定。然而,2003 年最高人民法院发布的《最高人民法院关于审理人身损害赔偿案件适用法律若干问题的解释》规定了人身损害赔偿的项目包括:医疗费、误工费、护理费、交通费、住宿费、住院伙食补助费、必要的营养费、残疾赔偿金、残疾辅助器具费、被扶养人生活费、康复费、后续治疗费、精神损害赔偿金、残疾赔偿金、交通费、丧葬费等费用,并且也对每一种费用的计算标准都进行了规定,由此

---

① U. 马格努斯:《侵权法的统一:损害与损害赔偿》,谢鸿飞译,法律出版社 2009 年版,第 139 页。

就出现了医疗侵权损害的“赔偿二元化”问题。

《侵权责任法》为了解决“赔偿二元化”的问题，规定的赔偿项目有：医疗费、误工费、护理费、交通费、残疾赔偿金、残疾辅助器具费、被扶养人生活费、康复费、后续治疗费、精神损害赔偿金、死亡赔偿金、交通费、丧葬费等合理费用。同时，《侵权责任法》第16条的规定取消了被扶养人生活费的赔偿项目。但对于被扶养人生活费是完全取消，还是只是取消被扶养人生活费独立的赔偿项目，或者是将被扶养人生活费的数额计入残疾或死亡赔偿金相加计算，《侵权责任法》并无明确规定。《最高人民法院关于适用〈中华人民共和国侵权责任法〉若干问题的通知》第4条规定：“人民法院适用侵权责任法审理民事纠纷案件，如受害人有被扶养人的，应当依据《最高人民法院关于审理人身损害赔偿案件适用法律若干问题的解释》第28条的规定，将被扶养人生活费计入残疾赔偿金或死亡赔偿金。”但对于如何将被扶养人生活费计入残疾赔偿金或死亡赔偿金，该司法解释则没有进一步明确规定。《侵权责任法》生效后一方面解决了医疗损害案件二元化的问题，但另一方面，又带来了关于被扶养人生活费适用的模糊性问题。

《医疗事故处理条例》规定医疗事故赔偿费用，实行一次性结算，也即所有的赔偿费用由医疗机构一次性付清。而根据人身损害赔偿的司法解释的规定，一次性支付的对象为物质赔偿费用与精神损害抚慰金，而且解释特别指出一审法庭辩论终结前已经发生的费用、死亡赔偿金以及精神损害抚慰金，应当一次性给付。如果赔偿义务人一次性支付确有困难的，可以分期支付，但定期金的支付方式仅针对残疾赔偿金、被扶养人生活费、残疾辅助器具费的支付。根据《侵权责任法》的规定，分期支付的对象除残疾赔偿金、残疾辅助器具费等费用外，还包括死亡赔偿金、他人垫付的医疗费用、误工费、护理费、交通费、住宿费、住院伙食补助费、必要的营养费等费用。另外，如果侵权行为导致巨额财产损害以致赔偿义务人无法即时一次性支付，也可以分期支付，甚至人民法院判定的精神损害抚慰金也不排除分期支付的可能。①

第五节　卫生侵权责任免责事由

一、概念

免责事由是指原告针对被告的诉讼请求而提出的证明原告的诉讼请求不成立或不完全成立的事实。② 卫生侵权责任的免责事由则是指原告针对被告的诉

① 奚晓明：《〈中华人民共和国侵权责任法〉条文理解与适用》，人民法院出版社2010年版，第192页。

② 王利明、杨立新、王轶等：《民法学》(第三版)，法律出版社2011年版，第759页。

讼请求而提出的，证明原告所主张的卫生侵权事由不成立或者不完全成立的事实。

二、种类

《侵权责任法》规定的免责事由包括：受害人故意、第三人原因、不可抗力、正当防卫和紧急避险。从比较法上来看，侵权责任的免责事由还包括自助行为、行使权利、受害人同意以及执行职务等，但《侵权责任法》对这些免责事由都没有规定。全国人大法工委参与《侵权责任法》起草工作人士撰写的释义书只解释了为何不规定受害人同意的理由。至于为何不规定其他几类免责事由，则没有说明。①

综上所述，卫生侵权责任免责事由的种类主要包括：正当防卫、紧急避险、不可抗力、第三人过错、受害人故意。

（一）正当防卫

正当防卫是指行为人为了保护自己或他人的合法权益，对正在进行的不法侵害采取的不超过必要限度的防卫措施。《民法通则》规定："因正当防卫造成损害的，不承担民事责任。"《侵权责任法》也规定："因正当防卫造成损害的，不承担责任。"所以，只要属于正当防卫的，就不承担责任。在卫生侵权责任领域，如果是基于正当防卫造成的损害，不需要承担民事责任。所以要严格区分正当防卫与其他侵权行为，特别是正当防卫与自救行为，正当防卫与防卫过当、事后防卫等行为，只有构成正当防卫的卫生侵权行为人才可以免责，如果是构成其他行为的，卫生侵权的行为人可能要承担相应的侵权责任。

（二）紧急避险

紧急避险是指为了使本人或者第三人的人身或财产或者公共利益免遭正在发生的、实际存在的危险而不得已采取的一种加害于他人人身或财产的行为。②《民法通则》第 129 条规定："因紧急避险造成损害的，由引起险情发生的人承担民事责任。如果危险是由自然原因引起的，紧急避险人不承担民事责任或者适当的民事责任。因紧急避险采取措施不当或者超过必要限度的，造成不应有损害的，紧急避险人应当承担适当的民事责任。"《侵权责任法》第 31 条则规定："因紧急避险造成损害的，由引起险情发生的人承担责任。"紧急避险和正当防卫既有联系又有区别，体现在造成第三人损害的是否要承担责任的问题。《侵权责任法》规定："如果危险是由自然原因引起的，紧急避险人不承担责任或者给予适当补偿。"这个规定和《民法通则》的规定稍有不同，这意味着《侵权责任法》肯定了紧急避险中如果造成第三人损害的，可以进行适当的补偿。所以在卫生侵权的

---

① 程啸：《侵权责任法》，法律出版社 2011 年版，第 215 页。

② 张新宝：《中国侵权责任法》（第二版），中国人民大学出版社 2010 年版，第 70 页。

责任承担中，如果基于必要限度内对危险采用避险行为的，险情的发生是由他人导致的，由引起险情的人承担民事责任，紧急避险人免除责任的承担；险情的发生是由自然原因引起的，对第三人的损害，紧急避险人可以免除责任或进行适当的补偿。但要特别注意的是，紧急避险的行为不能超过必要的限度，超过必要的限度造成不应有损害的，紧急避险人应当承担适当的民事责任。

（三）不可抗力

不可抗力是指不能预见、不能避免并不能克服的客观情况。《侵权责任法》也对不可抗力作为免责事由进行了规定。“侵权责任法中，作为免责事由的不可抗力并非要求加害预见、避免和克服外在于他的客观事实，而只是要求加害人在出现客观情况时去预见、避免和克服自己的行为给他人造成的损害。如果加害人无法预见、避免和克服这种损害，他就没有过错。即使受害人确实遭受了损害，加害人也不承担赔偿责任。反之，即便就客观情况本身而言，加害人无法预见、避免和克服，但是，加害人在出现这一客观情况下完全有能力避免因自己的行为给他人造成损害的，加害人仍应被认为具有过错，需要承担赔偿责任。”[①]在卫生侵权中，不可抗力也是侵权的免责事由，同样，当加害人在出现客观情况时去预见、避免和克服自己的行为给他人造成的损害是加害人无法预见、避免和克服的损害，他就没有过错。即使受害人确实遭受了损害，加害人也不承担赔偿责任。反之，即便就客观情况本身而言，加害人无法预见、避免和克服，但是加害人在出现这一客观情况时完全有能力避免因自己的行为给他人造成损害的，加害人仍应被认为具有过错，需要承担赔偿责任。

（四）第三人过错

《侵权责任法》规定：损害如果是基于第三人的过错造成的，第三人应当承担侵权责任。但《侵权责任法》没有进一步规定行为人是否可以免责。

我们认为，这是《侵权责任法》的立法者故意为之的。因为存在第三人过错的侵权行为可以分为以下几种情况：损害是由第三人的过错完全造成的；损害是由第三人过错和行为人的过错共同造成的，是一种共同侵权；损害是由第三人过错或行为人的过错行为其中之一造成的，但无法分辨是由谁的行为造成的；损害是由第三人过错行为和行为人的过错行为分别造成的。最后一种情形又分为以下两种：第一种是损害是由第三人过错行为和行为人的过错行为分别造成的，但能够区别各自的责任大小；第二种是损害由第三人过错行为和行为人的过错行为分别造成，但无法区别各自的责任大小。

鉴于以上几种情形，我们必须区别第三人过错在什么情况下可以作为免责

---

① 程啸：《侵权责任法》，法律出版社 2011 年版，第 217 页。

事由。如果损害完全是由第三人的过错导致的，行为人当然可以完全免责。如果损害的发生能够区别第三人的责任，则行为人可以部分免责；如果无法区别行为人的过错和第三人的过错，或者第三人和行为人构成了共同危险的行为，则行为人要和第三人承担连带责任。此时，根据《侵权责任法》的规定："连带责任人根据各自责任大小确定相应的赔偿数额；难以确定责任大小的，平均承担赔偿责任。"在行为人和第三人承担连带责任的情况下，如果能区分行为人和第三人的责任大小的，行为人在第三人承担责任的范围内免责；如果不能区分行为人和第三人的责任大小的，行为人承担包括行为人在内的所有加害人的总人数分之一的责任，在剩余责任范围内行为人免责。在卫生侵权领域，责任的承担同样也是遵循这样的原则，行为人只对不属于自己过错的行为或可以证明属于他人过错行为造成的损害免责。

（五）受害人故意

损害是因受害人故意造成的，行为人不承担责任。我国《侵权责任法》采用的是"故意"这个概念。在其他国家的侵权法中，采用的是"过错"这个概念。"过错"包含了"故意"和"过失"。这说明《侵权责任法》已经将过失排除在外。在受害人故意造成损害的情形下，对于损害后果的出现可以分为以下几种情形：(1)损害是由受害人的故意完全造成的，与行为人的行为没有关系；(2)受害人的故意和行为人的过错产生了共同侵权行为；(3)受害人的故意和行为人的过错都有可能造成致害的后果。在受害人故意造成损害的情形下，只有第(1)种情况行为人是完全免责的。第(2)种情况，行为人如果是轻过失的，也可能免责。第(3)种情况则适用过失相抵的原则，行为人是不能免责的。在卫生侵权损害中，受害人的故意可以使行为人在没有过错或具有轻过失，甚至重大过失的情况下免责。

课后习题

1. 试述卫生侵权责任的概念。
2. 试析卫生侵权责任的构成。
3. 试述卫生侵权责任的责任承担方式。
4. 试述卫生侵权责任的免责事由。

第十六章　类型化的卫生侵权责任

学习目标

本章主要阐述了类型化的卫生侵权责任的基本内容。通过本章的学习，了解一般医疗损害侵权责任，侵犯患者知情同意权的侵权责任，侵犯患者隐私权和病历资料权利的侵权责任，药品、消毒药剂、医疗器械、输入不合格血液的侵权责任，过度诊疗的侵权责任的概念，网络医疗发展引发的侵权责任以及非疾病医疗侵权责任的概念和特征，掌握各种类型的卫生侵权的构成要件，并明确其在我国卫生民事法中的重要地位和意义。

案例分析

张某2007年因卵巢囊性畸胎瘤，接受某医院手术治疗。术前，医院与张某家属签订了手术知情同意书，手术知情同意书明确：术中根据病情决定术式及手术范围，如为恶性，则有切除子宫的可能。手术中，医院认为右侧卵巢瘤恶性可能性大，随即实施子宫全切术、双侧附件切除术、大网膜部分切除术、病灶切除术。术后，张某父亲认为医院为女儿所做的手术超出约定范围，切除子宫双附件导致其女失去女性第二性特征，对其生理、生活造成严重损害，向法院提起诉讼。

思考：本案中医院是否应当承担责任？为什么？

第一节　一般医疗损害侵权责任

一、概念

一般医疗损害侵权责任是指医疗机构及其医务人员在诊疗活动中违反相关法律、法规、规章以及诊疗护理规范造成患者合法权益的损害并依法承担民事法律责任的行为。一般医疗损害侵权责任是一种替代责任，即侵害行为的主体是具体实施医疗活动的医务人员，但向患者承担法律责任的主体却是医务人员所在的医疗机构。同时，医务人员作为一种专业人员，必须具备一定的资格，在我国具体是指依法取得执业医师资格或者执业助理医师资格。经注册在医疗、预防、保健机构中执业的专业人员才叫医务人员。同时，医务人员必须在注册的医疗、预防、保健机构中执业，申请个体执业的医师则要具备相应的法律规定的条件才行，[①]所以医疗侵权责任作为一类特殊的责任是指由特殊主体构成的责任。在有的国家，基于医务人员的专业性，医疗侵权责任也被归为专家责任的一种。

二、构成要件

一般医疗损害侵权责任的构成要件包括医疗机构及其医务人员的违法行为、损害事实的存在、违法行为与损害事实之间具有因果关系、医务人员主观上存在过错。

(一)违法行为

医疗损害侵权的构成要件之一是医疗机构及其医务人员在诊疗活动中存在违法行为。所谓违法行为是指医疗机构及其医务人员在诊疗过程中实施的医疗行为违反了相关的法律、法规、行政规章和诊疗规范以及常规的规定，违反相关的法律、法规、行政规章的行为。理解医疗机构及其医务人员的违法行为，主要从以下几个方面进行：

1. 医疗机构及其医务人员的界定。

医疗机构是指依照《医疗机构管理条例》及《医疗机构管理条例实施细则》的规定，经登记取得医疗机构执业许可证，从事疾病诊断、治疗活动的医院、卫生院、疗养院、门诊部、诊所、卫生所(室)以及急救站等医疗机构。包括：(1)综合医院、中医医院、中西医结合医院、民族医医院、专科医院、康复医院；(2)妇幼保健院；(3)中心卫生院、乡(镇)卫生院、街道卫生院；(4)疗养院；(5)综合门诊部、专科门诊部、中医门诊部、中西医结合门诊部、民族医门诊疗；(6)诊所、中医诊所、民族医诊所、卫生所、医务室、卫生保健所、卫生站；(7)村卫生室(所)；(8)急救中心、急救站；(9)临床检验中心；(10)专科疾病防治院、专科疾病防治所、专科疾病防治站；(11)护理院、护理站；(12)其他诊疗机构；(13)卫生防疫、国境卫生检疫、医学科研和教学机构、美容机构。开展与医疗活动有关的活动的，必须设置相应类别的医疗机构。

医务人员是根据《执业医师法》等相关法律法规取得执业医师资格证，并在一定的医疗机构从事相应诊疗活动的医师、药师、护士、医疗机构中的管理人员

---

① 实践中，卫生部门为解决“看病难、看病贵”、卫生资源不均衡的问题，一直致力于推行医师多点执业的政策，但与实践部门的努力形成鲜明对比的是医疗机构和医务人员对此一直持观望的态度，其中一个重要的原因就在于，一般而言，医务人员是有固定的执业机构的，医务人员的薪酬、保险、出现医疗侵权行为后的责任承担都和这个执业机构有关系。所以不解决这些问题，特别是侵权责任的承担问题，医师多点执业的推行势必叫好不叫座。

等，只有这些人员的行为才能构成医疗损害侵权行为。

2.诊疗活动的开展是医疗损害侵权责任成立的前提要件。

医务人员如果没有开展诊疗活动，就不会构成医疗损害侵权责任，而只有可能在实施了加害行为的情况下构成一般的侵权责任。对于什么是诊疗活动，立法上和理论上有不同的看法。《医疗机构管理条例实施细则》规定：诊疗活动是指通过各种检查，使用药物、器械及手术等方法，对疾病做出判断和消除疾病、缓解病情、减轻痛苦、改善功能、延长生命、帮助患者恢复健康的活动。与立法上对诊疗活动进行了一个相对狭义的界定不同的是，理论上学者普遍认为，诊疗活动应该是一个范围较广的活动。如王利明认为："诊疗活动是指医疗机构及其医务人员借助其医学知识、专业技术、仪器设备及药物等手段，为患者提供的紧急救治、检查、诊断、治疗、护理、保健、医疗美容以及为服务的后勤和管理等维护患者生命健康所必需的活动的总和。"①实际上，我们认为对诊疗活动也应进行广义的理解。广义的诊疗行为包括诊疗目的性医疗行为、临床性医疗行为、不具治疗性医疗行为，实验性医疗行为以及侵袭性医疗行为。随着医疗技术的发展，许多医疗领域的发展范围已大大超越以诊疗为目的，如仅以美容为目的的整形手术、变性手术、非治疗性堕胎手术等。②

3.违法性的界定。

对于违反诊疗常规是否构成违法的问题也是我们必须关注的，广义的诊疗护理规范和常规，通常是指卫生行政部门以及全国性行业协（学）会制定的各种标准、规程、规范和制度的总称。它们具有技术性、规定性和可操作性等特征，对医疗活动具有指导和规范作用。狭义的诊疗护理规范、常规是指医疗机构制定的本机构医务人员在进行具体的医疗活动中应遵循的工作方法和步骤。③ 由于医学行为具有特殊性，医学的专业性决定了对医学行为的规范大量是靠这些常规才得以实现的，所以违反这些常规的行为也是一种违法的行为，并且这里的常规是指广义的常规。

（二）损害

侵权损害责任成立的要件是发生了现实的损害，患者在诊疗活动中遭受了现实的损害是医疗损害责任成立的前提条件。根据《侵权责任法》的相关规定，损害是指民事权益受到侵害，而千百万患者在财产、人身和精神方面的损失。因此，我们首先要界定患者有哪些民事权益。患者的民事权益包括：生命健康权，身体权，人格权，紧急状态下获得及时诊疗治疗的权利，患者的医疗自主权，患者

① 王利明：《中国民法典学者建议稿及立法理由：侵权行为编》，法律出版社2005年版，第265页。

② 石悦：《医疗侵权法》，北京师范大学出版社2011年版，第11页。

③ 石悦：《医疗侵权法》，北京师范大学出版社2011年版，第38页。

的医疗知情同意权，查阅、复制、要求医疗机构提供病历资料权，患者的监督权、患者的财产权九项权利。[①] 在诊疗活动中，患者的上述权益受到侵犯，造成的财产、人身和精神损失称为患者的损害后果。但我们要特别注意的是，医疗行为本身具有侵袭性，认定患者的损害时必须排除以下的因素：(1)患者疾病的自然转归。由于患者的疾病出现的自然转归、并发症不属于损害的范畴。(2)由于患者的特殊体质造成的不可避免的损害不属于这里所指的损害。(3)医学手段的侵袭性。医学行为具有侵袭性，因医学行为本身的侵袭性带来的损害不属于这里所指的损害。患者接受某项检查或接受某项诊疗本身意味着患者接受了伴随着这种检查或诊疗对身体的侵袭后果。这种侵袭行为本身并不是医疗损害行为。(4)损害必须达到一定的程度。在有些医疗纠纷案件中，患者认为自身遭受了损害，但这种损害并无临床上明显的表现，通过检查也无法得到确定。对于损害是否存在无法确定的，在这种情况下的损害也不能被认定为作为侵权责任构成要件的损害。

(三)因果关系

患者的损害后果与诊疗行为之间存在因果关系也是医疗损害侵权责任的构成要件之一，但医疗损害的因果关系往往较普通的因果关系更为复杂。主要体现在：

1. 医疗损害中的因果关系多为多因一果，这增加了医疗损害中因果关系认定的复杂性。

医疗损害中的因果关系类型较为特殊，包括：(1)连锁的因果关系，在医疗损害中通常表现为由于两个或两个以上医师前后相继的过失行为导致了某一患者严重损害后果的发生；(2)修补的因果关系，即严重不良后果的发生是部分行为人在另一部分行为人过失不良后果的基础上过失造成的，部分行为人的过失是不良后果的直接因果。在医疗损害领域中，这种因果关系的出现几乎是一种常态。在涉及外伤的科室中出现损害时最为明显，如一个患者是因为外伤入院的，但在接受医院诊疗的过程中又受到医疗损害。两个损害的结合造成患者最终的损害，这种加害行为和损害后果之间的因果关系就是一种修补的因果关系。(3)助成的因果关系。即患者的人身损害是由医师和患者的共同过失造成的。[②] 上述多因一果的因果关系无疑会大大增加因果关系的认定难度，作为无医学知识背景的人来说无乎是无法认定的，不仅如此，医疗损害中的因果关系还包括多因多果的情形，更加让医疗损害的因果关系的认定显得“扑朔迷离”，所以没有医学背景的法官大多数时候不得不依靠鉴定人员的鉴定意见进行判案。

---

① 石悦：《医疗侵权法》，北京师范大学出版社2011年版，第18—19页。

② 石悦：《医疗侵权法》，北京师范大学出版社2011年版，第89—90页。

2.疾病和医学的特点决定了医疗损害中因果关系认定的复杂性。

医疗损害因果关系的判定是需要具备相关医学专门知识才能进行的行为，这是由疾病的特点决定的，疾病具有多因性、动态性、变异性及并发性等。疾病的多因性表现在一个临床表现常常是由很多原因引起的，因此，针对一个临床症状的出现，常常要对多种原因进行分析并综合判断。而且疾病发生后，它会在人体内发生一系列的变化，而不是永远停留在某一个阶段。[①] 同时，对因果关系的认定还受制于医学科学发展的水平，医学的发展是一个过程，人们对疾病的认识一直处于不断发展的阶段，目前医学对很多疾病的认识尚处于起步阶段，即使有的已经发现很久的疾病也还缺乏必要的治疗手段。基于上述原因，患者的损害后果和诊疗行为之间因果关系的认定是非常困难的。

（四）过错

医疗机构及医务人员的过错一般来说是一种过失而不是一种故意。在医疗损害中，医务人员对患者实施诊疗行为的初衷一般都是希望将患者的疾病治愈，患者出现损害一般都是违背医务人员的初衷的，医务人员更不会去主动追求对患者的损害。所以在医疗侵权中，大部分的侵权行为行为人主观上都是一种过失的状态。[②] 如果是一种故意的状态，可能就不是一种医疗侵权责任，而是构成普通的民事侵权行为和犯罪行为。

在医疗损害的构成中，我们还必须关注判断医务人员过失的标准，即注意义务的违反。注意义务传统上是英美法系国家判断侵权行为是否存在过失的核心概念。在英美法上，一个人造成损害是否要承担相应的责任，法官首先审查的是其是否负有相应的注意义务。如果负有某种注意义务而没有尽到自己的注意义务或没有达到相应的法律规定的标准，则其要对受害人承担相应的过失责任。在英美法系国家，医务人员作为专业人员，其注意标准高于普通的人员。然而，正如判断一个不具有特殊身份的普通人员是否尽到注意义务的标准经历了一个历史发展的过程，判断一个医务人员是否尽到注意义务的标准也是有一个历史发展的过程的。首先，英国法在一个有关精神病人治疗的案件中确立了判断一个医务人员是否尽到注意义务的“伯勒姆标准”(Bolam Test)。该标准主要指的是如果医务人员对患者采用的治疗方法是有一定数量的医务人员认为某种治疗方法是适当的，即便有主张采用其他治疗方法的观点，医务人员也不被认为要承

① 肖柳珍：《中国医疗损害责任制度改革研究》，中国政法大学出版社2014年版，第43页。

② 从我国的立法来看，特别是《医疗事故处理办法》和《医疗事故处理条例》，其立法的取向在保护双方当事人合法权益的同时也考虑到医学行为的特殊性，出于保护医学发展的目的，其对医务人员的侵权行为的认定较为谨慎，结合实践中医疗事故鉴定的倾向，医务人员的过失标准基本上要达到相对重大过失的程度才构成医疗事故，如果只是轻微过失，可能最终都不被认定为医疗事故。

担侵权责任。从这个标准来看，我们可以发现这一标准是完全有利于医务人员的，因为根据这个标准，司法实践认同这样一个观点：对同一个诊疗对象的同一种疾病存在两种甚至两种以上的诊疗手段是可以接受的。但这个标准最令人诟病的地方在于其将实际上判断医务人员是否尽到注意义务的权利赋予医务人员本身。因此，在随后的司法实践中，法律界在后续案件中对这个判断标准进行了一定程度的修改，主要体现在将判断医务人员是否尽到注意义务的权利收归法官。在日本法上，判断医务人员是否存在过错的标准也是是否尽到注意义务，而对于注意义务的标准，日本则是通过对“医疗水平”这一标准的判断实现的。我国的《侵权责任法》中也对医务人员的注意义务进行了规定，确定了医务人员注意义务的标准是尽到与当时的医疗水平相应的诊疗义务。

从法律的规定我们可以推断出，《侵权责任法》似乎也引入了“医疗水平”的概念，并将“诊疗当时的医疗水平”作为判断注意义务的标准。然而，《侵权责任法》并没有进一步对“医疗水平”进行界定。究竟“医疗水平”是“学术上的医疗水平”还是“临床实践上的医疗水平”？此外，诊断当时的医疗水平是单纯指“医疗”的层面，还是包括其他的因素，如医疗机构的性质、所在的地域等？在《侵权责任法》的征求意见稿中规定了其他的考虑因素，但最终颁布的定稿却删除了其他的因素。事实上，在我国，对医务人员，其从事医疗行业工作的前提一般来说是通过国家统一的考试，然后取得从事该行业的资质。也即，如果一个人要合法行医，需要通过医师资格考试，取得医师资格，并且到所在地的卫生行政部门注册，取得医师执业证书。因此，只要某一个人取得医师执业证书，在法律上就可以认为该人具备了从事医生职业的知识和技能，而这种能力的取得不考虑地域、医疗机构资质、医务人员资质等因素，其标准在全国范围内是统一的。因此，其他的因素只是影响“医疗水平”的因素，而不属于“医疗水平”内容的范畴。

三、免责事由

《侵权责任法》规定了侵权责任的五种免责事由，但作为一种特殊的侵权损害类型，医疗损害侵权责任也有自己独特的免责事由。当出现以下事由时，医疗机构不承担侵权责任：

（一）患者或者其近亲属不配合医疗机构进行符合诊疗规范的诊疗

医疗诊疗行为是需要医患双方互相配合的行为。目前的“生物医疗模式”存在的问题之一就是缺乏患者的互动，医学的发展也体现了在诊疗活动中越来越重视患者的感受和体验的趋势，因为患者对诊疗行为的配合在对患者的疾病诊疗中具有十分重要的作用。一旦患者不配合医疗机构及其医疗人员的诊疗活动，诊疗活动就很难达到其目的。对于患者不配合诊疗的情形，有学者总结如下:(1)患者不同意医方建议,拒绝留观;(2)患者不同意医方建议,放弃治疗;(3)患者不同意医方建议,拒绝必要的检查;(4)患者不同意医方建议,拒绝必要的治疗;(5)患方私自停药;(6)患者私自拔管;(7)患者不遵医嘱,私自食用禁止食物;(8)患方未经医护人员同意,私自外出;(9)患方不配合,不设立陪护人员,造成患者摔伤、坠床、自杀。[①] 上述情形都体现了患者对医疗机构的不配合,但并不是出现这些情形的时候医疗机构及其医务人员就一定免责。除非患者的损害完全是由患者的这些不配合行为导致的,医疗机构及其医务人员才能免责,如果医疗机构及其医务人员对患者的损害存在过错,医疗机构及其医务人员也应在其过错范围内承担责任。

(二)医务人员在抢救生命垂危的患者等紧急情况下已经尽到合理诊疗义务

"在出现紧急情况时,医师做出医疗判断的时间紧促,对各种状态无法详尽地检查、观察、思考、判断,自难要求其与通常情况下的注意能力一致。"[②]医务人员在紧急情况下为了患者的生命健康权益,如果尽到了法律、法规和诊疗常规规定的抢救、诊疗义务的,医疗机构及其医务人员对患者的损害不承担责任。实际上,医疗机构及其医务人员要免除责任,必须符合以下条件:(1)出现紧急情况;(2)患者生命垂危;(3)医务人员已经尽到合理诊疗义务。

(三)限于当时的医疗水平难以诊疗的

医学不是万能的,实际上,医学在很多疾病面前仍然是束手无策的。[③] 而且,随着人类社会的发展,势必会出现新的疾病和病毒,需要医学去不断认知和攻克。当出现目前的医疗水平难以诊疗的疾病时,我们是无法苛责医疗机构和医务人员的,但这一免责事由的关键点仍是在"当时的医疗水平"上,对"当时的医疗水平"的不同解释可能扩大或者缩小医疗机构及其医务人员的免责情形。

第二节　侵犯患者知情同意权的侵权责任

一、概念

患者的知情同意权是指在诊疗活动中具备意思表示能力的患者,在非强制状态下充分接受和理解各种与其所患疾病相关的诊疗信息,在此基础上对医务

---

① 刘鑫、张宝珠、陈特:《侵权责任法"医疗损害责任"条文深度解读与案例剖析》,人民军医出版社2010年版,第75—76页。

② 邱聪智:《民法研究(一)(增订版)》,中国人民大学出版社2002年版,第312页。

③ "偶尔去治愈,常常去帮助,总是去安慰",这是美国首位分离结核杆菌的特鲁多的墓志铭。这或许是对医生和患者的关系的最好的注解。

人员制定的诊疗计划自愿做出选择的权利。知情同意权包括知情权和同意权，知情权的实现和恰当行使是同意权得以正确行使的前提和基础。[①] 根据我国法律的相关规定，患者在诊疗过程中，有权从医疗机构和医务人员处获知自己的病情、医疗措施和医疗风险等内容，并且在充分了解这些内容的基础上，有权决定自己是否接受治疗和接受何种治疗方式，这是患者知情同意权内容的必然内涵。但目前的法律、法规并未对医生的说明义务的标准做出规定，也即医务人员履行对患者的说明义务应达到的程度。关于说明的内容，《侵权责任法》第55条规定："医务人员在诊疗活动中应当向患者说明病情和医疗措施。需要实施手术、特殊检查、特殊治疗的，医务人员应当及时向患者说明医疗风险、替代医疗方案等情况，并取得其书面同意；不宜向患者说明的，应当向患者的近亲属说明，并取得其书面同意。"这一条规定意味着医务人员的说明义务分为三个层次：第一层次，一般的诊疗活动，医务人员应当向患者说明病情和医疗措施；第二层次，需要实施手术、特殊检查、特殊治疗的，医务人员应当及时向患者说明医疗风险、替代性医疗方案等情况，并取得其书面同意；第三层次，不宜向患者说明的，应当向患者的近亲属说明，并取得其书面同意。实际上，我们认为在任何医疗行为中，患者都有权利了解关于其疾病的诊断、治疗及预后情况；有权了解对其病情的一般治疗建议的措施；有权了解医疗上和护理上适宜的替代方法；有权了解治疗的实质性风险。上述这些说明义务并不因不同患者的病情、接受的检查和治疗方式不同而有所不同。

二、责任构成

侵犯患者知情同意权的侵权责任的构成包括：医疗机构医务人员的违法行为；患者出现损害事实；违法行为与损害事实之间存在因果关系；医疗机构的医务人员主观上存在过错。

（一）违法行为

《侵权责任法》第55条、《执业医师法》第26条、《医疗事故管理条例》第11条、《医疗机构管理条例》第33条、《医疗机构管理条例实施细则》第62条等相关法律、法规都规定了诊疗过程中医疗机构和医务人员的说明义务和患者的知情同意权。如果医疗机构的医务人员没有尽到上述法律、法规规定的说明义务，就违反了相关法律、法规的规定。

（二）损害事实

患者出现了财产、人身或精神上的损害。

---

① 奚晓明主编，最高人民法院侵权责任法研究小组编著：《〈中华人民共和国侵权责任法〉条文理解与适用》，人民法院出版社2010年版，第394页。

(三)因果关系

患者出现的损害是由于医务人员违反法律、法规的规定,没有履行或者没有完全履行告知义务导致的,患者出现的损害是医务人员违法行为的结果。

(四)过错

医疗机构的医务人员在实施这种行为时主观上存在过错。过错包括了故意和过失,医务人员在实施这种行为时主观上既可能是故意也可能是过失。

三、患者知情同意权的例外

一般情况下,只有医疗机构的医务人员向患者履行了说明义务,患者同意的情况下才能对患者采取医疗措施,但在因抢救生命垂危的患者等紧急情况下,不能取得患者或者近亲属意见的,经医疗机构负责人或者授权的负责人批准,可以对患者采取医疗措施。实际上,这是一种患者知情同意权的例外情形。由于没有患者的知情与同意,所以此种情况的适用具有严格的限制:(1)必须是抢救生命垂危的患者等紧急情况;(2)不能取得患者或者近亲属的意见;(3)经医疗机构负责人或者授权的负责人批准。只有同时具备上述三个条件,医疗机构才能在患者不知情、不同意的情况下采取医疗措施。

我们再来考察医疗机构此时的角色,对于医疗机构而言,在上述情况下采取医疗措施没有侵权,但假如医疗机构及其医务人员在此种情况下不对患者采取医疗措施是否构成侵权呢?在上述情况下,医疗机构实际上负有一个紧急救治的义务,如果在上述情况下没有采取相应的医疗措施,造成患者人身、财产权益受损害的,不能取得患者及其近亲属的同意则不是医疗机构的违法阻却事由,医疗机构及其医务人员将承担违反紧急救治义务的侵权责任。

四、医务人员告知义务的免除

医务人员告知义务虽然是一种法定义务,但并不是绝对义务,在一些特定情形下,医务人员的告知义务可以免除。体现在:①

(1)患者接受强制治疗;

(2)可能对患者造成不良影响的情况;

(3)患者对医疗内容有充分了解;

(4)患者明确表示无须医务人员说明的情况。

① 石悦:《医疗侵权法》,北京师范大学出版社2011年版,第132—135页。

第三节　侵犯患者隐私权和病历资料的权利的侵权责任

一、侵犯患者隐私权的侵权责任

（一）概念

在我国相关的民事法律中，"隐私"的概念在《侵权责任法》中第一次被提及。而且《侵权责任法》第62条还特别规定了患者的隐私权不受侵犯。这是因为，相对于其他的行业来说，医疗机构及其医务人员更容易获知患者的一些属于私人范畴的隐私。患者为了达到经过医务人员的诊疗以恢复健康的目的，总是在自觉或者不自觉地向医务人员透露或展示一般情况下不向别人透露或者展示的隐私。如患者会向医务人员如实陈述自己的病史，接受医务人员对自己身体的检查等。甚至随着医学技术的发展，基因检测技术的开展，患者会像透明人一般将自己身体的密码展现在医务人员的面前。如果不对患者的隐私权加以保护，患者的隐私将时时面临被泄露的危险。"所谓患者的隐私权，是指在医疗活动中患者拥有保护自身的隐私部位、病史、身体缺陷、特殊经历、遭遇等隐私，不受任何形式的外来侵犯的权利。一般来说，患者的个人情况在通常情况下就属于必须加以保密的私人信息，未经当事人允许不得向无关者公开。"①

（二）责任构成

侵犯患者的隐私权作为一种侵权责任，其构成要符合一般侵权行为的四个构成要件，即违法行为，损害事实，违法行为与损害事实之间的因果关系，以及医务人员的主观过错。但侵犯患者隐私权行为的构成与一般的侵犯隐私权的构成之间相比较也存在一些特殊之处，如侵权的主体特定、范围特定等。

1.违法行为。

侵犯患者隐私权的构成要件之一是存在医务人员的违法行为。一般的侵犯隐私权的行为主体是一般的民事主体，但侵犯患者隐私权的主体是医务人员，并且是在医疗场所中的医务人员。如果医务人员在非医疗场所中知晓患者隐私并加以利用、扩散导致患者隐私权受到侵犯的，应当属于一般的侵犯隐私权的情形。同时，被侵权的相对方是接受诊疗的患者，这里的患者是指医疗服务的接受者，因为如果只是身体出现疾病，但并未进入医疗机构接受医疗服务的人不能成为隐私权被侵犯的对象。只有进入医疗场所，接受医务人员医疗服务的患者才

---

① 奚晓明主编，最高人民法院侵权责任法研究小组编著：《〈中华人民共和国侵权责任法〉条文理解与适用》，人民法院出版社2010年版，第433页。

是隐私权可能被侵犯的对象。如果没有进入医疗场所接受医疗服务，但与身体疾病有关的隐私被侵犯的，不属于患者隐私权被侵犯的范畴，而属于一般隐私权被侵犯的情况。

2.损害后果。

隐私权属于具体人格权的一种，是一种人身权益。有关患者隐私权的法律保护的规定，体现在与医疗相关的法律、法规中。患者隐私权保护的范围是特定的，就是与医疗活动有关的隐私，患者的损害后果是指这些因医疗活动有关的隐私受到侵犯使患者遭受了财产、人身和精神方面的损害，并且这种损害后果还要达到一定程度。

3.因果关系。

患者隐私权受到损害的结果和医务人员的违法行为之间存在因果关系。在实践中，医务人员的违法行为往往和其他人员的违法行为结合起来共同导致患者的损害。比如医务人员知晓了患者的隐私信息，在非诊疗场合对他人提及，他人非法加以扩散，这种情况也属于医务人员侵犯患者隐私权的行为。

4.过错。

一般的医疗损害侵权责任中医务人员主观上的过错一般指过失。而在侵犯患者隐私权的侵权责任中，医务人员主观上的过错包括故意和过失。医务人员可能基于故意实施了侵犯患者的隐私权的行为。

（三）侵犯患者隐私权的体现

在实践中侵犯患者的隐私权的表现主要体现在以下几个方面：①

(1)超出知情范围刺探患者的侵私权；

(2)故意泄露、公开传播或直接侵扰患者的隐私；

(3)医务人员非诊疗职责需要而知悉患者隐私；

(4)直接侵入患者身体侵犯隐私；

(5)医方擅自允许医学院实习生观摩对患者的治疗过程；

(6)未经患者同意公开其病历资料及其他有关资料。

（四）侵犯患者隐私权的限制

1.患者的说明义务对患者隐私权的限制。

隐私作为个人私有信息与公共利益在大多数情况下不存在冲突，但在涉及患者的隐私时往往会和其他医疗领域的权利发生冲突。患者到医疗机构接受诊疗，为了诊疗的需要，应该向医务人员如实陈述自己的与诊疗相关的病史与病情。因隐瞒相关的病史和病情造成的不良后果需要患者自己来承担。所以对患

---

① 杨连波：《医患纠纷中隐私侵权的常见类型及预防》，《医院管理论坛》2004年第2期。

者来说负有一个如实说明的义务，对此类信息患者不能基于隐私的理由不向医生如实进行说明。这体现了患者隐私和说明义务的冲突，是对患者隐私权的限制。

2. 医生的说明义务对患者隐私权的限制。

在诊疗活动中，医生负有一项非常重要的义务——说明的义务。医生的说明义务与患者的知情同意权是相对应的。医务人员通过履行自己的说明义务，使患者在充分了解自己病情和相关治疗措施、医疗风险的基础上对医疗行为做出是否同意的意思表示。《侵权责任法》的规定将医务人员的说明义务分为三个层次：第一层次，一般的诊疗活动，医务人员应当向患者说明病情和医疗措施；第二层次，需要实施手术、特殊检查、特殊治疗的，医务人员应当及时向患者说明医疗风险、替代医疗方案等情况，并取得其书面同意；第三层次，不宜向患者说明的，应当向患者的近亲属说明，并取得其书面同意。其中，第三个层次就体现了对患者隐私权的限制。有些不宜向患者说明的疾病，应当向患者的近亲属说明。病情也属于个人的隐私范畴，本来不应该向患者以外的其他人说明，但有的疾病，如癌症，确实不宜向患者说明，这种向患者近亲属说明病情的情况也是对患者隐私权的限制。

二、侵犯患者对病历资料的相关权利的侵权责任

病历是指医务人员在医疗活动中形成的文字、符号、图表、影像、切片等资料的总和，包括门（急）诊病历和住院病历。病历归档以后形成病案。病历资料包括：门诊病历、体温单、医嘱单、入院记录、病程记录、术前讨论记录、手术同意书、麻醉同意书、麻醉术前访视记录、手术安全核查记录、手术清点记录、麻醉记录、手术记录、麻醉术后访视记录、术后病程记录、病重（病危）患者护理记录、出院记录、死亡记录、输血治疗知情同意书、特殊检查（特殊治疗）同意书、会诊记录、病危（重）通知书、病理资料、辅助检查报告单、医学影像检查资料等。根据相关法律、法规的规定，门诊病历由患者自己保存；住院患者的病历由医疗机构保存。医疗机构的门诊病历的保存期自患者最后一次就诊之日起不少于 15 年，住院病历的保存期自患者最后一次住院出院之日起不得少于 30 年。关于患者的病历资料的侵权责任主要体现在以下几个方面：

（一）违法书写病历的侵权责任

原卫生部于 2010 年发布了《病历书写基本规范》，这是关于病历书写的行政规章，其中对病历的基本书写规范做出了明确规定。除此之外，其他的法律、法规也对病历的书写做出了相应的规定。这些法律、法规、行政规章的规定构成了关于病历书写的法律依据。如果医疗机构的医务人员在诊疗活动中没有按这些法律、法规和规章的规定书写病历，就是一种违法行为，在主观上可以认定为存

在过错，如果同时具备医疗损害侵权责任的其他构成要件的，就构成一般医疗损害侵权责任。

(二)隐匿或者拒绝提供与纠纷有关的病历资料的侵权责任

患者有损害，医疗机构有隐匿或者拒绝提供与纠纷有关的病历资料的行为的，推定医疗机构存在过错，医疗机构无法证明其没有过错的，依法承担侵权责任。这一条实际上可以和《侵权责任法》的另一条规定结合在一起来判断医疗机构及其医务人员的侵权责任，即患者要求查阅、复制相关的病历资料的，医疗机构应当提供。在没有发生纠纷的情况下，患者都有权查阅、复制相关的病历资料，如果医疗机构无法提供的，可以承担相应的医疗损害侵权责任。如果在纠纷发生的情况下，医疗机构隐匿或者拒绝提供与纠纷有关的病历资料、不让患者查阅、复制的，当然可以推定医疗机构主观上存在过错。此时，如果患者有损害的，医疗机构又无法证明其无过错的，就要承担侵权损害责任。

(三)伪造、篡改或者销毁病历资料的侵权责任

患者有损害，医疗机构有伪造、篡改或者销毁病历资料的行为的，推定医疗机构有过错。换言之，如果医疗机构不能证明其行为没有过错，则要承担医疗损害侵权责任。但实际上，一旦出现这样的情形，医疗机构很难证明其主观上没有过错。

(四)病历保管不善的侵权责任

法律、法规规定病历资料特别是住院病历资料由医疗机构保管。但保管是否一定等于所有，这涉及病历资料的所有权问题。病历资料的所有权是属于医疗机构所有还是患者所有？我们认为，病历资料的所有权属于医疗机构所有，但对所有权的权能行使却存在限制。“首先，医疗机构使用自己的纸张、病历册、电脑制作病历资料，且实际占有并使用病历资料。其次，相关法律、法规规定了病历资料的保管期限，言下之意可以理解为超过保管期限的病历资料可以由医疗机构行使处分权，这项规定间接印证了医疗机构对物质形态意义上的病历资料享有处分权。”①这种处分权不是由患者来行使，说明病历的所有权属医疗机构所有。但实际上，虽然病历由医疗机构所有，对这种所有权的行使却有诸多的限制，不当行使所有权的行为如果符合医疗损害侵权的构成要件的，可以构成侵权损害责任，体现在：

1. 保管不善，泄露患者病历资料的，可能构成侵犯患者隐私权的侵权责任；

2. 保管不善，擅自涂改病历、遗失病历的，可能构成侵犯患者知情权的侵权责任；

---

① 奚晓明主编，最高人民法院侵权责任法研究小组编著：《〈中华人民共和国侵权责任法〉条文理解与适用》，人民法院出版社 2010 年版，第 433 页。

3.保管不善，遗失病历的，可能构成侵犯患者查阅、复印病历资料的侵权责任；

4.保管不善，无法提供病历作为证明资料的，还可能构成一般的医疗侵权责任。

第四节　药品、消毒药剂、医疗器械、输入不合格血液的侵权责任

一、关于药品、消毒药剂、医疗器械、血液的界定

（一）药品、消毒药剂、医疗器械、血液属于产品

《侵权责任法》规定了药品、消毒药剂、医疗器械的侵权损害责任。药品、消毒药剂和医疗器械都属于广义上的产品。关于产品的概念，《产品质量法》第二条将产品界定为经过加工、制作，用于销售的产品。理论上，学者也对产品进行了许多的界定。如："产品是指经过加工、制作、用于销售的产品。"并指出："用于销售的微生物制品、动植物制品、基因工程制品、人类血液制品等视为本法所称产品。"①然而，《侵权责任法》中第59条的表述方式使一些学者将其解读为将药品、消毒药剂、医疗器械与血液和血液制品区别对待，认为药品、消毒药剂、医疗器械是产品，而血液则不是产品。② 但我们认为血液及血液制品也是一种产品，出现因输入不合格血液导致的侵权损害，可以适用相关的《产品质量法》的规定，③这样才能最大限度地保护输血患者的利益。

（二）药品侵权损害的界定

药品是指用于预防、治疗、诊断人的疾病，有目的地调节人的生理机能并规定有适应证或者功能主治、用法和用量的物质，包括中药材、中药饮片、中成药、化学原料及其制剂、抗生素、生化药品、放射性药品、血清、疫苗、血液制品和诊断药品等。关于药品侵权损害的概念，我们必须和药品不良事件这个概念区别开来。药品不良事件是指药品治疗过程中出现的不良临床事件。④ 药品不良事件分为：(1)因药品不良反应引发的药品不良事件。即合格药品在正常用法用量下出现的与用药目的无关的或意外的有害反应，此类事件的发生某种程度上在治

---

① 王利明：《中华人民共和国民法典草案学者建议稿条文及说明理由》，《政法财经资讯》2004年第5期。

② 刘鑫、张宝珠、陈特：《侵权责任法"医疗损害责任"条文深度解读与案例剖析》，人民军医出版社2010年版，第127页。

③ 如关于产品缺陷的认定就是依据《产品质量法》，是指产品存在危及人身、他人财产安全的不合理危险；产品有保障人体健康和人身、财产安全的国家标准、行业标准的，是指不符合该标准。

④ 国家食品药品监督管理局：《什么是药品不良事件》，转引自宋瑞霖：《完善中国药品不良事件救济机制研究》，中国法制出版社2011年版，第2页。

疗疾病的过程中具有不可避免性。(2)因药品质量缺陷引发的药品不良事件。即存在缺陷的产品而导致机体损害,药品使用同损害存在必然因果关系。(3)因用药不当引发的药品不良事件。即合格药品由于临床不合理用药(如滥用药物、配伍禁忌、用法用量等问题)引起的损害以及用药者自己不合理用药引起的事件。[①] 所以并不是所有药品不良事件都属于药品侵权损害。[②] 只有上述(2)和(3)中的临床不合理用药属于药品侵权事件。药品不良反应事件和患者自己不合理用药引起的事件则一般不构成药品侵权损害责任。

二、责任构成

药品、消毒药剂、医疗器械、输入不合格血液的侵权损害责任的构成要符合以下几个构成要件:(1)药品、消毒药剂、医疗器械存在缺陷或者输入不合格血液;(2)造成患者损害;(3)缺陷药品、消毒药剂、医疗器械的使用或者输入不合格血液和患者的损害之间存在因果关系。

(一)药品、消毒药剂、医疗器械存在缺陷或者输入不合格血液

药品、消毒药剂、医疗器械存在缺陷或者输入的血液不合格是药品、消毒药剂、医疗器械、输入不合格血液的侵权损害责任构成的前提条件,关于缺陷的认定是参照《产品质量法》《药品管理法》《中华人民共和国献血法》《医疗器械监督管理条例》《血液制品管理条例》等相关法律、法规的规定来确定的。

(二)损害

患者出现了人身、财产和精神方面的损害也是药品、消毒药剂、医疗器械、输入不合格血液的侵权损害责任的构成要件之一。近年来,因输血感染病毒的报道在国内外都经常出现,因输血而感染病毒性肝炎、艾滋病等无疑会给患者带来极大的身心痛苦。因此,需要相对的责任主体承担侵权损害责任来弥补患者的损害。

但有关输血带来的损害,则存在一个特殊的情形,即无过错输血的情形。目前,对于血液的检测一般采用抗体测试法。而人体从感染丙肝、艾滋病等病毒到血液中出现抗体有一个"潜伏期",需要经过一段时间血液才会产生病毒抗体,检测此期间的血液,因试剂的性能问题可能发生漏检,抗体检测会呈阴性,不能检测的这段时间即为窗口期。[③] 目前国际公认的艾滋病的窗口期是 6 个月,当然,

---

① 宋瑞霖:《完善中国药品不良事件救济机制研究》,中国法制出版社 2011 年版,第 3 页。

② 如患者因特殊体质出现药品使用书上记载以外的不良反应的也属于药品不良事件,但不属于侵权损害责任。如 2006 年的"齐二药"事件就既是药品不良事件,但同时又构成药品侵权损害责任。

③ 李庆生、谭家驹:《医院的法律风险　医疗事故法律责任处理实用指南》,法律出版社 2004 年版,第 91 页。

不排除随着检验方式的进步而出现窗口期缩短的可能，但至少目前仍不存在这种可能。窗口期问题是国际艾滋病检测中公认的无法解决的一个检验难题，医院和血站都无法避免。如果患者刚好输入了处于“窗口期”的血液，那么对损害的造成实际上采供血机构、医院和患者本人都是没有过错的。对这种损害的造成不属于侵权损害责任事件，但患者的损害却又是实际存在的。关于这种情形，有学者主张采用公平责任对患者进行补偿，但有学者认为公平责任的适用具有局限性，不利于医学科学技术的发展。我们认为，出现这种情况，在没有更好的损害分担机制出现之前，还是应当基于公平责任的原则，由相关的当事人来分担这种损失。

（三）因果关系

患者所遭受的损害是结果，缺陷药品、消毒药剂、医疗器械的使用或者输入不合格血液是原因。没有缺陷药品、消毒药剂、医疗器械的使用或者输入不合格血液的原因，就不会出现患者遭受损害的结果。

三、责任承担主体

因药品、消毒药剂、医疗器械、输入不合格血液造成损害的，患者可以向生产者或者血液提供机构请求赔偿，也可以向医疗机构请求赔偿。患者向医疗机构请求赔偿的，医疗机构赔偿后，有权向负有责任的生产者或者血液提供机构追偿。

四、免责事由

药品、消毒药剂、医疗器械、血液都属于产品，因此也适用《产品质量法》关于产品免责事由的规定，包括：(1)未将产品投入流通的；(2)产品投入流通时，引起损害的缺陷尚不存在的；(3)将产品投入流通时的科学技术水平不能发现缺陷的存在的。出现上述三种事由的情况，药品、消毒药剂、医疗器械的使用、输入不合格血液的侵权损害责任的责任主体可以主张免责。

第五节　过度诊疗的侵权责任

一、概念

《侵权责任法》规定医疗机构及其医务人员不得违反诊疗规范实施不必要的检查。这一规定使得从未淡出人们视野的医疗机构和医务人员的过度诊疗行为表现形式之一的过度检查上升到法律规制的层面。毋庸置疑，这对保护患者的合法权益，降低高额的医疗费用具有十分积极的作用，但让人遗憾的是，过度检查仅仅是过度诊疗的一种表现形式，过度诊疗的外延更加广泛，但法律并没有对过度诊疗做出规定，这对保护医患双方的合法权益极为不利。《侵权责任法》的这种规定有其合理之处，因为过度检查是一个明晰的概念，理论上和实践中对过度检查的内涵和外延都没有太多的争议，但对于过度诊疗则对其内延和外涵尚没有明确。从严格的意义上来说，过度诊疗并不是一个法律上的概念，也不是一个医学上的术语。此概念也不是移植自其他法系的一个法律用语，而是对现实中的患者在就医过程中或与医疗有关的一些活动中所遭遇的一类现象的一种约定俗成的称呼。现代汉语大词典中，“过度”一词的解释是“超过适当的限度”。诊疗的含义是“诊断和治疗”。按此逻辑，过度诊疗从词义上可以解释为“超过适当限度的诊断和治疗”。但实际上，过度诊疗的外延应当不限于诊断和治疗。而是应当涵盖整个医疗行为的全过程以及存在于与医疗有关的一些活动中。我们认为，过度诊疗是指由于多种原因引起的超过疾病实际需要的诊断和治疗的医疗行为或医疗过程。[①]

二、过度诊疗的构成要件

（一）违法行为

过度诊疗作为一种侵权责任为《侵权责任法》所规制，其主要的原因在于“过度”一词，“过度”是过度诊疗损害责任中的核心概念，无“过度”则无责任，因此，“过度”的判断标准至关重要。“过度”是与“适度”相对应而存在的。“过度”即超过必要的限度，过度诊疗是指超过必要限度的医疗行为。“过度”与“适度”是有客观的判断标准的。这个客观的判断标准就是法律、行政法规、规章以及其他有关诊疗规范的规定。医学作为一门经验科学，体现出较高的科学性，医疗行为从诊断、治疗、护理、康复、保健等都有严格的规范，医疗行为应当遵循这些规范。一般情况下，合理的诊疗就是遵循法律、行政法规、规章以及其他有关诊疗规范的规定而从事的医疗活动。超过这些规定而为的医疗行为就是过度的行为。综上，如果要构成过度诊疗行为，前提就是违反了法律、行政法规、规章以及其他有关诊疗规范的规定。违法性是过度诊疗行为的题中应有之义，因此，违法行为是过度诊疗损害责任的构成要件之一。但认定违法行为作为过度诊疗行为的构成要件时要特别注意，基于医学科学的发展需要，有的新的诊断、治疗等技术暂时没有被法律、法规所规定，而这些技术也不是特别成熟的技术，为了医学科学的发展或治疗特殊患者的需要，医务人员采用了这些技术，如果医疗机构的医务人

---

① 石悦：《医疗侵权法》，北京师范大学出版社 2011 年版，第 157 页。

员事先履行了完全的告知义务，患者对这些诊疗行为也是知情并同意的，即使最终没有达到理想的对患者治愈的结果，医疗机构及其医务人员的行为也不构成违法行为。总之，为了保护医学科学的发展，鼓励医务人员采用新的技术、方法，应该对过度诊疗的认定做出严格的限定。

（二）过错

过错包括“故意”和“过失”。在大多数情况下，医疗损害责任是一种过失责任，即侵权行为的实施者的主观心理状态是一种过失。而过度诊疗行为则与此相反，过度诊疗的实施主体在实施行为时主观上更多的是一种故意。因为此时，医务人员明知合理的、适度的医疗行为的标准是什么，但是基于其他目的，如谋取经济利益、进行防御性医疗行为等故意超越这些标准对患者实施诊疗，在行为上体现为一种积极的行为，在主观上体现为“明知不应，实则行为之”，在这种状态下，医务人员主观上更多地体现为故意，而非过失。

（三）损害事实

损害事实的存在同样是过度诊疗行为侵权责任的构成要件之一。大多数情况下，医疗活动对患者也是具有侵袭性的，只是为了治疗疾病的需要阻却了这种侵袭的违法性，但如果超越治疗疾病的需要，违法阻却事由就不存在了。过度诊疗体现为对患者的超过必要限度的诊断、治疗、护理、康复、保健等行为，这些行为无疑会对患者造成人身和财产权益的侵害。因此，过度诊疗行为中一定伴随着对患者人身、财产权益的侵害，所以《侵权责任法》确认过度检查应当承担侵权损害责任；而另一方面，如果没有损害事实的存在或者说没有达到一定程度的损害是不可能承担过度诊疗的侵权责任的。特别要注意的是，过度诊疗行为必然伴随的是医生说明义务履行的欠缺和对患者知情同意权的侵犯。如果医生正确地履行了自己的说明义务，意味着医生将合理的医疗活动对患者进行了说明，在此基础上患者即使做出了虚假的同意也不会导致医务人员承担医疗损害责任。而过度诊疗的医疗活动同时伴随着的是医生对患者没有进行即将采取的医疗活动的说明或者通过夸大其词以证明其进行的医疗活动是合理的。医生对自己的说明义务的不正确的履行，使得患者即使同意也是一种基于重大误解而做出的同意。因此，过度诊疗行为侵害的是患者人身、财产权益，特别是患者的知情同意权。同时，过度诊疗也可能造成患者的精神损害，在过度诊疗侵权责任中，主要是由于侵犯患者的人身权益，造成患者的心理痛苦超过一定的限度。因此，损害事实的存在也是过度诊疗损害责任的构成要件之一。

（四）因果关系

构成医疗损害责任，医疗违法行为与患者损害后果之间必须具有因果关系。同样，过度诊疗损害责任的构成中，过度诊疗行为与患者的损害事实之间必然也具备因果关系。但在过度诊疗的损害责任中，患者的人身、财产权益受到侵害的原因主要是医务人员的过度诊疗行为，没有医疗人员的过度诊疗行为就没有患者的人身、财产权益受到侵害这一事实，基本上原因结果是相对应的，无原因则无此结果。因此，过度诊疗行为与损害事实之间具有因果关系也是过度诊疗损害责任的构成要件之一。

三、过度诊疗行为与防御性医疗行为

在理论上和实践中，过度诊疗常常和防御性医疗行为混为一谈。防御性医疗行为(Defensive Medicine，DM)由美国学者最先提出，是指医生在诊疗疾病的过程中为避免医疗风险和医疗诉讼而采取的防范性医疗措施。它作为一种诊疗过程，并非出于医学疾病本身的需要，而是为构造一个完整的防御体系，以应付可能的医疗诉讼。DM是医疗法律诉讼的副产品，其目的非常明确，应对可能发生的医疗事故诉讼。[①]

防御性医疗行为可以分为积极性防御行为和消极性防御行为，积极防御性医疗行为主要表现为医生"热情"地为患者做各种各样名目繁多的检查、多套治疗方案，积极邀请会诊，一般医生均能处置的轻微病症，也要邀请专科会诊。消极性防御性医疗，主要表现为医生对有较大风险的危重病人拒绝治疗[②]，比较过度诊疗和防御性医疗行为，其区别和联系体现在：

(1)行为性质。

过度诊疗是一种侵权行为，防御性医疗行为则可能构成侵权行为，也可能不构成侵权行为，甚至大多数情况下不构成侵权行为。

(2)行为目的。

过度诊疗行为在一些情况下具有谋取利益的目的，有的情况下具有防范医疗风险的目的，而防御性医疗行为则是为了避免医疗风险和医疗诉讼。

(3)行为方式。

积极性防御行为和过度诊疗行为有共同之处，都在于"超过了必要的限度"，但消极性防御行为与过度诊疗在行为方式上则完全不同。

(4)与医生履行说明义务和患者的知情同意权的关系。

过度诊疗行为必然伴随着对患者知情同意权利的侵犯，因为在此情况下，医务人员也没有尽到自己的说明义务。而在防御性医疗行为过程中，特别是在积极性防御行为过程中，医生可能较好地履行自己的义务，诸如更加认真、仔细地记录病情，细致地对患者及其家属说明病情等。

---

① Ferris Rithey：《美国医师的职责》，张琳译，《医学与哲学》2002年第11期。

② 孙大明、王瑞山：《防御性医疗的法律思考》，《中国司法鉴定》2004年第5期。

(5)行为结果。

过度诊疗行为一旦为患者所知必然引起医疗纠纷,而防御性医疗行为则并不必然引起医患纠纷。从责任来看,过度诊疗行为一旦被认定,则必然导致医疗机构及医务人员承担相应的责任,而防御性医疗行为并不必然导致责任的承担。

四、过度诊疗行为的表现①

1. 过度检查;
2. 过度治疗;
3. 过度用药;
4. 过度护理;
5. 过度矫正。

第六节　网络医疗发展引发的侵权责任

一、网络医疗的概念

网络医疗是使用远程通信技术和计算机多媒体技术提供医学信息和服务,包括网络诊断、网络会诊、远程手术及护理、网络医学教育、网络信息服务等医学活动。网络医疗有效利用了有限的医疗卫生资源,并降低了医疗服务成本。②网络医疗技术的发展使得医生的"手臂"得以延长,不再受制于地域和空间的制约而对患者开展医疗服务和诊疗活动,对医疗资源的共享和整合起到十分重要的作用,对患者而言无疑是一种福音。

二、网络医疗侵权责任的概念

网络医疗也是一种医疗活动。它与普通医疗活动的不同之处在于它必须借助网络这个媒介开展医疗活动,相对于传统医疗活动中医生与患者面对面的诊疗活动,网络医疗活动医生和患者可以不同时处于同一空间和地域。甚至患者足不出户就可以接受专业的诊疗服务。但网络医疗给患者带来便利的同时,也存在一些潜在的风险。网络医疗活动归根结底仍是一种医疗活动,既然是一种医疗活动,就有可能出现医疗侵权损害。网络医疗侵权责任是指医疗机构的医

---

① 有学者认为,过度诊疗在我国的主要表现在于:(1)检查方法和设备的过度使用;(2)抗生素过度使用;(3)过分依赖国外指南。参见刘鑫、张宝珠、陈特:《侵权责任法"医疗损害责任"条文深度解读与案例剖析》,人民军医出版社2010年版,第191—192页。

② 王薇、蔡维生:《浅议远程医疗中的法律问题》,《中国卫生事业管理》2006年第6期。

务人员在通过远程通信技术和计算机多媒体技术提供医学信息和服务的过程中，因过错导致患者的合法权益受到损害而依法应当承担的民事侵权法律责任的行为。

三、网络医疗侵权责任的特征

（一）网络医疗侵权行为主体的特定性

网络医疗侵权行为的主体是通过网络对患者开展医疗服务和诊疗活动的具备医师执业资格的医务人员。由于网络运行的特殊性，如果对患者提供医疗服务和诊疗活动的人员不具备医师执业资格，就不会构成网络医疗侵权行为，而是构成一般的侵权行为。另外，由于网络医疗行为的开展要通过远程通信技术和计算机多媒体等技术的支撑，要实现这一点，需要医务人员以外的专业技术人员和网络服务商提供技术支持，所以，网络服务商及技术人员也有可能接触到患者的个人信息，在此基础上，他们也有可能造成患者的隐私权等权利受到侵犯的后果。如技术人员把获得的患者隐私进行传播，就会侵犯患者的隐私权。但要特别注意的是网络服务商及技术人员的侵权行为也不构成网络医疗侵权，而是构成一般的侵权责任。

（二）网络医疗侵权行为以远程通信技术和计算机多媒体技术为媒介

网络医疗行为必须借助远程通信技术和计算机多媒体技术等技术，因此，网络医疗行为的开展也受制于远程通信技术和计算机多媒体技术的发展，如果是因为远程通信技术和计算机多媒体技术自身的原因而导致的一些损害后果，网络医疗行为的实施可以被减轻或者免除。

（三）网络医疗侵权责任具有隐蔽性和责任难以认定性

网络医疗活动的实施方式并非传统的“面对面”的诊疗，患者对网络后面的人员无法认定，无论其资质还是其真实性都难以认定，一旦出现损害事由，难以确定责任人，即使能够认定责任人，对损害主张的证明也较为困难。

（四）网络医疗侵权行为侵犯的患者权利的多样性

网络医疗侵权行为可能侵犯患者的财产权益及包括生命权、健康权、身体权、隐私权、知情同意权等在内的人身权益。

四、网络医疗侵权责任构成

网络医疗侵权责任的构成包括以下四个要件：(1)具有实施网络医疗服务和诊疗行为的资格主体实施了违法行为；(2)患者出现损害后果；(3)违法行为和损害后果之间具有因果关系；(4)具有实施网络医疗服务和诊疗行为的资格主体主观上存在过错。

五、网络医疗侵权责任的免责事由

网络医疗行为是一种医疗行为，因此，网络医疗侵权责任的免责事由除了《侵权责任法》规定的一般侵权行为的五种免责事由外，还包括医疗损害侵权责任的三种免责事由。

第七节　非疾病医疗行为侵权责任

一、非疾病医疗行为的概念

非疾病医疗行为是指不具备医疗目的，但采用医学技术手段进行医学治疗目的以外目的的活动。非疾病医疗行为的范围非常广泛，包括疾病预防行为，如预防接种、美容整容行为、健康体检等。

二、非疾病医疗行为侵权损害责任

（一）概念

非疾病医疗行为的实施者因过错实施了侵害他人合法权益的行为，造成他人损害的，应当承担侵权责任。

（二）非疾病医疗行为侵权损害责任的特征

1. 非疾病医疗行为的行为主体是能够实施医疗活动的医务人员。

非疾病医疗行为的目的不是进行医学治疗，但其采用的手段和方式方法是医疗的手段和方式方法，而且并不是一些大众皆知的医学常识，而是必须经过专业训练具有医师资格的人员才能实施的专业的医学手段和方式方法，因此，非疾病医疗行为的行为主体是能够实施医疗活动的主体，这些主体必须具备相应的资质。

2. 非疾病医疗行为的目的不在于进行疾病的治疗。

非疾病医疗行为的目的多种多样，如疾病的预防、人体的美容、进行体检等等，这些行为都不是疾病的治疗行为，因此，非疾病医疗行为的目的不是为了疾病的治疗。

3. 非疾病医疗行为实施的对象不是患者。

非疾病医疗行为实施的对象不是普通意义上的患者，因为大多数情况下，这些人员接受非疾病医学行为的手段在其身体上实施时其身体是健康的，即使在接受这些手段在其身体上实施时身体患有某种疾病，但其并不是为治疗这种疾病去接受这些医疗活动的，这些医疗活动的开展也不是为了治疗其疾病。所以，非疾病医疗行为实施的对象不是患者。

4.非疾病医疗行为侵权责任是一种医疗损害侵权责任。

非疾病医疗侵权责任不是一种一般的侵权损害责任，而是一种特殊的医疗损害责任。因为其实际上符合医疗行为的特征，只是目的不是治疗疾病，但过程、手段、方法和结果与医疗行为一致，所以构成的侵权责任是一种特殊的医疗损害侵权责任。

5.非疾病医疗行为的责任构成有所不同。

非疾病医疗行为的种类是多种多样的，我们无法穷尽列举，只能采用概括的方式总结其共性，同时基于各种非疾病医疗行为又具备各自的特征，所以在损害责任的认定上也会有不同的归责原则，导致其责任构成必须根据不同的非疾病医疗行为才能加以确定。

课后习题

1.试述一般医疗损害侵权责任的责任构成。

2.试述侵犯患者隐私权的责任构成。

3.试述过度诊疗的侵权责任的责任构成。

4.试述非疾病医疗侵权责任的责任构成。

第六篇

卫生亲属篇

第十七章　人工生殖技术应用的亲属法困境

学习目标

本章主要阐述了人工生殖技术应用的亲属法困境。通过本章的学习，了解人工生殖技术的含义、特点、种类及国内外相关立法，理解不同人工生殖类型亲子关系认定的规则，掌握有关胚胎法律地位的学说以及胚胎的归属。

案例分析

沈某与刘某于 2011 年结婚。由于刘某迟迟未孕，夫妻二人于 2012 年在南京市鼓楼医院做了人工授精。2013 年 3 月 20 日，医院向夫妻发来喜讯，人工授精胚胎发育良好，五天后刘某就可以进行胚胎移植手术。然而，当天夜里的一场车祸导致沈某与刘某双亡，胚胎移植手术终止。二人都是独生子女，他们的死亡让四位失独老人难以从痛苦中解脱出来。后沈父到南京市鼓楼医院询问得知，儿子儿媳生前在医院一共储存了四枚冷冻胚胎。他立即把这个消息告诉亲家。然而，在四枚冷冻胚胎归谁所有的问题上双方产生了异议。于是，双方决定先从医院将胚胎取回，然后再决定由谁继承。然而，该要求却遭到鼓楼医院的拒绝。

为了获取胚胎，2013 年 11 月，沈氏夫妇将刘氏夫妇告上江苏省宜兴市法院，要求获得儿子儿媳遗留的冷冻胚胎的监管和处置权。由于胚胎的属性及是否可以继承尚未确定，法院将存放管理胚胎的鼓楼医院追加为第三人。2014 年 5 月 15 日，宜兴市法院开庭审理此案。原、被告均提出，我国多位法学专家都认为人类的器官、血液、骨髓、组织、精子、卵子等在不违背公共秩序的前提下可以作为物，或者成为民事权利的客体。医院则表示，胚胎的意义在于孕育生命，沈某、刘某夫妇去医院也是为了生育孩子，而老人取回冷冻胚胎的唯一流向就是代孕，代孕行为违反了《人类辅助生殖技术管理办法》的规定，会造成严重的社会问题及伦理问题。于是，一审法院判决胚胎所享有的受限制权利不能继承，但原、被告双方均不服一审判决而上诉。2014 年 9 月 17 日，无锡市中级人民法院终审判决认定，原、被告双方共同监管和处置四枚冷冻胚胎。[①]

思考：本案中一审、二审法院对冷冻胚胎法律地位的认定有何不同？

---

① 孟亚生：《冷冻胚胎，亲人能否继承？》，《检察日报》2014 年 9 月 24 日第 5 版。

第一节　人工生殖的亲子关系认定

科技的发展突破了人类传统的生殖方式，现代生殖技术利用医学的最新成果，通过人工手段促使精子和卵子结合成受精卵，继而发育成生命个体。这一变化引发了一系列法律与伦理问题，并在亲子身份认定方面表现得最为突出。与自然生育不同，人工生育技术出生的子女不仅需要确认父亲，还需要确认母亲。

一、人工生殖概述

（一）人工生殖的含义

人工生殖是与自然生殖相对应的概念，是“人工生殖技术”或“人类辅助生殖技术”的简称，是指人类利用现代医学的最新成果，用人工手段代替自然生殖过程的一部分或全部过程的技术。从广义上讲，人工生殖包括控制生育和辅助生育两个方面。从狭义上讲，人工生殖则仅指辅助生殖。控制生育技术将性与生殖分离，主要解决人口数量问题；而辅助生育技术则是将生殖与性分离，主要解决不育问题。

（二）人工生殖的特点

1. 技术性。

人工生殖是科学技术发展的产物，是人类医学研究成果的应用。人工生殖不是将精子或卵子进行简单的移植与结合，而是需要生物技术、医疗技术等多种技术综合作用来完成的。因而，人工生殖具有很强的技术性，这种技术性会随着医药卫生科技的不断发展而增强。

2. 治疗性。

据世界卫生组织（WHO）评估，每7对夫妇中约有1对夫妇存在生殖障碍。我国近期的调查显示，国内不孕症者占已婚夫妇人数的10%，比1984年调查的4.8%增加了1倍多，发病率呈上升趋势。[①] 人工生殖技术的功能之一就是帮助生殖障碍的夫妇恢复生育能力。通过人工生殖技术对不孕不育夫妇的治疗，使得这些夫妇能够生儿育女，进而促进家庭的稳定与和谐。

3. 自愿性。

人工生殖虽然具有治疗性，但这种治疗必须是在当事人自愿的前提下进行的，任何主体都不得强迫当事人进行。即便是当事人的父母、配偶也不能在违背当事人意愿的情形下对其进行人工生殖手术。

---

① 材料来自网络：http://baike.baidu.com/link?url=auzc9kAoI407zaEKuyxgSsCJDSuQP_I_mO1zlEjw8omzq4A6sjzWm441BG5SShF1w_IUyAIbW3fCBhrGdVpds_。

3. 合伦理性。

人工生殖的多样性决定了人工生殖技术的行使必须要合乎伦理。这就要求在实施人工生殖技术时，既要合乎婚姻伦理，又要满足亲子伦理；既要符合家庭伦理，又要顺应社会伦理；既要遵循卫生伦理，又要践行法律伦理。对不符合伦理的人工生殖技术，任何医疗卫生机构及其人员都不得予以实施。

4. 合法性。

人工生殖的合法性是该技术得以实施的前提条件。人工生殖技术是造福人类的一项技术，但其应用不当则会造成危害结果。因此，人工生殖技术必须在法律的框架下实施。与人工生殖技术实施相关的法律很多，包括卫生民事法、亲属法等。

（三）人工生殖的种类

1. 人工授精。

人工授精（Artificial Insemination，缩写为 AI），是指用人工方式将精子注入女性体内以取代性交途径而使其妊娠的一种方法。根据精子来源的不同，分为丈夫精子人工授精和供精人工授精。① 丈夫精子人工授精，又称为同质人工授精（Artificial Insemination by Husband，缩写为 AIH）。供精人工授精，又称为异质人工授精（Artificial Insemination by Donor，缩写为 AID）。

2. 体外受精。

体外受精，民间通称为"试管婴儿"，是"体外受精—胚胎移植技术及其各种衍生技术"的简称。它是指从女性体内取出卵子，在器皿内培养后，加入经技术处理的精子，待卵子受精后，继续培养到形成早期胚胎时，再转移到子宫内着床，发育成胎儿直至分娩的技术。② 体外受精又可分为"妻卵体外受精"和"捐卵体外受精"两种，妻卵体外受精又有"同质体外受精"和"异质体外受精"的区别。同质体外受精是指以丈夫的精子和妻子的卵子在体外完成受精后再植回妻子的子宫内发育；异质体外受精是以第三人的精子与妻子的卵子在体外受精，再植回妻子的子宫内发育。捐卵体外受精是指卵子来源于妻子之外的第三人，由于精子可能来自于丈夫或丈夫以外的第三人，因而又有"捐卵同质受精"和"捐卵异质受精"之分。但无论是哪种受精方式，均是由妻子完成孕育和分娩的。

3. 代孕。

代孕，是"代他人怀孕生育"的简称，是指将受精卵植入代理孕母的子宫，由代理孕母完成怀胎与分娩的过程。由于卵子受精的方式不同，因此，代孕既有可能是通过人工授精技术实现的，也有可能是通过体外受精技术实现的。

---

① 《中华人民共和国人类辅助生殖技术管理办法》第 24 条第 2 款。

② 《中华人民共和国人类辅助生殖技术管理办法》第 24 条第 3 款。

4. 无性生殖。

无性生殖(Parthenogenesis),是指不经过雌雄两性生殖细胞的结合,只用一个单一细胞内的反应来生育后代的方式,即克隆。人类在无性生殖的道路上经历了克隆植物、克隆哺乳动物的过程,但一直都未克隆人类。直至2002年12月26日,46岁的法国女科学家、"克隆援助"机构主席布里吉特·布瓦瑟利公布人类第一个克隆婴儿已于当天降生。这一行为遭到了世界各国的强烈谴责。目前,大多数国家和政府都明确表示严格禁止克隆人类。

二、人工生殖的立法

(一)国外的立法现状

在20世纪60年代,美国的大多数州认为人工授精所生的子女是非婚生子女,甚至在有的判例中认为人工授精行为是通奸行为。1967年,美国俄克拉荷马州的法律率先规定,凡由指定的执业医生进行的人工授精,并附有夫妻双方同意书的,人工授精所生婴儿对其生母的丈夫,具有婚生子女的身份。现在美国已有25个州制定了这样的专门法规,且美国《统一亲子法》(Uniform Parentage Act)也有类似的内容。《统一亲子法》第5条规定:"在有执照的医师的监督下,丈夫依法被视为因此出生的子女的生父;丈夫的同意须以书面形式,并经夫妻双方签名;医师需向卫生部证明丈夫的同意、夫妻签名的真实性以及人工授精的日期,并应保密及将档案密封;医师未为上述行为时,不影响亲子关系;异质人工授精的精子提供者不视为胎儿的父亲。同样,捐卵者之卵子,如果是与丈夫的精子通过体外授精植入妻子体内,则该子女也视为妻子的婚生子女。"① 目前美国几乎各州均同意已婚夫妻之间,只要他方配偶同意,在具有合法执照医师监督与协助下通过人工授精所生的子女,均为其夫的婚生子女,而捐精者不被认为是子女的生父。争议较大的是在进行人工授精时生母尚未婚,是否因此而认定捐精者具有父亲身份的问题。一般认为,此时若捐精者非匿名者或身份得以确定,则捐精者可以主张父子关系,否则,捐精者只能提出监护或探视权的主张。

英国不禁止任何人包括单身妇女接受人工授精,但是否对单身妇女进行人工授精则应由不孕治疗中心的专家做出决定。在做决定时,专家要充分考虑未来孩子的幸福及孩子未来是否需要和承认父亲。英国1985年颁布的《代孕协议》以及1990年颁布的《人工生育和胚胎法》也均对人工生育的子女与父母的关系做出了相应的规定。

此外,法国、德国、日本、加拿大、匈牙利等国也都对人工生育进行了相应的

① 转引自王丽萍:《亲子法研究》,法律出版社2004年版,第90页。

立法。综观对人工生育有所立法的国家，大都对人工授精、体外受精持较宽松的态度，但都设立了一定的前提条件，以规范人工生育子女与父母间的关系，而对代孕则大多数国家持禁止态度，有的甚至视为刑事犯罪。

（二）我国的立法现状

1983 年，我国第一例人工授精婴儿出生；1986 年，青岛医学院建成了我国第一座人类精子库；1988 年，我国第一例试管婴儿诞生……这些事实是人工生殖技术在我国展开的重要标志。据原卫生部、中国妇联执委、中华孕育协会联合调查的数据显示，我国截至 2012 年约有 8000 万不孕不育患者，并以每年约 100 万增加者的速度在增长，不孕不育的已婚夫妻已占正常人口的 20%左右。[①] 在这些不孕不育的患者中，有相当一部分人群会选择人工生育的方式来获得自己的后代。但由于我国目前缺少相关立法，使人工生育子女身份的认定处于十分尴尬的境地。

截至目前，我国颁布有关人工生育的法律规范及法律性质的文件主要如下：1991 年 7 月，最高人民法院《关于夫妻离婚后人工授精所生子女的法律地位如何确定的复函》；2001 年，原卫生部颁布的《人类辅助生殖技术管理办法》和《人类精子库管理办法》；2003 年，原卫生部颁布的《人类辅助生殖技术和人类精子库伦理原则》和《卫生部人类辅助生殖技术和人类精子库评审、审核和审批管理程序》以及 2006 年颁布的《人类辅助生殖技术与人类精子库校验实施细则》。在这些法律文件中，仅有最高人民法院的《最高人民法院关于夫妻离婚后人工授精所生子女的法律地位如何确定的复函》（以下简称《复函》）、原卫生部的《人类辅助生殖技术和人类精子库伦理原则》（以下简称《伦理原则》）和《人类辅助生殖技术管理办法》（以下简称《管理办法》）中有涉及人工生育子女身份认定的内容，其他的法律规范均是对人工生育技术的规制。

《复函》中称："在夫妻关系存续期间，双方一致同意进行人工授精，所生子女应视为夫妻双方的婚生子女，父母子女之间的权利义务关系适用《婚姻法》的有关规定。"《伦理原则》中保护后代的原则规定："医务人员有义务告知接受者通过人类辅助生殖技术出生的后代与自然受孕分娩的后代享有同样的法律权利和义务，包括后代的继承权、受教育权、赡养父母的义务、父母离异时对孩子监护权的裁定等。医务人员有义务告知接受人类辅助生殖技术治疗的夫妇，他们通过对该技术出生的孩子（包括对有出生缺陷的孩子）负有伦理、道德和法律上的权利和义务。医务人员有义务告知供精者，对其供精出生的后代无任何的权利和义务。医务人员不得实施代孕技术。"《管理办法》第 3 条也规定了禁止代孕行为，

---

① 材料来自网络：http://www.tongren.gov.cn/html/2013/0306/qywy3278653.html，2013-3-6。

即医疗机构和医务人员不得实施任何形式的代孕技术。这些规定虽然从制度层面上确认了人工生育子女与其父母的亲子关系，但其法律效力与关注程度，以及诉讼过程中法官对其援引的概率都要比法律小得多。因此，尽快从国家立法层面确定人工生育子女的法律地位是十分必要的。

三、人工生殖中亲子关系的认定

由于人工生殖技术的种类不同，在人工生殖技术下出生的子女与父母关系的认定也有所差异。

（一）人工受精情形下亲子关系的认定

由于人工受精中精子的来源不同，导致亲子关系认定的法律规则也不相同。在同质人工受精中，精子和卵子来自于夫妻二人，其所改变的仅是精子和卵子的结合环境，在此情形下出生的婴儿与夫妻间存在血缘关系，与自然出生的子女无异，故可适用传统的亲子立法。而异质人工受精，由于第三人的精子使出生的婴儿与其母亲的丈夫没有血缘关系，因此，导致了生物上的父亲和社会上的父亲身份发生了冲突。美国是较早对此进行立法的国家，1973 年颁布的《统一父母身份法》第七章为“人工生育的子女”，内容如下：在有执照的医师的监督和丈夫的同意下，妻子经由丈夫之外的第三人的精子受精时，丈夫依法被视为因此出生子女的生父；丈夫的同意需以书面形式，并经夫妻双方签名；医师需向卫生部证明丈夫的同意、夫妻签名的真实性以及人工受精的日期，并应保密及将档案密封；医师未进行上述行为时，不影响亲子关系；异质人工受精的精子提供者不视为胎儿的父亲。① 随着人工授精技术的适用，美国大多数州都制定了人工授精法案，有些州在民法典中予以明确规定，如《路易斯安那民法典》第 188 条规定：“丈夫同意妻子辅助受孕的，不得否认由此所生的孩子为其子女。”②目前，世界上已有许多国家在立法中确立人工生育子女的法律地位。如《巴西民法典》第 1597 条规定：“通过自源人工受精获得的子女，即使丈夫死亡的，或者只要事先有丈夫的授权，通过异源人工受精获得的子女，均被推定为子女母亲丈夫的亲生子。”③

（二）体外受精情形下亲子关系的认定

1978 年，世界上第一个试管婴儿路易斯·布朗在英国诞生，从此拉开了对试管婴儿法律问题探讨的序幕。基于体外受精的技术特点，精子、卵子乃至于子宫都成为了可变因素。从多数国家立法来看，无论精子或卵子是否来自夫妻，只

---

① Sanford N. Katz, *Family Law in America*. Oxford University Press, 2003, p. 219—221。

② 《路易斯安娜民法典》，娄爱华译，胡雪梅校，厦门大学出版社 2010 年版，第 23 页。

③ 《巴西新民法典》，齐云译，徐国栋审校，中国法制出版社 2009 年版，第 251 页。

要是将受精卵移入妻子的子宫内孕育，那么由此出生的婴儿在法律上就是该夫妻的子女。如《巴西民法典》第1597条第4款规定："在利用自源剩余胚胎的情形，随时通过人工植入获得的子女，推定为该子女是在婚姻存续期间孕育的。"①而捐精或捐卵者不能成为该婴儿的父亲或母亲。如《法国民法典》第311—19条规定："在由第三人作为捐赠人提供协助、通过医学方法生育的情况下，捐赠人与采用此种方法出生的儿童之间，不得确立任何亲子关系性质的联系。"②对受精卵移入妻子之外第三人的子宫内孕育的，是代孕的一种情况。由此引发的亲子认定将在下文"代孕情形下亲子关系认定"中予以阐述。

(三)代孕情形下亲子关系的认定

关于代孕的认知各国分歧较大，由于代孕被视为子宫的出租，既有不尊重女性之嫌，也有违人的尊严。"人，一般说来，每个有理性的东西，都自在地作为目的而实存着，他不单纯是这个或那个意志所随意使用的工具。在他的一切行为中，不论对于自己还是对其他有理性的东西，任何时候都必须被当作目的。"③故许多国家都禁止代孕行为。而美国是为数不多的承认代孕的国家之一。在美国法上，对不同代孕情形下出生子女的认定有着不同的规定。在人工受精情形下，代孕母亲不仅提供子宫，还提供卵子。由此而出生的婴儿与夫妻之间的关系视为通过收养而建立的法定血亲关系。代孕母亲与夫妻双方所签订的代孕合同视为收养合同。当代孕母亲为已婚者时，代孕合同还需其夫的同意。否则，出生的婴儿也可被视为代孕母亲与其夫因人工受精而出生的子女。在子女出生后，代孕母亲拒绝将子女交给缔约夫妻时，法院存在不同的判例，有时会将代孕母亲的拒绝视为对子女收养的撤回，但通常法院都会从"子女最大利益"出发来确定其父母。④ 而在体外受精情形下，代孕母亲则是仅提供子宫。对此，法院的判决与各州的有关规定是："若基因父母间有婚姻关系存在，且代理孕母同意放弃所有的亲权，则基因父母为法律上的生父母，代理孕母与子女无任何关系，当然也不得主张探视权。"⑤

四、我国人工生育子女确认的立法展望

随着人工生殖技术的发展，由此而出生的子女也逐渐增多，子女身份的不确定性也有所提高。从某种意义上讲，我国卫生民事法在人工生育子女确认方面

① 《巴西新民法典》，齐云译，徐国栋审校，中国法制出版社2009年版，第251页。

② 《法国民法典》，罗洁珍译，北京大学出版社2010年版，第94页。

③ 伊曼努尔·康德：《道德形而上学原理》，苗力田译，上海世纪出版集团2012年版，第36页。

④ Sanford N. Katz, *Family Law in America*. Oxford University Press, 2003, p. 161—167.

⑤ 王丽萍：《亲子法研究》，法律出版社2004年版，第91页。

的规制几乎是空白。这不仅给人们的生活带来诸多不便,也不利于对子女权益的保护,因此,对人工生育子女身份确认进行立法势在必行。

在我国目前的卫生民事法律制度中,有关人工生育子女的法律规范除最高人民法院的《复函》外,就是各项管理办法。这些规定不仅法律位阶相对较低,而且在管理办法当中也不是处于主要地位,其往往是规范人工生殖技术时的附带规定。因此,在对亲子认定立法时,应吸收人工生育子女认定的有关规定。在提高人工生育子女法律位阶的同时,提高人工生育子女的法律地位。在我国,人工生育技术的实施主要是利用现代医学手段为不孕的夫妇提供生育帮助。基于此,人工生育的主体只能是已婚的不孕夫妇,而不能是单身女性等其他主体。在同质人工生育时,由于精子或卵子都来自于夫妇,故由此生育子女的亲子关系也比较好确认。而在异质人工生育过程中,精子或卵子必须来自婚外第三人,否则生育将无法完成。这时就需要法律拟制,即将精子或卵子视为婚姻中的夫或妻提供的,从而认定子女的亲生性。丈夫或妻子也不得因采用异质人工生育技术而否认出生子女的亲生性。

因此,在卫生民事立法中应明确规定:"夫妻共同同意采用人工生育技术的,任何一方不得否认由此所生的孩子为其子女。在由第三人作为捐赠人提供协助、通过医学方法生育的情况下,捐赠人与采用此种方法出生的孩子之间,不得确立任何亲子关系性质的联系。"

总之,只有明确人工生育子女与父母之间的关系,才能更好地行使父母子女之间的权利义务乃至于由此而扩展的其他亲属间的权利和义务。亲属间权利义务的有效行使,能够使各方利益得到最佳的保护。

第二节　胚胎的法律地位与归属

一、胚胎的概述

胚胎是胎儿形成之前的阶段,是精子与卵子结合形成受精卵后,经过分裂、发育而成的,医学上通常以受精卵形成 12 周作为胚胎与胎儿的界限。随着医学技术的不断发展,人类胚胎经历了从仅有体内受精胚胎到体内受精胚胎与体外受精胚胎共存的阶段。

单从体内受精胚胎来讲,由于其受精过程并未脱离母体,因此可以将其视作母体的一部分,当其受到侵害时可认定为侵害了母亲的身体权。而较难处理的则是体外受精胚胎受到侵害的情形。在我国数量庞大的不孕不育者群体中,有相当一部分人会选择人工生育的方式来获得自己的后代。也正因为人工授精技术的存在和应用，部分冷冻胚胎被遗弃、争夺的现象逐渐出现。规制这些行为，解决相应纠纷，都离不开分析和界定体外受精胚胎的法律地位。

二、胚胎的法律地位

随着人工生殖技术的不断成熟与普及，出现遗弃、争夺体外受精胚胎的纠纷的概率也必然会增加，如何正确处置这些有争议的胚胎，促使纠纷得以顺利解决，其重要前提是明确胚胎的法律地位。

（一）胚胎法律地位的相关学说

1. 主体说。

主体说认为胚胎是自然人的早期阶段。美国部分州的立法采此学说，其立法中将胚胎界定为“法律上的拟制人”，并赋予胚胎一定的法律权利。从这些州的立法中就可以看出，其将受孕作为生命的起源，胚胎不能被恶意销毁或捐献给研究机构进行研究，这些行为都侵犯了胚胎的安全，也是侵害未来自然人的权益。所以，在这种保护之下，胚胎不能被恶意销毁并严禁将其捐赠给科研机构。新墨西哥州的立法对胎儿安全和利益予以最大保护，其立法机关将胚胎定义为“从受孕之时到离开子宫之间的状态”。为了保证胎儿（胚胎）的健康，严禁对胎儿（胚胎）进行试验，除非其目的符合该胎儿（胚胎）的健康需求，且必须将风险降到最低范围之内。路易斯安那州则明确宣布胚胎为“生物学意义上的自然人，其既不是生育的中间媒介，也不是医生的财产”。其立法机关将胚胎定义为“由多个生存细胞和人类基因物质组成，并最终在子宫内发育成的一个未出生的婴儿”。根据该法规定，人类胚胎不能被故意销毁或者仅为研究目的创造胚胎。关于该胚胎的“监护权”问题，以胚胎利益最大化为原则进行裁定。作为唯一承认胚胎收养的州，路易斯安那州的立法机关允许该胚胎的父母放弃“亲权”，只要有其他已婚夫妇愿意移植该胚胎。①

2. 客体说。

客体说认为胚胎仅为精子与卵子捐赠者的财产，应将其作为民事法律关系中的客体对待，而不认为胚胎是独立的潜在生命。美国的有些州则较侧重于保护捐赠者的利益，关于其捐赠胚胎的处理方式，法律赋予捐赠者以完全的自主决定权。佛罗里达州的法律承认受精卵的捐赠者对该枚受精卵的处理拥有共同的自治权。对该胚胎的“控制”权和决定权由捐赠者共同享有，如果一个捐赠者死亡，那么另外一个捐赠者就有完全的决定权。2008 年 11 月，密歇根州和佛罗里达州共同通过一项议案，允许仅为治疗目的的创造胚胎，从而将胚胎归类为财产。②

---

① 张善斌、李雅男：《人类胚胎的法律地位及胚胎立法的制度构建》，《科技与法律》2014 年第 2 期。

② 张善斌、李雅男：《人类胚胎的法律地位及胚胎立法的制度构建》，《科技与法律》2014 年第 2 期。

3. 中间说。

中间说主张胚胎处于主体与客体中间的地位，易言之，胚胎既不是单纯的财产，也不是被完全承认的自然人。《德国民法典》中关于“动物非物”的规定，实际上也提出了一个介于人与物之间的中间概念。中间说还可以分为“潜在人格说”和“道德主体说”两类。潜在人格说认为胚胎从受精开始就存在成为自然人的潜在人格，法国生命和健康科学伦理咨询委员会就持此观点。道德主体说则认为胚胎既不是物也不是社会人，但其是具有发展成为社会人潜力的生物人，所以，胚胎应当享有比一般物质更高的道德地位，即使胚胎不具有权利主体地位，也应给予其法律保护，1981 年欧洲理事会各委员均持此观点。美国生殖医学协会也坚定地支持这一观点，其主张胚胎应当受到“足够的尊重”，但又不能得到与自然人一样的道德和法律权利。因为早期胚胎都没有“分化”，因此它们不能成为人，不能享有完全的法律权利。但是，早期胚胎应当受到特殊尊重，因为其是潜在的自然人，具有生命的迹象。美国的亚利桑那州上诉法院在 Jeter v. Mayo Clinic Arizona 案中认定，胚胎有成为人的可能性，因此其应当是处于自然人和身体组织（权利客体）的中间体。西班牙的《关于辅助生殖技术的法律》第 20 条规定，禁止非出于生殖目的地受精人类卵子，禁止出于任何目的地通过清洗子宫获得胚胎，禁止在试管内培养受精 14 天后的人类胚胎，以维持人类的尊严。另一方面，又允许在科学研究中使用未被植入的剩余胚胎。尽管卵子和精子的捐赠者对该胚胎享有一定的财产利益，但是关于该胚胎的未来，他们的决定也并不是绝对的且不能超越国家的立法。日本学者北川善太郎也认为，“作为生命单位的生物体既不是人也不是物，是不同于人的法领域和物的法领域的第三法域的构成要素”。“现行法将冷冻受精卵子作为物对待是不够妥当的。因此，为解决这一难题，可以考虑建立生物体法律制度。”即在第三法领域中，将生物体作为新的权利主体在法律上进行确认，使之在性质上区别于物。①

（二）我国学界的理论观点

目前，我国学界对胚胎法律地位的观点主要有“客体说”和“中间说”两种。

持客体说的主要代表学者为梁慧星教授，他在所主持的《中国民法典草案建议稿附理由》中阐述了这样的观点：“考虑到科学技术的发展，特别是医学上的器官移植技术、人工生殖技术的发展……规定自然人的器官、血液、骨髓、组织、精子、卵子等，以不违背公共秩序和善良风俗为限，可以成为民事权利的客体。”②王利明教授也持同样观点，其在所主持编写的《中国民法典学者建议稿及立法理由》中论述道：“人身不是物，但是从人体分离出来的某些部分，如器官、乳汁、血

① 张善斌、李雅男：《人类胚胎的法律地位及胚胎立法的制度构建》，《科技与法律》2014 年第 2 期。

② 梁慧星主编：《中国民法典草案建议稿附理由》，法律出版社 2004 年版，第 124 页。

液、卵子等，也可以作为物并成为物权的客体。”[①]从两部建议稿的内容上可以看出，虽然胚胎并没有作为独立的名词在条文中予以列举，但从立法内容所要表达的含义可知胚胎已被涵盖其中。还有持客观说的学者认为胚胎应作为特殊物来对待，因为不满14天的体外胚胎由于其生长在人的身体之外，并能为人们科学研究运用和支配，符合理论上对物的定义，所以应当将体外胚胎作为特殊的物来对待。[②] 体外胚胎是携带着繁衍人类的生物遗传密码的物，其具有一定的财产价值，而不具有民事主体资格。因此，其不能获得同人一样的法律地位，但由于其存在成为自然人的可能性，故不应将胚胎当作一般的物来看待。

持中间说的主要代表学者为徐国栋教授，他认为：“我国民法应当坚持绿色原则，而该原则正是在人的出生线和死亡线上控制欲望主体的数量得到实现的，坚持中间说可以较好地协调对潜在生命的保护与维护妇女健康、促进科学发展三个方面的关系。”[③]也有学者从胚胎发育的过程出发阐释了中间说的观点，其认为我国民法应回应科学技术发展的要求，重新审视胚胎的法律地位，通过分阶段模式保护胚胎的合法权益，建立起人与物之间的中间存在模式。[④]

三、胚胎的归属

胚胎的归属是胚胎处置的前提和基础。如何判断胚胎的归属首先应考虑胚胎的自然属性，因为胚胎是含有夫妻双方遗传信息的物质。因此，原则上，胚胎应当属于夫妻所有。但夫妻关系的改变或者夫妻对胚胎处置态度的变化会影响胚胎归属的判断，因而，需要根据不同情况来判定胚胎的最终归属。

（一）有主胚胎的归属

有主胚胎是指属于为实施人工生殖夫妻所有的冷冻胚胎。有主胚胎属于夫妻共同所有。但由于胚胎从形成到植入人体会要经历一段时间。在这期间如果夫妻一方死亡或夫妻离婚，就会涉及胚胎归属的认定。如夫妻一方死亡，那么胚胎理应属于另一方所有。但丈夫死亡与妻子死亡所导致的后果又有所不同。丈夫死亡，胚胎归属于妻子，其仍可以通过人工生殖技术孕育子女。而妻子死亡，胚胎归属于丈夫，但丈夫不能进行人工生殖手术，如果其想用此胚胎生育子女，可能会出现代孕的情形，因此，应否赋予丈夫完全的所有权仍然值得思考。当夫妻离婚时，如果双方有协议且约定的内容不违背法律时，则可以依协议处理。如果双方无协议，则由法院根据当事人的实际需要判定胚胎的归属。

---

① 王利明：《中国民法典学者建议稿及立法理由（总则编）》，法律出版社2005年版，第242页。

② 高玉玲、周正环：《胚胎法律地位研究》，《安庆师范学院学报（社会科学版）》2007年第4期。

③ 徐国栋：《体外受精胎胚的法律地位研究》，《法制与社会发展》2005年第5期。

④ 满洪杰：《人类胚胎的民法地位刍议》，《山东大学学报（哲学社会科学版）》2008年第6期。

(二)无主胚胎的归属

无主胚胎是指夫妻为实施人工生殖而准备的冷冻胚胎,因未向保管部门续费,亦未达成相关协议而致使冷冻胚胎处于无主状态的情形。虽然我国对此没有明确的立法,但按照惯例,在没有向胚胎保管部门续费又失去联系的情况下通常推定该冷冻胚胎的所有人做出了抛弃的意思表示,医院将有权对胚胎进行处理。目前,对无主胚胎的处置主要是销毁。由于胚胎不同于其他物,其含有潜在的生命特质,因此,不得将无主胚胎进行买卖、赠予,也不得用于科学研究。

课后习题

1. 试述人工生殖技术的种类有哪些。
2. 试述人工生殖中如何认定父母子女关系。
3. 试述胚胎的法律属性。
4. 试述胚胎应如何确定归属。

第十八章　卫生民事法其他有关亲属的权利

学习目标

本章主要阐述了卫生民事法其他有关亲属的权利。通过本章的学习，了解医师告知义务的概念、历史沿革以及医师告知义务的构成要素，掌握知情同意的要素以及亲属知情同意权的行使。

案例分析

第二章所述“李丽云案”的诉讼中，李丽云父母申请进行医疗过错鉴定，而朝阳医院则申请进行医疗事故鉴定。法院审查同意了朝阳医院的医疗事故鉴定申请，原因在于，法院认为：医疗纠纷中存在着当事人可以选择的医疗事故鉴定和医疗过错鉴定两种鉴定；医疗机构有权进行抗辩并优先选择医疗事故鉴定；如鉴定结论为不构成医疗事故，患者一方有异议，则有权申请法院委托司法鉴定机构进行医疗过错鉴定，进一步对医院在诊疗过程中是否存在过错进行鉴定。不过，这一纠纷中按规定需承担本次医疗事故鉴定的机构——朝阳区医学会医疗事故鉴定办公室明确表示：“因北京市卫生局已于 2007 年 11 月 25 日组织了市级孕产妇死亡专家评审并做出了几点意见(见市卫生局就孕妇李丽云死亡事件的调查通报)，故我会不再对此病例进行医疗事故技术鉴定。”使得该案医疗事故鉴定程序无法启动。于是法院委托司法鉴定机构进行了医疗过错鉴定。鉴定结论为李丽云的死亡主要与其病情危重、病情进展快、综合情况复杂有关，医院诊疗过程中存在的不足与患者死亡无明确因果关系。①

思考：本案中患者在需要手术时，医疗机构为何必须要取得陪同者的签字？

第一节　医师告知义务中的对象

社会发展到今天，患者完全服从医师决定的情况已经不复存在了。随着广大民众法律意识的不断增强，越来越多的患者注重在医疗过程中自主决定权的

① 材料来自网络：http://www.66law.cn/domainblog/15292.aspx，2014-12-26。

行使，这就决定了医师在进行医疗活动时要向患者履行告知义务，而患者则享有知情同意的权利。换言之，在医疗过程中，患者的地位已从治疗的客体转变为治疗的主体。医师在治疗过程中仅是向患者及其家属充分告知相关病情及治疗信息，以助其做出理性的决定。

一、医师告知义务概述

医师告知义务是指医师在其执行医疗行为的过程中，将患者的有关疾病诊断、诊疗措施以及疾病发展和治疗措施所面临的风险向患者本人或者其近亲属予以说明的义务。医师的告知义务不是道德义务，而是法定义务。医师应当按照法律的规定履行，告知与患者有关的一切信息，如果医师不履行或不完全履行该义务，其应承担相应的法律后果。

从历史发展来看，在医师告知原则产生之前，医患关系一直遵循着以医师为中心的"父权主义"模式在运行。随着人类社会的不断进步，人权思想的发展，患者的权利意识也随之上升，人们不再确信医师是患者最佳利益的代言人。对"父权主义"模式的质疑促成了尊重患者自主决定权观念的形成，医师不再扮演父权的角色，新的医师的角色应该是利用自己的专业知识引导、帮助患者做出对他最有利的医疗决定。至此，知情同意原则便产生了，医生和患者之间也随之转换成"合作主义"模式，医患关系从此成为合同关系。法学界部分学者认为，医疗服务属于合同关系，并具有委托合同的性质。因此，医疗行为人应负有报告的义务。当然，从保护患者的自主决定权与知情同意权等基本人权的角度也能够推导出医疗行为人的告知义务。因患者的自主决定权或知情同意权的行使是以完全知情为前提条件的，如果医疗行为人部分告知有关医疗服务的信息，患者则无法知情或不能全面知情，也就无法对医疗措施的选择行使自主决定权。在医患间的合同关系中，患者享有知情同意的权利，与此相对应，医师便有了告知的义务。

医师的告知义务可追溯至18世纪末，美国当时已认可患者在医疗过程中了解和选择有关措施的权利，并提出医师在实施治疗前必须获得患者的知情同意。① 1914年，美国纽约州的判例中首次明确提出患者自主决定权的概念，即"所有具有健全精神状态的成年人，都有决定对自己身体做何处置的权利。医生如不经患者同意而对其进行手术，则构成伤害罪，应承担损害赔偿的责任。"② 1946年《纽伦堡法典》将受试者自愿同意规定为医学人体实验应当遵循的基本

① 陈雯桦等:《建立以人为本的新型知情同意模式构建和谐医患关系》,《中国卫生事业管理》2006年9期。

② 石悦:《医疗知情同意的民法阐释与制度建构》,黑龙江大学2012年博士论文。

原则。后该原则被广泛应用到医学其他领域。至1957年,美国加州上诉法院对Salgo VS Leland Stanford Jr. University Board of Trustees案所做出的判决,使得美国医师的告知义务正式应用于诉讼领域。该判例对美国医疗知情同意原则产生及法律制度的确立起到了很大的推动作用。其后,伴随着在美国掀起的病人权利运动,1960年和1972年,美国分别发生了Natanson VS Kline案和Canterbury VS Spence案。这两起案件涉及的均是对医师告知义务行使是否充分标准的判断,并且该判例建立了属于医师意识和患者意识不同的判定标准,即医师标准和患者标准。至此,告知义务被作为医师的基本义务在判例中被确定下来。1973年,美国医院协会制定了"病人权利典章",以成文法的形式确定了医师的告知义务。

医师的告知义务不仅在英美法系国家广泛存在,在大陆法系国家也有相应的规定。如二战后的德国,其基本法第2条中就明确规定,人人都享有使自己的身体和生命不被侵害的权利。1979年,德国联邦宪法法院在其一项判决中也指出,必须取得患者对医师做出的全部诊断的、预防的以及治愈的措施的有效同意,这是法的要求。①

二、医疗中告知的对象

(一)患者本人

患者是医疗过程中的直接相关人,一般情况下其也最有权做出对自身医疗情况的理性选择,即患者本人对自己的身体享有绝对的自主决定权。因此,患者是医师行使告知义务的首要对象。我国《侵权责任法》第55条规定:"医务人员在诊疗活动中应当向患者说明病情和医疗措施。需要实施手术、特殊检查、特殊治疗的,医务人员应当及时向患者说明医疗风险、替代医疗方案等情况,并取得其书面同意;不宜向患者说明的,应当向患者的近亲属说明,并取得其书面同意。"

(二)患者的近亲属

我国《侵权责任法》第55条规定了医师履行告知义务时,首先应告知患者本人,当不宜向患者告知时,则应当向患者的近亲属告知,并应取得近亲属的书面同意。然而,对近亲属范围的界定,我国的法律规定并不一致。但由于医师和患者之间被视为合同关系,因此,医师的告知义务应属民事行为,故而对医师告知义务对象中近亲属的范围应按照我国《民通意见》的范围予以界定,即近亲属包括配偶、父母、子女、兄弟姐妹、祖父母、外祖父母、孙子女、外孙子女。《侵权责任

① 赵西巨:《医师法研究》,法律出版社2008年版,第59页。

法》中关于告知义务的有关规定弥补了《执业医师法》《医疗机构管理条例》等法律法规中关于告知对象宏观概括、不明确的现象,但由于我国法律所规定的近亲属人数较多,又没有规定医师对患者近亲属告知义务的顺位,当患者就医时,医师无法向患者所有的近亲属告知,通常只向陪同看病的近亲属告知。当患者的健康状况没有达到预期治疗效果时,这种“不完全”的告知往往成为医患纠纷的导火索。这就要求我国在未来的立法中明确近亲属作为告知对象的顺序以避免相应问题的产生。

(三)医疗机构负责人或者被授权负责人

我国《侵权责任法》第56条规定:“因抢救生命垂危的患者等紧急情况,不能取得患者或者其近亲属意见的,经医疗机构负责人或者授权的负责人批准,可以立即实施相应的医疗措施。”由此可知,在特定情形下,即无法告知患者本人及其近亲属时,医疗机构负责人或者被授权负责人将成为法定临时的告知对象。

三、医疗中告知的内容

医师告知义务的内容兼具理论性与实践性。因为,只有明确医师告知义务的范围,医师在医疗实践当中才能够充分地履行告知义务。同时,明确医师告知义务的范围,也有利于判断医师在履行告知义务时,是否构成侵权,是否应对被告知对象承担相应责任。

医师的告知义务是一种法定义务,是在医疗过程中医师必须履行的义务。但由于医疗过程中存在诸多专业问题,而医患之间存在着专业领域、文化素养等差异,这就需要医师在行使告知义务时,遵循全面告知、精确告知、通俗告知、真实告知的原则,[①]耐心帮助患者充分理解所告知的内容,以使患者能够积极充分地参与到自身的治疗当中,从而取得良好的治疗效果。也只有切实履行医师告知义务,才能够改变紧张的医患关系,在医师和患者之间形成良性互动,便于医疗活动的实施和医疗技术的发展。

医师告知义务的内容根据不同的标准有着不同的分类。依其目的或作用的不同,可以分为普通告知义务和特殊告知义务。普通告知义务,又称作确保疗效的说明义务,即医方应以通俗易懂的方式向患者解释说明,其应当如何实施自己的行为以配合治疗才能达到良好的治疗效果。而特殊的告知义务,又称作介入性说明义务,即医方为了确定患者的病情或者作为治疗手段,而有必要侵入患者身体时,例如让患者做肠镜、胃镜检查,又如准备做阑尾切除手术等,医方唯有事先得到患者的同意,方能采取介入性检查或介入性治疗。[②] 依照医疗阶段不同,

---

① 石悦:《医疗知情同意的民法阐释与制度建构》,黑龙江大学2012年博士论文。

② 张谷:《浅谈医方的说明义务》,《浙江社会科学》2010年第2期。

医师告知义务的内容可分为，医疗前的告知事项、医疗期间的告知事项及医疗后的告知事项。但从目前来看，我国理论界通常将医师告知义务的内容分为一般告知义务和特殊告知义务。一般告知义务是医疗过程中普遍存在的告知义务，即通常情况下，医务人员在为患者诊疗过程当中向其说明病情及治疗措施的行为。如医务人员会告知患者所患疾病及病情程度、治疗方法、价格及预期效果；如需进一步检查确诊的，还会告知患者检查方法及目的；若存在多种治疗方案，医师还会告知每种治疗方案的优劣，比较治疗方案的异同及治疗时可能存在的风险或引发的其他不良后果等；如医疗条件不具备时，应及时告知患者转院治疗等情形均属于一般告知义务。特殊告知义务的范围一般指，在需要对患者实施手术、特殊检查、特殊治疗的情形下医师应当向患者履行告知说明医疗风险、替代医疗方案等情况的义务。① 我国《医疗机构管理条例实施细则》第 88 条第 4 款明确规定："特殊检查、特殊治疗，是指具有下列情形之一的诊断、治疗活动：(一)有一定危险性，可能产生不良后果的检查和治疗；(二)由于患者体质特殊或者病情危笃，可能对患者产生不良后果和危险的检查和治疗；(三)临床试验性检查和治疗；(四)收费可能对患者造成较大经济负担的检查和治疗。"

在实践中，我国医师至少要告知如下内容：(1)医疗机构必须将医疗机构执业许可证、诊疗科目、诊疗时间和收费标准悬挂于明显处所；(2)就诊医疗机构和医务人员基本情况和医学专长，医疗机构工作人员上岗工作必须佩戴本人姓名、职务或者职称的标牌；(3)医疗机构及其医务人员的诊断手段、诊断措施，所采用的治疗仪器和药品等的疗效、副作用等问题；(4)患者的病情，即患者所患疾病的名称、病因、病情发展情况、需要采取何种治疗措施以及相应的后果、告知治疗行为不实施的后果；(5)手术中即将可能采用的各种方法、成功率、目的、预期效果，手术过程中可能要承受的不适、麻烦以及手术不成功可能预见到的后果、潜在危险等；(6)告知患者需要支付的费用，医院应当按照《医疗机构管理条例》规定公布各项收费标准；(7)在诊疗过程中，在治疗条件不具备或者治疗效果不理想的情况下，医师应当劝导患方转诊、转院，即转诊的告知义务。②

四、对患者近亲属告知的立法完善

由上文可知，我国医疗告知对象主要有三类：患者本人、患者的近亲属以及医疗机构负责人或者被授权负责人。其中争议较大的，也是发生纠纷较多的情形主要集中在对患者近亲属的告知问题上。因为这一群体类别复杂，数量众多，医疗方在行使告知义务时，很难面面俱到，这就给医患纠纷留下了隐患，故而只

---

① 石悦：《医疗知情同意的民法阐释与制度建构》，黑龙江大学 2012 年博士毕业论文。

② 杨春治：《医师告知义务研究》，华东政法大学 2010 年硕士论文。

有在立法上对患者近亲属的告知予以进一步的细化，才能够减少医患纠纷，推进医患关系的良性发展。

我国目前关于医疗中告知近亲属的规定仅为《侵权责任法》第55条：不宜向患者说明的，应当向患者的近亲属说明，并取得其书面同意。这条规定虽明确了近亲属作为告知对象的法律地位，却未说明应如何告知，使得在实践操作当中常会给医务人员带来不便。根据我国民法的相关规定，近亲属有配偶、父母、子女、兄弟姐妹、祖父母、外祖父母、孙子女、外孙子女这几类人。根据民法的规定，医务人员虽然能够了解哪些患者的亲属是其告知对象，但在实践操作上却是困难重重。比如，医务人员是应告知全部近亲属还是告知其中一类近亲属？是告知一类近亲属的所有人还是仅告知其中一人即可？医疗方应告知近亲属哪些内容？等等。对此，我国法律法规并没有明确规定。虽然，民众都知道让医务人员向所有的近亲属履行告知义务是不现实的，大多数患者的近亲属也能够理解。可一旦发生纠纷，未被告知的近亲属就会以此为依据，主张医院侵权，这就使得医疗方处于被动地位，久而久之也影响了医疗方对患者的及时治疗，从而加重了紧张的医患关系。因此，我国应从立法上尽快进行完善，使医务人员在为患者治疗过程中无后顾之忧。

第一，应明确近亲属的范围。近亲属的范围的大小，一方面对医疗方告知义务的行使有所影响，另一方面近亲属为患者决定医疗方案时易出现意见不统一的情形，不利于患者的及时治疗。医疗告知义务中之所以将近亲属列为告知对象，其目的在于确保当患者无法对治疗方案做出决定时，由其近亲属代为做出决定。概言之，是为了保证患者能够得到及时正确的治疗。虽然我国民法当中规定了近亲属的范围，但其所针对的是整个民法范畴的宏观规定。在医疗当中，应缩小其近亲属的范围，将医疗告知对象当中的近亲属限制在配偶、父母和子女。

第二，应明确告知人数。由于近亲属人数众多，医疗方一一进行告知并不现实，但我国法律对此并未规定，从而导致未被告知的近亲属认为自己权利受到了侵害。因此，在立法中应明确规定告知对象的人数，即如多名近亲属同时在场的，一并告知；如未同时在场，则告知在医疗现场的近亲属即可，其他近亲属视为已告知。

第三，应明确告知顺位。告知顺位的明确主要解决患者无近亲属在医疗现场时的告知问题。原则上，告知的顺位应以配偶为先，父母和子女享有同等顺位。当无法告知配偶时，则可告知父母或子女。但若顺位在后的近亲属与患者同时在医疗现场，则无须告知顺位在先的近亲属。

第二节　知情同意权中的主体

一、知情同意主体的相关概念

知情同意是医疗过程中的重要环节，医务人员行使告知义务后，只有当患方做出知情同意的意思表示后，医疗活动才能够继续进行。在实践当中，以患者及其近亲属为做出知情同意意思表示的主体，但应如何具体实施知情同意权，是由患者单独实施还是由患者和家属共同实施，抑或存在其他实施方式，理论上有不同观点。在剖析这些观点之前，应首先厘清知情同意实施主体所涉及的相关概念。

（一）患者与患方

患者，即指患者本人作为知情同意的主体。而患方则指患者一方的全部应知情主体，即患者、患者的近亲属及患者的代理人。从我国现行情况来看，有关知情同意主体的立法并不一致。《医疗机构管理条例》将患方作为知情同意权的实施主体。其第33条规定："医疗机构施行手术、特殊检查或者特殊治疗时，必须征得患者同意，并应当取得其家属或者关系人同意并签字；无法取得患者意见时，应当取得家属或者关系人同意并签字。"这一规定使得知情主体和同一主体发生了分离。而在《病历书写基本规范（试行）》中则以患者本人作为知情同意的主体，其第10条规定："对需取得患者书面同意方可进行的医疗活动，应当由患者本人签署知情同意书。患者不具备完全民事行为能力时，应当由其法定代理人签字；患者因病无法签字时，应当由其授权的人员签字；为抢救患者，在法定代理人或被授权人无法及时签字的情况下，可由医疗机构负责人或者授权的负责人签字。因实施保护性医疗措施不宜向患者说明情况的，应当将有关情况告知患者近亲属，由患者近亲属签署知情同意书，并及时记录。患者无近亲属的或者患者近亲属无法签署同意书的，由患者的法定代理人或者关系人签署同意书。"从原卫生部的两个规章可见知情同意主体的发展变化有两点规律：一是主体由分离走向统一，即由患者知情、近亲属同意转变为患者或近亲属知情同意；二是近亲属由核心走向补充，即近亲属由知情同意的核心主体转变为患者本人不能做出知情同意时的补充主体。此外，在用词上也更加规范，用"近亲属"代替"家属"。

我国《侵权责任法》也是在此基础上确立的知情同意的主体。其第55条规定："医务人员在诊疗活动中应当向患者说明病情和医疗措施。需要实施手术、特殊检查、特殊治疗的，医务人员应当及时向患者说明医疗风险、替代医疗方案等情况，并取得其书面同意；不宜向患者说明的，应当向患者的近亲属说明，并取得其书面同意。医务人员未尽到前款义务，造成患者损害的，医疗机构应当承担赔偿责任。”

(二)主体与代理主体

医疗内容与患者的生命健康利益息息相关，因此，知情同意权的主体在实施该权利时就必须具备一定的客观条件，以保证其做出的决定是真实的意思表示。从我国立法上可以看出，患者及其近亲属都是法律上明确规定的知情同意主体。但当这些主体无法真实表达自己意思时，即无法做出知情同意行为时，则可以由代理主体代为做出知情同意的意思表示。按照代理人的不同种类，代理主体应分为法定代理人和委托代理人两种。

1. 由法定代理人代为做出知情同意的意思表示。按照我国卫生民事法律的相关规定，当患者不满 18 周岁，或者虽已成年但不具备完全的民事行为能力时，其不具备相应的行为能力，也无法做出知情同意的意思表示。此时就需要法定代理人为其做出知情同意的意思表示。虽然，这里的法定代理人也是患者的近亲属，但由于“近亲属”做出知情同意的前提条件不同，故此处的“近亲属”只能是知情同意权的代理主体而非主体。

2. 由委托代理人代为做出知情同意的意思表示。此种情形主要是指患者事先委托他人，当其因患病丧失或减弱知情同意的表示能力时，由委托人代为做出知情同意的意思表示。患者行使委托权是其自主决定权的间接体现，但这种委托行为往往会给医疗带来不便。如果患者所患疾病为慢性病，医方则可以较容易地获得知情同意的意思表示。如果患者所患疾病为急症，医方一方面无法知晓委托人的存在，另一方面也没有时间等待委托人代为做出知情同意的意思表示。

此外，无论是法定代理人还是委托代理人，在做出知情同意的意思表示时都不得侵害患者的权益。如代理主体做出的决定不利于患者的治疗，其他知情同意权的主体有权进行监督并提出异议。关于知情同意的内容是否侵害患者的生命权、健康权等其他权益，由医疗部门进行鉴定。

二、知情同意主体的立法模式

通常情况下，知情同意的主体即为医师告知义务的对象，但也有两者出现差异的情形。就目前来看，知情同意主体主要存在四种立法模式：一是由家庭或单位做出知情同意的意思表示；二是由患者及其近亲属共同做出知情同意的意思表示；三是由患者或者其近亲属做出知情同意的意思表示；四是仅由患者本人做出知情同意的意思表示。从这几种立法模式可以看出，第一种模式将患者本人排除在知情同意的主体之外，违背了患者的自主决定权。第四种立法模式虽体现了患者的自主决定权，却忽略了患者无法做出决定时，知情同意的意思表示应由谁做出。第二种、第三种模式虽弥补了前两种立法模式的不足，却忽略了患者和近亲属意见不一致时，应如何处理的问题。因此，知情同意的主体应在第二种模式或第三种模式基础上进一步完善。

第一，明确知情同意主体的范围。应为患者、患者的近亲属及其他合法代理人。其中患者的近亲属包括配偶、父母、子女。其他合法代理人包括法定代理人和委托代理人。

第二，明确知情同意主体的顺位。第一顺位应为患者本人，知情同意权的法律规制，目的在于保护患者的自主决定权，患者可以通过实施自主决定权来维护其生命权、健康权及其他权利。因此，患者应为知情同意的第一位主体。但患者有法定代理人时，由法定代理人作为知情同意的第一顺位主体。第二顺位是委托代理人。由于委托代理人是患者事先对其信任的人所做出的委托，因此，是患者意思自治的体现，也是其自主决定权的间接体现。第三顺位是患者的近亲属。其近亲属的范围按照我国民法所规定的范围确定。如近亲属间意思不一致时，则先由其协商解决，协商不成的，则由顺位在先的近亲属行使知情同意权，同意顺位的近亲属有多人的，则由做出最有利于患者治疗的意思表示的主体行使。

第三，明确知情同意主体的权利行使。知情同意主体之间有互相监督的权利，如顺位在先的主体做出了对患者本人不利的意思表示，其他主体可以提出异议，并可制止对患者实施不利的治疗方案。

课后习题

1. 试述医师告知义务的要素。

2. 试述我国有关患者近亲属之知情同意权的法律规定可以进行完善的方面。

3. 试述知情同意权中的主体。

参考文献

[1] 王岳. 医事法:修订本[M]. 北京:对外经济贸易大学出版社,2013.
[2] 史尚宽. 民法总论[M]. 北京:中国政法大学出版社,2000.
[3] 龙卫球. 民法总论[M]. 北京:中国法制出版社,2001.
[4] 王利明. 民法总论[M]. 北京:中国人民大学出版社,2009.
[5] 郑玉波. 民法总论[M]. 台北:三民书局,1979.
[6] 覃凯,丁捍旗. 卫生法学概论[M]. 北京:军事医学科学出版社,2007.
[7] 郑云瑞. 民法总论:第3版[M]. 北京:北京大学出版社,2009.
[8] 柳经纬. 民法总论[M]. 厦门:厦门大学出版社,2008.
[9] 佟柔. 中国民法学·民法总则[M]. 北京:中国人民公安大学出版社,1990.
[10] 梁慧星. 民法总论[M]. 北京:法律出版社,1996.
[11] 江平. 法人制度论[M]. 北京:中国政法大学出版社,1994.
[12] 王泽鉴. 民法总则[M]. 北京:中国政法大学出版社,2001.
[13] 付子堂,于嘉川,张永和,等. 医疗纠纷案件审理之实证分析[M]. 北京:人民法院出版社,2006.
[14] 杨海坤. 宪法基本权利新论[M]. 北京:北京大学出版社,2004.
[15] 爱因·兰德. 新个体主义伦理观[M]. 秦裕,译. 上海:上海三联书店,1993.
[16] 王利明. 人格权法新论[M]. 长春:吉林人民出版社,1994.
[17] 杨立新. 人格权法专论[M]. 北京:高等教育出版社,2005.
[18] 石悦. 医事法律问题研究[M]. 沈阳:辽宁科技出版社,2014.
[19] 杨立新. 民商法热点新探[M]. 长春:吉林人民出版社,2003.
[20] 王利明. 中国民法典草案建议稿及说明[M]. 北京:中国法制出版社,2004.
[21] 理查德·C. 托克音顿,阿丽塔·L. 艾伦. 美国隐私法:学说、判例与立法[M]. 冯建姝,石宏,郝倩,译. 北京:中国民主法制出版社,2004.
[22] 王利明,杨立新,姚辉. 人格权法[M]. 北京:法律出版社,1997.
[23] 崔建远. 物权法:3版[M]. 北京:中国人民大学出版社,2014.
[24] 鲍尔,施蒂尔纳. 德国物权法[M]. 张双根,译. 北京:法律出版社,2004.
[25] 王利明,杨立新,王轶,等. 民法学:3版[M]. 北京:法律出版社,2011.
[26] 曼弗雷德·沃尔夫. 物权法[M]. 吴越,李大雪,译. 北京:法律出版社,2002.

[27] 黄松有.《中华人民共和国物权法》条文理解与适用[M]. 北京:人民法院出版社,2007.
[28] 王利明. 物权法研究[M]. 北京:中国人民大学出版社,2002.
[29] 陈华彬. 物权法原理[M]. 北京:国家行政学院出版社,1998.
[30] 杨立新. 物权法[M]. 北京:高等教育出版社,2007.
[31] 铃木禄弥. 物权的变动与对抗[M]. 渠涛,译. 北京:社会科学文献出版社,1999.
[32] 胡康生. 中华人民共和国物权法释义[M]. 北京:法律出版社,2007.
[33] 王利明. 物权法论:修订本[M]. 北京:中国政法大学出版社,1998.
[34] 国家科技部软科学项目《国有医院产权制度改革研究》课题组,中国卫生产业杂志社. 中国医院产权制度改革操作技巧[M]. 北京:中国协和医科大学出版社,2004.
[35] 卫生部统计信息中心.《卫生改革专题调查研究》第三次国家卫生服务调查社会学评估报告[R]. 北京:中国协和医科大学出版社,2004.
[36] 崔建远,申卫星,王洪亮,等. 物权法[M]. 北京:清华大学出版社,2008.
[37] 全国人大常委会法制工作委员会民法室. 中华人民共和国物权法条文说明、立法理由及相关规定[M]. 北京:北京大学出版社,2007.
[38] 梁慧星,陈华彬. 物权法:第 4 版[M]. 北京:法律出版社,2007.
[39] 黄丁全. 医事法[M]. 北京:中国政法大学出版社,2003.
[40] 艾尔肯. 医疗损害赔偿研究[M]. 北京:中国法制出版社,2005.
[41] 古津贤,强美英. 医事法学[M]. 北京:北京大学出版社,2011.
[42] 王利明等. 合同法:第 4 版[M]. 北京:中国人民大学出版社,2013.
[43] 江平. 民法学[M]. 北京:中国政法大学出版社,2000.
[44] 赵西巨. 医事法研究[M]. 北京:法律出版社,2008.
[45] 张新宝. 中国侵权责任法:第 2 版[M]. 北京:中国人民大学出版社,2010.
[46] 王卫国. 过错责任原则:第三次勃兴[M]. 北京:中国法制出版社,2000.
[47] 杨立新. 侵权法论:第 2 版[M]. 北京:人民法院出版社,2004.
[48] 王利明. 侵权责任法研究:上卷[M]. 北京:中国人民大学出版社,2010.
[49] 程啸. 侵权责任法[M]. 北京:法律出版社,2011.
[50] 石悦. 医疗侵权法[M]. 北京:北京师范大学出版社,2011.
[51] 王胜明. 中华人民共和国侵权责任法解读[M]. 北京:中国法制出版社,2010.
[52] 佟柔. 民法原理[M]. 北京:法律出版社,1983.
[53] 马格努斯. 侵权法的统一:损害与损害赔偿[M]. 谢鸿飞,译. 北京:法律出版社,2009.

[54] 奚晓明.《中华人民共和国侵权责任法》条文理解与适用[M]. 北京:人民法院出版社,2010.
[55] 王利明. 中国民法典学者建议稿及立法理由:侵权行为编[M]. 北京:法律出版社,2005.
[56] 肖柳珍. 中国医疗损害责任制度改革研究[M]. 北京:中国政法大学出版社,2014.
[57] 刘鑫,张宝珠,陈特. 侵权责任法"医疗损害责任"条文深度解读与案例剖析[M]. 北京:人民军医出版社,2010.
[58] 邱聪智. 民法研究:增订版[M]. 北京:中国人民大学出版社,2002.
[59] 刘鑫,张宝珠,陈特. 侵权责任法"医疗损害责任"条文深度解读与案例剖析[M]. 北京:人民军医出版社,2010.
[60] 宋瑞霖. 完善中国药品不良事件救济机制研究[M]. 北京:中国法制出版社,2011.
[61] 李庆生,谭家驹. 医院的法律风险——医疗事故法律责任处理实用指南[M]. 北京:法律出版社,2004.
[62] 王丽萍. 亲子法研究[M]. 北京:法律出版社,2004.
[63] 伊曼努尔·康德. 道德形而上学原理[M]. 苗力田,译. 上海:上海世纪出版集团,2012.
[64] 梁慧星. 中国民法典草案建议稿附理由[M]. 北京:法律出版社,2004.
[65] 王利明. 中国民法典学者建议稿及立法理由(总则编)[M]. 北京:法律出版社,2005.
[66] SCHABAS W A. The Abolition of the Death Penalty in International Law [M]. Cambridge: Grotius Publication Limited, 1993.
[67] KATZ S N. Family Law in America[M]. New York: Oxford University Press, 2003.
[68] 魏振瀛. 民法[M]. 北京:北京大学出版社,2006.
[69] 张文显. 法理学[M]. 北京:高等教育出版社,2011.
[70] 张静,王萍. 卫生法学[M]. 重庆:西南师范大学出版社,2008.
[71] 彭万林. 民法学[M]. 北京:中国政法大学出版社,1999.
[72] 王利明. 民法[M]. 北京:中国人民大学出版社,2000.
[73] 魏振瀛. 民法:第 4 版[M]. 北京:北京大学出版社,2010.
[74] 张玉敏. 民法学[M]. 北京:中国人民大学出版社,2003.
[75] 路易斯安娜民法典[M]. 娄爱华,译. 胡雪梅,校. 厦门:厦门大学出版社,2010.
[76] 巴西新民法典[M]. 齐云,译. 徐国栋,校. 北京:中国法制出版社,2009.

[77] 法国民法典[M]. 罗洁珍,译. 北京:北京大学出版社,2010.
[78] 王亚晟,冯泽永,张培林. 医疗机构如何保护传染病病人的合法权益[J]. 医学与哲学(人文社会医学版),2010,31(5):31.
[79] 谢雄伟,江伟松. 我国生命权制度的构建及其立法完善[J]. 武汉大学学报(哲学社会科学版),2011,64(1):41-43.
[80] 储殷,谭馨海. 病人家属参与医疗决定之法律研究[J]. 法律科学,2005(4):97-102.
[81] 张雪,孙福川. 生命权、知情同意权和特殊干预权的冲突及衡平[J]. 中国医学伦理学,2009,22(2):35.
[82] 雷华顺,岳远雷. 论我国公民的健康权及其保障[J]. 中国卫生事业管理,2008(2):100.
[83] 黄军锋. 健康权及其民法保护[J]. 西藏民族学院学报(哲学社会科学版),2010,31(2):93.
[84] 贺然. 知识产权与健康权的冲突与协调——以 TRIPS 协议为视角[J]. 苏州大学学报(哲学社会科学版),2010(5):70-71.
[85] 柳春光. 论身体权的侵权法保护[J]. 前沿,2013(4):64.
[86] 陈小嫦. 医疗行为领域中的身体权[J]. 医学信息,2007,20(1):155-157.
[87] 邢玉霞. 从民事权利的角度辨析生育权的性质[J]. 东岳论丛,2012,33(3):182.
[88] 刘亮. 论生育权的历史演变及其性质[J]. 淮海工学院学报(社会科学版),2006,4(3):36-39.
[89] 刘道云. 生育权基本问题的探讨及其法律保护[J]. 中国卫生法制,2011,19(6):12-13.
[90] 刘滔滔. 强制引产措施的法律分析——以陕西安康强制流产案为切入点[J]. 才智,2012,(26):17-18.
[91] 李惠. 试论生命权与安乐死权[J]. 上海大学学报(社会科学版),2008,15(6):134.
[92] 吴文珍. 论人体组成部分的法律地位及其归属[J]. 河北法学,2011,29(5):20-22.
[93] 罗满景. 中国代孕制度之立法重构——以无偿的完全代孕为对象[J]. 时代法学,2009,7(4):73-75.
[94] 李蕊佚. 服刑人员生育权研究[J]. 法学评论,2010(4):36-37.
[95] 艾尔肯. 论医疗合同关系[J]. 河北法学,2006,24(12):135-141.
[96] 王海燕. 我国医疗合同若干问题探讨[D]. 长春:吉林大学,2006.

[97] 周光涛.论医疗合同[D].北京:中国政法大学,2005.
[98] 李海洋,薛雷.论医疗合同的特征[J].法制与社会,2011,1(下):258-259.
[99] 张赞宁.医方有拒绝治疗权和强制治疗权[J].医院院长论坛,2007,4(4):46-51.
[100] 董晓飞.医疗合同研究[D].济南:山东大学,2010.
[101] 张奇.医疗合同研究[D].上海:复旦大学,2008.
[102] 陈曦.医疗合同中医方附随义务研究[J].商洛学院学报,2014,28(5):72-76.
[103] 张跃铭.试析医疗合同法律关系[J].法律与医学杂志,2007,14(2):127-133.
[104] 李雅君.医疗服务合同研究[D].郑州:河南大学,2012.
[105] 周光涛.医疗合同的订立、效力及终止[J].医院管理论坛,2007,24(3):52-54.
[106] 王怡红.论医疗关系的认定及法律救济[D].上海:华东政法学院,2003.
[107] 米健.再论现代侵权责任法的归责原则[J].政法论坛,1991(2):24-28.
[108] 孔祥俊.论侵权行为的归责原则[J].中国法学,1992(5):70-77.
[109] 王利明.举证责任倒置必须法定化[N].人民法院报,2002-12-20.
[110] 梁慧星.雇主承包厂房拆除工程违章施工致雇工受伤感染死亡案评释[J].法学研究,1989(4):21-25.
[111] 杨连波.医患纠纷中隐私侵权的常见类型及预防[J].医院管理论坛,2004,21(2):51-52.
[112] 王利明.中华人民共和国民法典草案学者建议稿条文及说明理由[J].政法财经资讯,2004,20(5):58.
[113] 孙大明,王瑞山.防御性医疗的法律思考[J].中国司法鉴定,2004(5):34-37.
[114] 王薇,蔡维生.浅议远程医疗中的法律问题[J].中国卫生事业管理,2006,22(6):367-368.
[115] 孟亚生.冷冻胚胎,亲人能否继承?[N].检察日报,2014-9-24(5).
[116] 张善斌,李雅男.人类胚胎的法律地位及胚胎立法的制度构建[J].科技与法律,2014,(2):276-295.
[117] 高玉玲,周正环.胚胎法律地位问题研究[J].安庆师范学院学报(社会科学版),2007,26(4):92-94.
[118] 徐国栋.体外受精胎胚的法律地位研究[J].法制与社会发展,2005,11(5):50-66.

[119] 满洪杰.人类胚胎的民法地位刍议[J].山东大学学报(哲学社会科学版),2008(6):97-102.

[120] 陈雯桦,彭韩伶,韩玲,等.建立以人为本的新型知情同意模式,构建和谐医患关系[J].中国卫生事业管理,2006(9):528-530.

[121] 石悦.医疗知情同意的民法阐释与制度建构[D].哈尔滨:黑龙江大学,2012.

[122] 张谷.浅谈医方的说明义务[J].浙江社会科学,2010(2):7-10.

[123] 杨春治.医师告知义务研究[D].上海:华东政法大学,2010.

后　记

孟德斯鸠曾说过:“在民法的慈母般的眼里,每一个个人就是整个国家。”作为市民,我们每天都沐浴在民法温暖的阳光中,而有时却难以察觉。但当民法的这种情怀遇到“健康所系,生命相托”的医学时,这种理解可能将变得尤为深刻。当古老的希波克拉底誓言在医生耳边回响,当南丁格尔女神帽子上的光辉轻轻地抚平病患心灵上的皱褶时,人类不知不觉已经进入了第21个世纪。在这个世纪中,医患关系模式发生了更加深刻的变化。

相较于过往时代的医学与医患,在这个时代,医患关系的不和谐甚至是冲突对抗令人扼腕,似乎医疗领域的道德与信任已经跨越了行业规则的范畴而成为我们不得不面对的一个社会问题。我们也许无法理解为什么仁者爱人、仁心仁术的医学会出现这些问题,但它就真切地发生在我们身边,让我们无法回避且必须应对。其中,从来就不乏作为社会问题最重要的解决方式之一的法律的身影。无数的法律人在思考什么是我们时代的病与痛。而其中,民法作为调整平等主体之间的财产关系和人身关系的部门法,一直以来在对平等主体之间的卫生法律关系的调整中起到当仁不让的作用。于是,《民法通则》《物权法》《合同法》《侵权责任法》等一系列法律规范在其中大显身手。与国际上发达国家关于卫生法的研究相比,我国的研究还相对滞后,但近些年来一批学者已经开始将眼光投注于卫生法学的研究,并且身体力行地搭建起了培养卫生法学人才的平台,在高校开设了卫生法学相关的专业。众所周知,培养人才的基础性条件是教材的建设,教材的建设在人才培养中的重要性不言而喻。在此之前,由于种种原因,卫生民法的教材建设并没有跟上专业发展的需要,然而可以稍显欣慰的是,我们毕竟开始了初步的尝试。这种尝试是痛苦的,也是令人忐忑的,虽然有民法博大精深的理论可兹借鉴,虽然我们可以站在民法巨人的肩膀之上,但在学术领域,每前行一小步仍艰难无比,智慧之光的闪烁困难重重。

本教材的编写者们,来自于研究卫生民法的各个领域,且均为年轻的民法学博士。清代的思想家颜元曾说:“君子之处世也,甘恶衣粗食,甘艰苦劳动,斯可以无失矣。”在艰难处前行,不仅是一种勇气,实际上更多的是一种热爱。我们热爱卫生法这个事业,我们热爱我们的学生。正是这种热爱让我们有了前行的动力,也让我们更加迫切地想为卫生民法的发展做点什么。于是,我们选择迈出第一步，探索性地编写一本卫生民法的教材。也许我们都只是一只只蜗牛，背负重壳艰难前行。那么，请一定别忘记，蝶的梦想也正在壳里酝酿，像丑小鸭那样，等待一朝能成为天鹅的荣耀。当艰难地走出第一步后，以后的路我们将更加坚定。然“路漫漫其修远兮，吾将上下而求索”，投入一个领域研究，需要付出极大的时间和精力，特别在前人鲜有涉及的领域，更是如此。我们知道，没有马丁·路德发表的《九十五条论纲》，中世纪的欧洲还将处于愚昧与黑暗之中；没有哥伦布不懈努力的航行，也不会有“新大陆”的第一次发现。先贤事迹高山仰止，但作为一个卫生法学人，我们有责任、有义务在该领域进行一些探索，我们不敢妄言自己能取得多大的成果，但当我们用我们的努力给同行们一点点提示，用我们知识给我们的学生搭建起一个平台时，我们充分地相信，我们的同行，我们的学生将在不远的将来为卫生民法、卫生法学的发展做出更有效和更大的贡献。

每一个终点，都是一个新的开始，本教材在编写者的努力中雏形初具。虽然可能不尽如人意，尚有很多不足，但我们努力了，键盘上的文字也即将成为铅字。此时，感谢为本书的出版做出努力的每一位作者，他们的努力和付出使本书得以成型；感谢中国卫生法学会副会长兼秘书长吴崇其教授的关心和支持，吴老敬业认真，是晚辈学习的榜样，他对卫生法学的全心热爱与奉献精神是晚辈不敢懈怠的动力，他对后生的鼓励与栽培使晚辈体会到无法用言语表达的感动，只能不断前行、加倍努力才能表达对他的敬仰和爱戴。

最后，我想用海子的一句诗作为本文的结尾——要有最朴素的生活与最遥远的梦想，即使明天天寒地冻，山高水远，路死马亡。

石　悦

2015 年 12 月